Mareike Fröhlich (Hrsg.)

Frauen morden schöner

Inhalt

Der Hüftknochen

Löffingen (Hochschwarzwald)

»Liebe Gemeinde, liebe Brüder und Schwestern im Glauben.«

Pfarrer Schnell senkte die Stimme, blickte über den Rand seiner Brille auf die sechs Menschen, die sich in der restaurierten Kapelle von Weiler eingefunden hatten, musterte jeden ausgiebig, versuchte einen Blick in ihre Seelen zu erhaschen und seufzte abgrundtief, als einer nach dem anderen die Augen niederschlug.

Alle bis auf Kommissar Moosmayer. Der Polizeibeamte erwiderte den Blick des Pfarrers. Sein Gesichtsausdruck wirkte düster und ein wenig leer, was aber kein Wunder war, denn die meisten Männer sahen so aus, wenn ihnen gerade die Frau davongelaufen war. Pfarrer Schnell konnte ein Lied davon singen, der Seelsorger hatte oft genug mit solchen Fällen zu tun.

Die kleine Schar in der Kapelle begann mit den Füßen zu scharren, als das Schweigen anhielt.

»Wir sind heute hier versammelt«, fuhr Pfarrer Schnell fort, nachdem er einen Frosch aus dem Hals weggeräuspert hatte, »um des unbekannten Toten zu gedenken, dessen Hüftknochen bei den Arbeiten an der Kapelle unter einem steinernen Grabkreuz zum Vorschein kam.«

Er legte erneut eine Kunstpause ein und erinnerte sich an den Tag des traurigen Fundes. Man hatte ihn sofort herbeigerufen. Ob er etwas von einem alten Friedhof neben der Kapelle wisse?

Nein, hatte er geantwortet. Die Verstorbenen aus den Ortsteilen Dittishausen und Weiler waren seines Wissens schon immer im Hauptort Löffingen beerdigt worden.

Aber vielleicht war das Grab alt? In früheren Zeiten hatte man Selbstmörder, Verbrecher und Ungetaufte gern in der Nähe von Kirchen verscharrt. Im Kirchenbuch von 1440 war beispielsweise ein gewisser Nikolaus, »Ziginer aus Egypten«, erwähnt – den hatte man bestimmt nicht in geweihter Erde bestattet.

»Ein unbekannter Mensch aus vergangenen Tagen, der im Laufe der Zeit zu einem einzigen Hüftknochen geschrumpft ist«, sagte der Pfarrer laut. »Wir wissen nicht, ob dieser Mensch ein gutes oder ein böses Leben geführt hat. Ob er gottesfürchtig war oder ungläubig. Wir wissen nicht, wann, wo und warum er gestorben ist. Ob er freiwillig aus dem Leben schied, ob seine Zeit auf Erden friedlich oder gewaltsam endete.«

Pfarrer Schnell schloss die Augen und streckte die Hände mit der Innenfläche nach oben gekehrt von sich.

»Wer sind wir, über den armen Mann zu richten? Wir sind zusammengekommen, um für die Seele des Menschen zu beten, dessen Hüftknochen in unserer Gemeinde seine letzte Ruhe fand.«

Kurz fragte er sich, wo der Rest des Skeletts abgeblieben sein mochte. Sicher war nicht nur ein einzelner Knochen hier bestattet worden. Hatten sich die Wildschweine irgendwann alles Übrige geholt?

»Herr, schenke dem Toten die ewige Ruhe.«

Während er mit seiner kleinen Gemeinde einige Fürbitten sprach, wanderte Schnells Blick erneut zu Kommissar Moosmayer. Mit finsterer Miene saß der Polizeibeamte da, ohne sich am Gebet zu beteiligen.

Warum, zum Teufel, war er dann hier?

Sicher nicht aus dem Bedürfnis heraus, dem Toten die letzte Ehre zu erweisen. So einer war der Kommissar nicht. Beim Gottesdienst hatte Pfarrer Schnell ihn überhaupt noch nie gesehen. Wusste der Polizist etwas über den Knochen, was in Dittishausen bislang unbekannt war?

Alter, Geschlecht, Zustand, Todesursache – nichts war an die Öffentlichkeit gedrungen.

Aufmerksam folgte Schnells Blick dem des Ermittlers. Er hatte die Alte im Visier. Eindeutig. Sollte er etwa denselben Verdacht hegen wie er selbst? Die alte Theresia Kaltenbrunner ...

Vier Männer waren ihr in den letzten zwanzig Jahren abhandengekommen. Auf und davon, ohne eine Spur zu hinterlassen. Genau wie jetzt die Frau des armen Kommissars.

Jedes Mal hatte Pfarrer Schnell die alte Dame besucht, um ihr neuen Mut zuzusprechen. Jedes Mal hatte sich sein Verdacht ein wenig erhärtet.

Da waren die Giftpflanzen in ihrem hübschen, gepflegten Gärtchen. Eibe hatte der Pfarrer erkannt, Tollkirsche und Blauen Eisenhut. Letzterer wirkte schnell und todsicher, das wusste er.

Dann die fehlende Niedergeschlagenheit. Pfarrer Schnell kannte alle Formen von Trauer und Verlust – die verhaltene, die wütende, die aggressive, die selbstzerstörerische, die leise, die wehmütige, die laute, die zeternde. Theresia Kaltenbrunner zeigte keine dieser Varianten. Genau genommen zeigte sie überhaupt keine Trauer. Sie wirkte eher fröhlich.

Schließlich war da noch ihr wachsender Wohlstand. Keiner der verschwundenen Lebenspartner war arm gewesen. Alle hatten offenbar dafür gesorgt, dass Theresia Kaltenbrunner an ihrem Reichtum Anteil hatte. Vor Kurzem erst, beim vierten verlustig gegangenen Mann, hatte Pfarrer Schnell der alten Dame beim Teetrinken ins Gewissen geredet. »Sie können mir alles anvertrauen«, hatte er gesagt. »Sogar die dunkelsten Geheimnisse. Manchmal hilft es, sein Gewissen zu erleichtern. Es ist mir ein Bedürfnis, mich auch um diejenigen zu kümmern, die vom rechten Weg abgekommen sind.«

Sie hatte ihn daraufhin etwas missmutig angesehen. Mit einem gefährlichen Funkeln in den betagten Augen. Danach war sie in der Küche verschwunden, um neuen Tee aufzubrühen. Pfarrer Schnell hatte sich an die Eibe, die Tollkirsche und den Blauen Eisenhut erinnert, etwas von einem dringenden Termin gemurmelt und augenblicklich das Weite gesucht.

Heute war Theresia Kaltenbrunner nicht allein in der Kapelle von Weiler erschienen. Neben ihr saß ein graumelierter Herr im tadellosen, nicht gerade billigen Anzug. Die Alte strahlte ihn an und der arme Narr strahlte zurück, wie Pfarrer Schnell fröstelnd feststellte.

Ob er Kommissar Moosmayer einen Tipp geben sollte? Schließlich unterlag er in diesem Fall nicht dem Beichtgeheimnis, da die alte Dame ihm gar nichts anvertraut hatte. Aber konnte er dem Polizeibeamten wirklich aufgrund eines unbewiesenen Verdachtes mit einer solchen Geschichte kommen?

Nein. Pfarrer Schnell schüttelte in Gedanken den Kopf. Er war Pfarrer, kein Hilfssheriff. Trotzdem schauderte ihn plötzlich, als er an den Hüftknochen dachte.

»Der Herr sei seiner Seele gnädig«, beendete er das Gebet ein wenig abrupt. »Wir üben uns nun in stiller innerer Einkehr, während ich die Totenglocke läute.«

Plötzlich wollte er nur noch schweigen und seinen Gedanken nachhängen. Als er am Glockenseil zog, atmete er tief durch.

Dong.

Es war nicht immer einfach, Seelsorger zu sein. Manchmal wurde man dabei mit Dingen konfrontiert, die man gar nicht wissen wollte.

Dong.

Mit Geschichten, die man am liebsten nie gehört und sofort wieder vergessen hätte.

Dong.

Mit Abgründen, die einen tagtäglich daran erinnerten, dass der Mensch fehlbar war und zu bösen Taten fähig.

Dong. Dong.

Pfarrer Schnell schrak zusammen, als sein Blick auf den jungen Michael Vogt fiel, der in der ersten Reihe saß. Er ließ das Glockenseil fahren und der Schwengel schlug im falschen Takt an.

Der junge Mann zuckte nervös mit den Beinen und drehte sich immer wieder nach Kommissar Moosmayer um.

Pfarrer Schnell schloss die Augen, aber es war, als könnte er Michaels Stimme in seinen Gedanken hören: »Sie haben doch der Polizei nichts erzählt, oder?«

Nein, natürlich hatte er das nicht. Eigentlich ging ihn die ganze Sache gar nichts an. Die Polizei auch nicht. Eher schon die Rentenkasse.

Drei Jahre war es jetzt her, dass er den alten Anton Vogt, Michaels Großvater, anlässlich seines fünfundachtzigsten Geburtstages aufgesucht hatte.

Er konnte sich gut daran erinnern. Ein wolkenloser, ungewöhnlich warmer Herbsttag war es gewesen. Die Tür zum Vogt-Häuschen öffnete sich erst nach dem dritten Läuten.

»Pfarrer Schnell?«, empfing ihn der junge Michael mit einem Anflug von Panik in der Stimme.

»Gott zum Gruß«, antwortete der Seelsorger. »Ich möchte dem Geburtstagskind meine Glückwünsche überbringen.«

Ganz Dittishausen bewunderte den jungen Mann, der sein Anglistik-Studium in Freiburg abgebrochen hatte, um den gebrechlichen Großvater zu pflegen, der sonst niemanden mehr hatte.

»Na, wo steckt er denn, dein Opa?«

Michael Vogt rührte sich nicht vom Fleck und machte keine Anstalten, den Pfarrer ins Haus zu bitten. »Das … geht jetzt nicht«, stotterte er. »Mein Großvater schläft. Ich möchte ihn nicht wecken.«

»Na schön, dann komme ich eben später wieder. Wann passt es am besten?«

»Gar nicht!« Die Stimme des jungen Mannes nahm eine hysterische Höhe an.

Pfarrer Schnell sagte nichts, zog nur die Stirn kraus, aber das reichte vollkommen aus, um die Schleusen zu öffnen. Wie ein Wasserfall, der sich durch einen Riss in der Staumauer ergoss, brach die Wahrheit aus Michael Vogt heraus, als hätte er nur auf diesen Moment der Erlösung gewartet. Sie überflutete die Ohren des armen Seelsorgers, der den Blumenstrauß und die Weinflasche sinken ließ und fassungslos den Kopf schüttelte, als der junge Mann endete.

»Ich hatte keine Wahl!«, schloss der gescheiterte Student seine Beichte. »Ich wäre pleite gewesen! Glauben Sie mir, mein Opa ist ganz friedlich eingeschlafen! Ich hatte nichts damit zu tun. Aber ohne die Rente – eine ganz ordentliche Rente, schließlich war er ein hoher Beamter –, ohne das Geld hätte ich das Häuschen nie halten können und mir eine Arbeit suchen müssen. Eine Arbeit! Es war ganz einfach. Ich musste nur schweigen. Opa hatte ja schon Pflegestufe drei, da hat sich doch keiner gewundert, dass er nicht mehr aus dem Haus ging!«

Der Pfarrer schnappte nach Luft.

»Ich habe schließlich niemandem etwas zuleide getan!«, begehrte der junge Mann auf und sah in diesem Moment sehr verletzlich aus.

Was hätte der Seelsorger denn tun sollen? Zur Polizei gehen? Nein. Schließlich handelte es sich nicht um ein Kapitalverbrechen. Nur um schlichten Betrug. Also sprach er dem jungen Mann ins Gewissen und schenkte ihm jedes Mal, wenn er ihn traf, einen strengen Blick. Er war nicht für das Einhalten der Gesetze, sondern für das Seelenheil zuständig.

Dong.

Pfarrer Schnell öffnete die Augen und erwiderte Michaels Blick. Warum war der junge Mann ausgerechnet heute so nervös?

Plötzlich ging ihm ein Licht auf. Der Hüftknochen.

Nie zuvor hatte er den jungen Mann gefragt, wo genau er seinen toten Großvater eigentlich bestattet hatte. Auf dem Friedhof in Löffingen wäre es ja schlecht gegangen.

Pfarrer Schnell schluckte hart. Hatten die Wildschweine etwa den alten Anton Vogt ausgegraben? Ihm wurde ein wenig übel und er zog ein letztes Mal das Glockenseil.

Am Altar griff er nach der Gitarre, die er zuvor dort bereitgestellt hatte. »Lasset uns zum Abschluss singen.«

Das Saitenspiel würde seine zitternden Hände beruhigen. Ganz sicher.

»Herr, deine Liebe ...«

Nur Thomas Brunner sang mit. Der Kfz-Händler. Ein passionierter Jäger. Dass er auch singen konnte, war Pfarrer Schnell neu. Doch die Töne kamen ihm fehlerfrei und wohlklingend über die Lippen. Den Text kannte er sogar auswendig.

»... ist wie Gras und Ufer ...«

So konnte man sich in seinen Mitmenschen täuschen! Gesangtalent war das Letzte, was der Pfarrer dem etwas grobschlächtigen Brunner zugetraut hätte.

»... wie Wind und Weite und wie ein Zuhaus.«

Der Kommissar räusperte sich lautstark und Pfarrer Schnell schlug einen falschen Akkord an.

Thomas Brunner sang unverdrossen weiter.

Wie konnte der Mann nur so kaltblütig sein? Machte es ihm überhaupt nichts aus, direkt neben dem Polizeibeamten zu sitzen? Kam er gar nicht auf die Idee, Moosmayer könnte ihm auf die Schliche gekommen sein? Nun, vielleicht musste man als Jäger abgebrüht sein, durfte keine Furcht zeigen. Fast beneidete Pfarrer Schnell den kräftigen Mann mit dem vollen Bariton um diese Fähigkeit.

Ein Funken Mitgefühl musste aber doch in Brunner stecken, sonst wäre er damals, als es geschah, ja nicht zu ihm gekommen. Hätte ihn nicht gebeten, dem unscheinbaren Rasenstück den Segen zu geben.

Ja, Thomas Brunner war ein gottesfürchtiger Mann, irgendwie.

»Es war ein Unfall«, hatte er an jenem Tag versichert.

Seine Hände waren noch blutverschmiert, auch auf dem Hemd und den Drillichhosen zeichneten sich dunkle Flecke ab. Er wirkte ganz ruhig, nur die gelegentlichen Flüche, die er in seine Beichte einwob, zeugten von einem gewissen inneren Aufruhr.

»Ich sitze also auf meinem Ansitz, mit dem Gewehr im Anschlag. Wissen Sie, Herr Pfarrer, ich kenne meine Rotte! Am liebsten suhlt sie sich in den frühen Morgenstunden, wenn das Gras noch voller Tau ist. Feucht und kühl, das lieben sie, meine Wildsäue. Ich hatte es auf die Fette abgesehen, die helle. Kaum behaart, sieht fast wie ein verwildertes Hausschwein aus. Rosi hab ich sie genannt.« Pfarrer Schnell lauschte schweigend und hoffte, dass seine Ahnung ihn trog.

»Dass meine Augen nicht mehr hundertprozentig funktionieren«, fuhr Thomas Brunner indes gnadenlos fort, »hatte ich längst bemerkt. Aber, großer Gott, wie hätte ich denn auch mit einem Nacktwanderer rechnen können?«

Er schüttelte den Kopf, als wäre das Wandern im Adamskostüm schon Grund genug, um die Tat zu rechtfertigen.

»Ein Nacktwanderer!«, wiederholte er. »Ich bitte Sie!«

Pfarrer Schnell schloss voller schlimmster Befürchtungen die Augen.

»Ich hab nur gesehen, dass etwas Helles, Fleischiges aus dem Gebüsch bricht, es hat ja gerade erst gedämmert. Natürlich habe ich sofort an die fette Rosi gedacht und abgedrückt.«

Er hielt kurz inne und ahmte die Bewegung nach.

»Bumm. Volltreffer! Erst als ich vom Ansitz runterstieg, um die Beute ... Na ja, es war aber nicht die Rosi.«

Pfarrer Schnell versuchte, nüchtern zu bleiben. »Das ist ein Fall für die Polizei«, sagte er.

»Verflixt und zugenäht, nein!« Brunner stampfte mit dem Fuß auf. »Das macht den Kerl auch nicht wieder lebendig.«

Wo er recht hatte, hatte er recht. Das sah Pfarrer Schnell ein.

»Papiere hatte er natürlich keine bei sich«, erklärte Brunner. »Wo hätte er die denn hinstecken sollen? Nur Wanderschuhe. Die Fußsohlen waren wohl ein wenig zart. Ich hab ihm sogar die Socken ausgezogen, um nachzusehen, ob ein Ausweis drinsteckt. Aber nichts! Der war nicht von hier, so viel stand fest. Also habe ich ihn gleich dort drüben hinter der Kapelle begraben. Ich komme nur zu Ihnen, Herr Pfarrer, damit Sie ein Gebet für den armen Kerl sprechen und sein Grab segnen.«

Was war ihm da schon anderes übriggeblieben? Der tote Nacktwanderer konnte schließlich nichts dafür, dass ein kurzsichtiger Jäger aus dem Schwarzwald ihn mit einem Wildschwein verwechselt hatte. Also hatte Pfarrer Schnell Thomas Brunners Wunsch erfüllt und ein paar Worte am Grab gesprochen.

Jetzt ließ er die Gitarre sinken.

Thomas Brunner lächelte. Seine Nerven mussten dick wie Drahtseile sein. Was man von denen des Pfarrers nicht gerade behaupten konnte. Der Seelsorger wünschte sich dringend, diesen idyllischen, friedlichen Ort so schnell wie möglich zu verlassen. Er schloss die Trauerfeier mit dem Hinweis auf den nächsten regulären Gottesdienst und versicherte seiner kleinen Gemeinde, wie sehr er sich darauf freue, sie alle wiederzusehen.

Was eine glatte Lüge war. Vor allem auf die Anwesenheit von Kommissar Moosmayer legte er nicht den geringsten Wert. Trotzdem schüttelte er ihm zum Abschied die Hand.

»Gibt es«, wagte er zögernd zu fragen, »gar keinen Hinweis auf den Toten und die Todesursache? Alter und Geschlecht lassen sich doch heutzutage leicht herausfinden, wenn ich mich nicht irre?«

Der Kommissar warf ihm einen durchdringenden Blick zu. »Männlich«, sagte er knapp. »Zum Todeszeitpunkt zwischen vierzig und fünfzig Jahre alt.«

Pfarrer Schnell schwankte. Ein leichter Schwindel erfasste ihn.

Seit sie den Hüftknochen gefunden hatten, dachte er wieder täglich an den Obdachlosen. Den Fremden, den er nie zuvor in der Gegend gesehen hatte.

Damals war die Kapelle noch nicht restauriert gewesen. Völlig heruntergekommen und verlassen stand sie da. Jugendliche missbrauchten sie als Partyraum, Penner als trockenen Unterschlupf. Nur Pfarrer Schnell kam manchmal zur inneren Einkehr, weil der Heilige Geist ihn dort umwehte.

So hatte er eines Tages den Obdachlosen angetroffen. Der ziemlich betrunken war. Anfangs hatten sie sich ganz nett unterhalten, der Pfarrer hatte sogar mitgetrunken, da er zufällig ein paar Flaschen Messwein dabei hatte. Aber mit steigendem Alkoholpegel wurde der Penner ausfallend. Lästerte Gott und verspottete den Pfarrer. Fluchte grässlich und verlachte die Religion.

Das konnte Pfarrer Schnell doch nicht einfach so hinnehmen! Zumindest nicht in dem angetrunkenen Zustand, in dem er sich mittlerweile befand.

Es sollte nur ein kleiner Denkzettel sein. Ein einziger Schlag, damit der Bursche begriff, was Respekt bedeutete.

Ein einziger Schlag!

Nun ja, Pfarrer Schnell war in seiner Jugend ein guter Boxer gewesen – und der Alkohol mochte seine Selbstbeherrschung ein wenig getrübt haben.

Aber ein einziger Schlag?

Nun. Dumm getroffen, dumm gestürzt, dumm gelaufen. Die Wege des Herrn sind unergründlich.

Der Obdachlose bewegte sich nicht mehr. Er atmete auch nicht mehr. Die ganze Nacht hielt Pfarrer Schnell Totenwache. Betete, zitterte, weinte und bereute. In der Morgendämmerung verscharrte er den leblosen Körper hinter der Kapelle. Dann ging er nach Hause und schlief seinen Rausch aus.

Seither wartete er auf Erlösung. Doch sie kam nicht. Ganz im Gegenteil. Das Einzige, was kam, war eine quälende Beichte nach der anderen.

War sie nun endlich gekommen, die Stunde der Wahrheit?

Es sah ganz danach aus. Tief sog er die Luft ein, schwankte ein weiteres Mal, öffnete die Augen und blickte Kommissar Moosmayer entschlossen ins Gesicht.

»Ich möchte ...«, flüsterte er.

»Seit mindestens 200 Jahren tot«, fuhr der Polizeibeamte fort, ohne auf den Einwurf des Pfarrers zu achten.

»Oh!« Pfarrer Schnell schluckte.

»Zum Glück für uns«, lächelte Moosmayer ein wenig gequält. »Wäre der Knochen frischer gewesen, hätten wir das gesamte Gelände umgraben müssen, um den Rest zu suchen.«

»Oh!«, wiederholte der Seelsorger. »Gott sei Dank war das nicht nötig.« Er zögerte kurz, dann seufzte er resigniert und wandte sich ab.

»Moment mal«, hielt Moosmayer ihn zurück und trat etwas unsicher von einem Bein aufs andere.

»Kann ich noch einen Augenblick mit Ihnen reden, Herr Pfarrer? Unter vier Augen, meine ich. Es geht um ... um meine Frau. Die, um ganz ehrlich zu sein, ein ziemlicher Giftdrachen sein konnte. Das ... unterliegt doch dem Beichtgeheimnis, nicht wahr?«

ALEXA RUDOLPH

Die Fürstin

Freiburg

Es war elf Uhr. Sie lehnte sich zurück und schloss die Augen. Ihr Nickerchen dauerte nicht länger als zehn Minuten, danach streckte sie ihre Glieder und blickte neugierig um sich. Den Vorgang wiederholte sie mehrmals am Tag. Zum Ausruhen wählte sie eine Parkbank im Stadtgarten oder einen der Schalensitze am Busbahnhof. Wenn sie Lust auf etwas Besonderes hatte, suchte sie das Biedermeiersofa im überdachten Hinterhof des neulich verstorbenen Antiquitätenhändlers auf. Der freundliche Herr, mit karierter Fliege und Goldrandbrille, hatte ihr noch zu Lebzeiten erlaubt, hierher zu kommen. Meistens jedoch döste die Fürstin mitten in der Stadt, hockte seitlich des Haupteingangs der Deutschen Bank, wo sie sich vor einem vergitterten Kellerfenster ein Plätzchen eingerichtet hatte. Was sie empfand, wenn sie ihren Rücken an das Geldinstitut lehnte, hätte sie selbst kaum beschreiben können. Kein Schatten spendender Baum, kein weiches Sofa vermittelten ihr eine solche Zufriedenheit. Von Zeit zu Zeit klimperten Geldstücke, kleine Zuwendungen, die wie Sterntaler vom Himmel fielen, in den Becher zu ihren Füßen. Auf ein Pappschild hatte sie Dankeschön geschrieben und ein lachendes Smiley gemalt.

»Ach ja, meine Hausbank«, dachte sie.

Natürlich gab es auch Tage, da fielen nur wenige Münzen in ihren Becher. Heute war anscheinend so ein Tag. Außer dem leichten Sommerregen, der auf den Asphalt tröpfelte, den an- und abfahrenden Straßenbahnen, einer Armada Wasser spritzender Fahrräder, dem Klick und Klack von Absätzen und eiligen Schritten hörte sie nichts. Sie hatte ihre Beine ganz nah an den Körper gezogen, Arme und Kopf auf die Knie gebettet und die Fläche ihres großen, mächtigen Körpers auf ein Minimum reduziert. Sie wartete geduldig, dass die Welt wieder trocknete, als ein Mann, der schon beinahe an ihr vorübergegangen war, plötzlich stehen blieb und sich vorstellte: »Mein Name ist Tiez, August Tiez.«

Die Fürstin blinzelte in ein glatt rasiertes Gesicht mit grauen Schläfen. »Okay, was ist los mit dir, Alter?«

»Ob wir uns vielleicht ein bisschen unterhalten können?«, wollte der Mann im hellen modischen Regenmantel wissen.

»Will denn sonst niemand mit dir quatschen?«

»Oh, doch, natürlich.« Er zögerte und fügt hinzu: »Viele.«

»Also, wieso ich?«

»Ich möchte Sie einladen. In ein Café.«

Sie überlegte, dann nickte sie. »Na gut. Mein Gepäck muss ich aber mitnehmen.«

August Tiez machte Platz, damit die Frau ihren zweirädrigen Taschenkarren ordnen und packen konnte. Umständlich versuchte sie, zwei prallvolle Tüten und einen Schlafsack darauf unterzubringen.

»Und jetzt, wohin?«, knurrte sie kurzatmig.

»Café Schmidt, dort entlang, wenn's recht ist«, murmelte August Tiez, sehr wohl bemerkend, dass einige Passanten auf ihn und die Fürstin aufmerksam geworden waren. Die Situation war ihm etwas peinlich, also lief er rasch los, die Frau mit dem strähnigen, rosarot gefärbten Haar und das vollbepackte, quietschende Wägelchen hinter sich.

Es hatte aufgehört zu regnen, auf dem Gehweg dampften Pfützen. August Tiez wich dem Wasser aus und als er sich umdrehte, sah er, wie die Fürstin unbeirrt durch die Nässe stapfte und sich Zeit ließ. Er wartete, bis sie endlich neben ihm angekommen war. Er blickte sie missbilligend an. Sie lächelte schief. »Na, anders überlegt? Kann auch wieder abhauen.«

August Tiez schüttelte den Kopf. Er musterte ihre großen Füße, die nackt und schmutzig in ramponierten Riemchenschuhen steckten. Ihre Waden waren kräftig und gebräunt, die Knie seit Längerem nicht gewaschen. Die Frau trug ein dunkelblaues durchgeknöpftes Kleid, an dem der Saum aufgegangen war.

Sein Blick wanderte langsam höher. Sie war deutlich größer als er. »Los, jetzt kommen Sie schon!«, knurrte er.

Gemeinsam quetschten sie sich durch die Menschenmenge an der Haltestelle für Busse und Straßenbahnen. Kurz darauf erreichten sie das Café. Tiez öffnete die Tür und ließ die Frau zuerst hindurch. Ohne rechts und links zu schauen, schritt sie durch den hohen, schlanken Raum. Dunkelgrüne Polsterstühle, Kristalllämpchen und weiße Tüllgardinen bestimmten die Einrichtung. Auf der Höhe der Pralinentheke blieb sie stehen. Ein Zucken huschte über ihr Gesicht, während sich ihre Mundwinkel verächtlich senkten.

August Tiez atmete auf. Lediglich zwei kleine Tische waren besetzt. Die Eckbank hinter der Garderobe war noch frei. Rasch deutete er mit dem Zeigefinger auf den dunklen Winkel und meinte: »Sehr gut, dort können Sie Ihren Karren abstellen, ohne dass es jemand stört.«

Sie setzten sich und August Tiez bestellte ein Kännchen Kaffee sowie ein Stück Schwarzwälder Kirschtorte.

»Für mich ein großes Glas Leitungswasser, eiskalt«, gurrte die Fürstin.

»Keinen Kuchen?«, hakte die Bedienung nach, blickte dabei an der Fürstin vorbei, als wäre diese gar nicht vorhanden.

»Haben Sie nicht gehört, sie wünscht nur ein Glas Wasser«, antwortete Tiez unwirsch.

Nachdem die Bedienung gegangen war, meinte er, es sei wirklich schade, nichts von den Köstlichkeiten der Konditorei zu probieren. Sie ignorierte seine Bemerkung, kramte stattdessen mit beiden Händen in ihrem Wägelchen herum und stellte eine Flasche Gin auf den Tisch. »Habe alles dabei.«

Tiez seufzte, blickte sich um. Niemand sah zu ihnen her. »Oh, Mann, komm zum Punkt, lass endlich raus, was du von mir willst«, grantelte die Fürstin neben ihm.

»Ja, natürlich, sofort.«Nachdenklich rieb er sein Kinn. »Woher kommt es eigentlich, dass man Sie Fürstin nennt?«

»Hey, du bist mal ein komischer Heini. Das willst du wissen? Na gut, von mir aus. Schon immer nennt man mich so. Hat in der Schule angefangen. Heiße Angelina Fürst. Darum. Fürstin ist sozusagen mein Künstlername, wenn dir das als Erklärung genügt. Die Kollegen von der Straße, alle sagen Fürstin zu mir. Ist mir recht. Andererseits, sie könnten auch Queen oder Arschloch sagen, es würde mich nicht jucken. Kommt nicht auf den Namen an.«

»Sondern?«

»Auf den Kopf!«

»Wie?«

»Wie man ihn trägt. Meiner ist oben und geradeaus. Auch wenn es mir beschissen geht, der Kopf bleibt oben.«

»Ich weiß.«

»Okay. Du weißt was?«

»Fürstin, ich beobachte Sie schon seit einiger Zeit und stelle fest, Sie haben kein Zuhause, Sie leben auf der Straße. Wieso und warum? Vielleicht erzählen Sie ein bisschen von sich?« Tiez rieb erneut sein Kinn und fuhr fort, ohne ihre Antwort abzuwarten: »Sie sind mir aufgefallen, weil Sie trotzdem aufrecht und stolz wirken. Oder täusche ich mich?«

Ihre Antwort bestand aus einem verächtlichen Blick, den sie Tiez entgegenschleuderte, dann nahm sie einen kräftigen Schluck aus der Flasche, wischte die Lippen trocken und schraubte das Deckelchen wieder darauf.

Die Bedienung brachte Kaffee, Kuchen und Wasser und stellte alles auf den kleinen Tisch. August Tiez probierte sofort die Torte, seine Gabel fuhr durch die Sahne. Die Fürstin suchte derweil in einer ihrer Plastiktüten herum, legte endlich ein Döschen mit Tabletten auf den Tisch.

»Wozu sollen die gut sein?«, wollte Tiez wissen.

»Herz!«, grinste sie und spülte zwei Pillen mit dem Wasser hinunter. »Wenn ich das Zeug vergesse, bin ich morgen tot, behauptet der Doktor. Nicht, dass mir das etwas ausmachen würde, aber momentan habe ich überhaupt keine Lust auf Friedhof. Ist garantiert langweilig dort. Möchte vorher noch etwas erleben. Und wenn ich keine Freude mehr am Herumziehen habe, verfüttere ich die Herzbonbons an die Enten und mache meinen Abflug.«

Tiez schob den Kuchenteller mit der angefangen Torte zur Seite. Seine Augen waren blau und kalt, die Lippen schmal. »Ich sollte vielleicht zur Sache kommen«, meinte er.

»Jawohl, das wäre nicht schlecht, um sechzehn Uhr bin ich nämlich im Stadtgarten und nehme wieder eine Handvoll Schlaf. Mein Herz braucht Ruhe. Außerdem werde ich erwartet.«

»Von wem?«

»Von ...«, sie brach ab, trank aus der Flasche, hustete, fuhr fort: »Von meinen Enten.«

»Sonst erwartet Sie niemand?«

Sie lachte kurz auf. »Richtig. Absolut niemand. Aber weißt du, es würde mir ziemlich auf den Geist gehen, wenn mich ..., hör mal, ach, verdammt, es geht dich echt nichts an. Spuck endlich aus, was du von mir willst!«

August Tiez senkte die Stimme. »Ich fasse zusammen: Sie sind obdachlos, herzkrank, trunksüchtig, allein. Ihr Leben hängt von ein paar rosaroten Pillen ab. Kurz gesagt, Sie haben nichts mehr zu verlieren.«

Ihre Stimme klang gelangweilt. »Oh, das ist noch nicht alles. Vorbestraft bin ich auch.«

Er nickte, als ob er Bescheid wüsste und es ihn nicht weiter störte. Er blickte sie an und sie fuhr im selben Tonfall fort. »Körperverletzung mit Todesfolge. Ganz alte Geschichte, ist lange her, habe meine Strafe abgesessen. Fünf Jahre! Im Knast ging's mir eigentlich richtig gut, durfte sogar in der Küche arbeiten, habe getöpfert und gemalt, musste eine Antiaggressionstherapie machen. Heute ist alles paletti.« Sie lächelte stolz, hob den Finger und drohte: »Vorausgesetzt, dass mich niemand ärgert.«

»Nein, nein, ich habe nicht vor, Sie zu ärgern, im Gegenteil, ich, nein, ich ...«, er kam ins Stottern, »ich möchte Ihnen ein Angebot machen.«

Sie rülpste, stand auf und ging zur Toilette.

»Nein, danke«, sagte sie, als sie kurz darauf zurückkam, sich wieder hinsetzte und die Flasche sorgfältig verstaute.

»Schade, es hätte sich gelohnt.«

»Wie viel?«

»Hundert Euro!«

Sie zeigte ihm den Vogel. »Vergiss es! Für hundert Euro verlässt die Fürstin ihre Bank nicht.«

»Sie wissen noch gar nicht ..., Sie müssen nur ...«

»Nein!«, schrie sie ihn an und Tiez zuckte zusammen, senkte seine Stimme bis zum Flüstern.

»Pssst. Nicht so laut! Sie sollen doch nur einen Hund entführen.«

»Einen Köter? Wozu?«

»Ich erkläre es Ihnen.«

August Tiez erläuterte ihr seinen Plan. Sie hörte aufmerksam zu. Sie zeigte keine Regung. Plötzlich ging ein Zucken über ihr Gesicht und auf ihrer Stirn entstand eine Falte. »Jawohl, ich wusste es, hinter deiner glatten Visage verbirgt sich ein Mistkerl. August Tiez, du hast mich also für dein schäbiges Spielchen ausgewählt. Okay, okay, ich werde darüber nachdenken. Du kannst morgen wieder vorbeikommen. Um achtzehn Uhr bin ich vielleicht im Stadtpark oder am Bahnhof.« Sie sah ihn an und fuhr fort: »Und noch etwas, für hundert Euro kannst du die Sache komplett vergessen.« Aufrecht stolzierte sie aus dem Café.

August Tiez bezahlte. Er legte seinen Regenmantel über den Arm. Draußen lockte die Junisonne. Die Tür schloss sich mit dem Klang eines Glöckchens. Um seinen Mund spielte ein zufriedenes Lächeln, er setzte die Sonnenbrille mit den verspiegelten Gläsern auf und lief ohne Eile zu seinem Sportwagen, der in der Nähe parkte.

Am nächsten Tag. Der Stadtgarten war nahezu menschenleer und die meisten Bänke waren frei. Dicke Weiden spiegelten im Teich, der sich wie eine Acht im gepflegten Grün aalte. Eine Schar Enten paddelte gelangweilt hin und her, die Paarungszeit war vorbei. Die männlichen Tiere hatten ihr Prachtkleid abgelegt und sahen jetzt fast so schlicht wie die Weibchen aus. Nur ein einsamer Erpel trug noch seinen rostroten Helm und einen schillernden blaugrünen Kragen. Der Vogel verfolgte seine Auserwählte, die sich schleunigst davonmachte. Wasser spritzte. Die anderen Enten gingen dem gereizten Pärchen aus dem Weg. Eine Verfolgungsjagd begann. Doch mit einem Mal ergab sich das Entenweibchen und der Rotschopf drückte sie mit seinem kräftigen Körper rabiat unter Wasser, während er immer wieder in ihren Kopf biss. August Tiez blickte auf die Uhr.

Fünfzehn Sekunden, dann war das Begattungsspektakel beendet. Die Tiere trennten sich und jedes schwamm in eine andere Richtung.

Tiez war nicht sicher, ob die Fürstin die Verabredung im Park einhalten würde oder vielleicht zum Bahnhof gegangen war. Nervös umrundete er zum dritten Mal den See. Eine imposante Gestalt mit quietschendem Wägelchen bewegte sich direkt auf ihn zu. Da stand sie auch schon vor ihm und er war hocherfreut. Er streckte ihr im Überschwang sogar die Hand hin, die sie ignorierte.

»Können wir uns einen Moment hinsetzen?«, fragte er.

Schweigend nahmen sie auf einer der Parkbänke Platz.

»Und?«, drängte Tiez.

Sie schlug die Beine übereinander und kratzte Schorf vom Knie. »Was ist dir der Köter wert?«

»Ich lege 200 Euro drauf.«

»Nö. Ich will einen Tausender!«

»Es ist ein sehr kleiner Hund«, stöhnte Tiez.

»Idiot!«

»Ich brauche ihn unbedingt bis in zwei Tagen, ich muss verreisen und will ihn mitnehmen.«

»Und ich brauche eine Anzahlung, jetzt sofort, drei grüne Lappen!«

August Tiez zog eine Fotografie aus der Brieftasche. »Schauen Sie, das sind Brigitte und der Hund. Sein Name ist Jonas. Die Aufnahme ist schon ein paar Jahre alt. Trotzdem, meine Frau, also meine Ex-Frau, hat sich seither nicht verändert. Sie ist noch immer sehr schön«, er seufzte, »und natürlich viel jünger als ich.«

Er hielt ihr das Foto vor die Augen. »Das ist der kleine Jonas. Meistens trägt er ein silbernes Kettenhalsband und eine rote Leine. Wissen Sie, wir streiten uns seit unserer Trennung um den Hund. Sie rückt ihn nicht raus, behauptet, Jonas bedeute ihr so viel wie ein Kind. Das sagt sie nur, um mich zu demütigen, weil ich ihr keines schenken konnte.«

»Euer Ehekrieg interessiert mich einen Scheiß. Will davon nix wissen. Der Plan ist doch, dass ich den Köter kidnappe. Okay, habe durchaus verstanden. Der feine Herr Tiez möcht seine Finger nicht schmutzig machen. Von mir aus, ich tu's!«

»Sehr gut!«

»Wenn ich den Dackel habe, die Übergabe, wo? Vielleicht beim Antiquitätenhändler?«

August Tiez nickte erfreut.

Sie stand auf. »Also, Freitag, vierzehn Uhr. Ich werde auf dem Sofa hinter den Geschäftsräumen sitzen. Du gibst mir das restliche Geld, ich gebe dir den Köter. Und jetzt bitteschön die Anzahlung, danach will ich gefälligst allein sein.«

Freitagmorgen. Sie hockte auf ihrem Platz vor der Deutschen Bank. Brigitte und Dackel Jonas würden gleich vor dem Bankhaus erscheinen wie jeden Freitag um diese Zeit. Brigitte würde Jonas an der Säule neben dem Haupteingang festbinden, Jonas würde sich brav hinlegen und warten, bis Frauchen ihre Bankgeschäfte erledigt hatte. Ungefähr eine Viertelstunde dauerten die Angelegenheiten in der Regel, hatte August Tiez behauptet.

Sie musste also nur die Leine losbinden und den Hund mitnehmen, rasch auf die andere Straßenseite gehen und in der Unterführung für Fußgänger verschwinden. Dies alles musste in wenigen Minuten zu schaffen sein. Eine einzige kleine Schwierigkeit gäbe es, hatte August Tiez gemeint. Die stark befahrene Straße überquerte man nur an einer Stelle, die von einer Ampel geregelt wurde. Dort sammelten sich Fußgänger und dadurch entstanden Wartezeiten. Trotzdem, auch das hatte August Tiez angeblich mehrmals getestet, selbst wenn Jonas auf seinen kurzen

Beinchen nicht schnell genug mitkam und man auf eine zweite Grünphase warten musste, der Fluchtweg war zu schaffen. Bis Brigitte das Bankhaus verlassen würde, dürfte von Jonas eigentlich nichts mehr zu sehen sein.

Die Fürstin spähte hinter halb geschlossenen Augen zum Haupteingang. Im Sekundentakt kamen und gingen Kunden. Manche grüßten und warfen eine Münze in ihren Becher. Seit über einer Stunde saß sie jetzt da, zog immer mal wieder diskret das Foto von Brigitte aus dem Ärmel und betrachtete das Portrait. Die zierliche dunkelhaarige Frau mit kurzem, glänzendem Haar, tiefroten Lippen, goldenen Kreolen an den Ohren und einem schwarzen, glatthaarigen Dackel an der Leine war bisher nicht erschienen. Beim nächsten Geldstück fragte sie den gehbehinderten alten Herrn, der sich zu ihr heruntergebeugt hatte: »Entschuldigung, wie spät?«

»Gleich zwölf Uhr.«

Sie überlegte. Vielleicht gingen Brigitte und Jonas heute nicht zur Bank? Also gut, sie würde noch ein Weilchen ausharren, dann aber den Platz verlassen. Es war nicht gut, zu lange an derselben Stelle zu bleiben. Schon wegen der Videokamera, die über dem Haupteingang schwenkte.

Endlich lief der Mann weiter und sie konnte ihre Aufmerksamkeit ungestört dem Eingang widmen.

Da sah sie ihn! Vor der Säule hockte der Dackel, war pechschwarz und mit einer prächtigen roten Leine angebunden. Das Tier schien etwas nervös zu sein, drehte sein Köpfchen hin und her.

Sie verließ ihren Platz, ging zur Säule, redete mit gedämpfter Stimme drauflos: »Also aufgepasst, Jonas, ganz ruhig, bist doch ein braver, blöder Hund. Wir gehen jetzt zusammen fort, mach bloß kein Theater, sonst dreh ich dir den Hals um, gell, mein Freundchen. Jawohl, guter Hund, siehst ja aus wie eine Ratte, schön brav, Jonas, ganz lieb sein, alles ist in Ordnung, wenn du mir gehorchst, andernfalls gibt es was auf die Schnauze!« Sie band ihn rasch los, und ohne dass sie von irgendjemandem daran gehindert wurde, machte sie sich mit dem Hund auf den Weg. Die Ampel schaltete auf Grün. Kurz darauf waren sie in der Dunkelheit der Unterführung verschwunden.

August Tiez hatte seinen Wagen nur eine Querstraße hinter dem Geschäftshaus des Antiquitätenhändlers geparkt. Wenn alles geklappt hatte, mussten die Fürstin und Jonas in wenigen Minuten auf dem Hof ankommen.

Es war ihm zu warm, er zog die leichte Jacke aus, darunter trug er ein kurzärmeliges Hemd und eine Seidenkrawatte. Er löste Knoten und Kragenknopf. Nach einem kurzen Blick in den Spiegel öffnete er die Autotür und stieg aus. Mit sanftem Klack schloss die automatische Verriegelung. Tiez schlenderte die Straße entlang und schwenkte in den Seitenweg, der zum Hintereingang führte. Hier war er schon zwei- oder dreimal gewesen. Wenn er ein Bild oder ein kleines Möbelstück erworben hatte, konnte er an dieser Stelle parken und bequem einladen. Tiez kannte das Sofa, auf dem ihm die Fürstin zum ersten Mal aufgefallen war. Sie sei eine Obdachlose, die sich gern auf dem kaputten Kanapee ausruhen dürfe, sie nenne sich übrigens Fürstin und sei mit den größten Händen und Füßen ausgestattet, die er je bei einem Menschen gesehen habe, hatte ihm der Händler damals lachend erzählt.

Na, geht doch!, jubelte August Tiez innerlich, als sie kurz darauf um die Ecke bog.

Etwas unkoordiniert, weil der Hund an der Leine zog und rechts und links schnüffeln musste, sein Beinchen hob, immer wieder erwartungsvoll hochsprang, kamen die Frau und ihr vierbeiniger Begleiter nur langsam vorwärts.

»Tja, siehst du, meine liebe Brigitte, Jonas gehört mir, nicht dir«, flüsterte Tiez, während er die Fürstin und Jonas auf sich zukommen sah. »Ich habe ihn gekauft und werde ihn von nun an bei mir behalten. Das arme Tier anzubinden und ohne Aufsicht zurückzulassen, so etwas Dummes kannst nur du dir leisten.« Leise fuhr er fort: »Mit einem Kind dürftest du dir das auch nicht erlauben.«

Sie waren nur noch wenige Schritte von Tiez entfernt, als dieser erkannte, dass Jonas nicht Jonas war. Das war ein fremder Hund. Durchaus ein schwarzer Dackel mit Kettenhalsband und roter Leine, aber nicht Jonas.

In August Tiez krochen Entsetzen und Wut empor. Mit schneidender Stimme brüllte er los: »Sie blöde Kuh, was bringen Sie mir denn da für einen Köter? Das ist nicht mein Hund! Sind Sie von allen guten Geistern verlassen?«

»Nein? Nicht dein Hund? Er gehorcht aufs Wort, wenn ich ihn Jonas rufe.«

»Himmeldonnerwetter! Sie haben einen fremden Hund entführt, ich kenne doch meinen Jonas. Schauen Sie gefälligst das Bild an! Jonas' Pfoten sind braun, wie Socken, das sieht man auf dem Foto ganz genau. Dieser Hund hier hat schwarze Pfoten, das hätte auch Ihnen auffallen müssen. Sagen Sie bloß, Sie haben meine Ex-Frau nicht erkannt? Was sind Sie nur für eine Idiotin.«

»Schätzchen, deine Ex hab ich überhaupt nicht gesehen, die war schon in der Bank verschwunden. Es ging alles superschnell. Der Köter an der Säule, ich hin und ihn losgemacht, dann ab durch die Mitte. Alles lief perfekt. Du kannst jetzt wirklich nicht meckern. Nimm den Hund, egal wem er gehört. Ist ein liebes Tier. Könnte mich glatt an die Ratte gewöhnen. Wenn du ihn nicht willst, behalte ich ihn. Der dürfte mein Image enorm aufpolieren.«

»Was? Ich höre wohl nicht richtig. Sie bringen auf der Stelle den Hund zurück!«

»Pah. Hättest du wohl gern. Mach ich aber nicht. Gehört jetzt mir. Und das restliche Geld ebenso. Verstanden?«

Tiez fing an zu lachen. Sein Lachen klang derart grässlich, dass sogar der Hund erschrak und wild drauflos bellte.

»Geld? Ich soll für einen fremden Hund bezahlen? Niemals, ich bin doch nicht verrückt! Auf der Stelle bringen Sie das Tier dahin, wo Sie es entführt haben, und am besten, Sie lösen sich anschließend in Luft auf. Laufen Sie mir niemals mehr über den Weg, ich warne Sie!«

Sie war tatsächlich einen Kopf größer als Tiez und stand so dicht vor ihm, dass er ihren scharfen Schweiß roch. Sie griff nach seiner Krawatte und zischte: »Kleiner komischer Lackaffe, soll das etwa eine Drohung sein? Weißt du was, du gibst mir jetzt meinen versprochenen Lohn und dann verpiss dich! Mit deinem Geld werde ich es mir noch ein einziges Mal in meinem Leben richtig gut gehen lassen und danach ist Feierabend. Nur deshalb habe ich mich auf dein Angebot eingelassen, hast du mich verstanden? Wir verhandeln nicht. Hier ist der Hund und ich krieg die Mäuse!«

Er packte ihr Handgelenk und drehte es wütend herum. »Weib, lass sofort meine Krawatte los, ich mach dich fertig!«

Dass er sie anfasste und ihr Schmerz zufügte, versetzte sie vollends in Rage. Sie stürzte sich auf ihn, dass ihm die Sonnenbrille herunterfiel. Ihre Pranken legten sich wie Schraubstöcke um seinen Hals. Sofort war ihm klar, dass diese Furie den Würgegriff einer Schlange hatte. Er versuchte zu treten und zu schlagen, doch unbeirrt drückte sie zu, quetschte seine Halsschlagader, bis ihm schwarz vor Augen wurde. Wie eine Katze, die ein tödliches Spiel mit ihrer Beute treibt, ließ sie kurz los, ließ ihn röchelnd nach Luft schnappen, presste die Hände erneut um seinen Hals, würgte ihn bis zur völligen Bewusstlosigkeit. Keine fünfzehn Sekunden dauerte der Kampf, den er verlor und sterbend an ihrem Körper entlang abwärtsglitt. Ganz und gar dem Rausch verfallen, machte sie sich über ihn her und hieb ihm ihre Zähne in den Adamsapfel. Es knackte, Blut spritzte. Erst als seine Gliedmaßen vollends erschlafft und seine Augen weit aufgerissen stehengeblieben waren, löste sie sich von ihm.

Vom Blut besudelt, schweißtriefend und schwer atmend durchsuchte sie ihn, fand aber nur seinen Autoschlüssel. Sie hob die Sonnenbrille auf, die unversehrt war.

Beinahe ruhig war sie jetzt, der Anfall vorbei. Ihr Herz stach. Jeder Schlag ein Signal. Sie taumelte und stolperte, schleppte sich fort.

Es dauerte, bis sie den eleganten Zweisitzer fand. In der Brusttasche der dort abgelegten Jacke steckte ein Bündel Geld.

Was für ein göttlicher Tag, dachte sie und drückte sich August Tiez' Sonnenbrille ins Gesicht. Sie hielt die Tür des Sportwagens auf. »Komm, Jonas!«

Sie fiel in den Ledersitz, ihre Hände umschlossen das Lenkrad. Mit einem zufriedenen Lächeln ließ sie das Verdeck herunter und den Motor aufheulen.

REGINE BOTT

Kehrwoche kompakt

Stuttgart

Landesverordnung der Stadt Stuttgart aus dem Jahre 1492: *Damit die Stadt rein erhalten wird, soll jeder seinen Mist alle Wochen hinausführen.*

Ich fühle mich zu Höherem berufen, aber ich sollte ganz unten anfangen. Sollte den Dreck wegmachen. Das meine ich nicht im übertragenen Sinn, das meine ich so, wie ich es sage. Buchstäblich. Kehren sollte ich. Putzen. In eine Art Ganzkörperkondom gehüllt Wände und Böden schrubben. Das wegwischen, was meine Kollegen hinterlassen haben.

Denn ich bin ein sogenannter Neigschmeckter, also einer, dem man am Anfang nicht viel Vertrauen entgegenbringt, der sich das erst einmal verdienen muss. Es handele sich um eine Art Integrationsritus, sagte man mir, ich müsse mir meinen Job im Schwabenland erst einmal verdienen.

Da ich nach Antritt einer neuen Arbeitsstelle nicht gleich herumdiskutiere, schon gar nicht mit meinem Vorgesetzten, der sowieso am längeren Hebel sitzt beziehungsweise die größere Wumme in der Hand hat, habe ich eingewilligt. Zähneknirschend habe ich versichert, alles zu tun, was für meine Eingliederung in die südlichen Gefilde der deutschen Lande nötig sei.

*

Ein paar Tage später stehe ich leicht verunsichert vor Raum 4.1 und starre auf den Fresszettel in meiner Hand.

Das Türschild bestätigt mir, dass ich hier richtig bin, und ich trete ein. Anscheinend bin ich zu spät, obwohl die Wanduhr etwas anderes sagt, denn sechs Augenpaare starren mich vorwurfsvoll an, und eine kleine dralle Frau mit grauen steifen Löckchen, die bei jeder Bewegung wippen, dreht sich zu mir um. Hexenhaft deutet sie mit gekrümmtem Zeigefinger auf eine Lücke in der Teilnehmerriege, die vor ihr aufgereiht steht wie Zinnsoldaten.

»Jetzetle wolle mer mal gugga«, schnarrt sie.

Es klingt, als hätte sie einen Korken zwischen den Lippen und zudem eine besorgniserregende Erkältung. Oder irgendetwas steckt ihr quer im Hals.

Nach einem scharfen Blick schreitet sie von einer Person zur nächsten.

»Bäsa!«, fordert sie.

Dem so angeschnauzten Mittzwanziger erscheinen Fragezeichen auf der Stirn, und sie wiederholt nach einigen Sekunden übertrieben akzentuiert: »B-e-s-e-n!«

Mit Verzögerung streckt er ihr leicht panisch sein Handwerkszeug zitternd entgegen.

»Ausgfranst! Bsorgat Sia sich bis nägschde Woch en neue! Hen Se des verschdande? A Schand isch des!«

Der fassungslos dreinblickende junge Mann nickt mechanisch mit dem Kopf und wischt sich verstohlen das Wasser aus den Augen.

Wie schon erwähnt, bin ich selbstverständlich nicht freiwillig hier. Auf die Idee, mich in diese Fortbildung einzuschreiben, wäre ich in meinen schrecklichsten Albträumen nicht gekommen, aber wie ich schon sagte, tue ich erst einmal das, was der Boss von mir verlangt. Zumindest die ersten Wochen, bis ich mich akklimatisiert habe und die Lage einschätzen kann. Oder meinem Arbeitnehmer schon so weit im Hintern stecke, dass ich imstande bin, ihn am Kehlkopf zu kraulen. Ich hoffe also, spätestens nach dem Wochenendseminar den Integrationsscheiß komplett hinter mich gebracht und bewiesen zu haben, dass ich durchaus fähig bin, Anweisungen zu befolgen und dann den Platz einzunehmen, den ich verdient habe. Den an der Spitze. Denn ich habe nicht vor, ewig zu duckmäusern. Ich will nicht für alle Ewigkeiten das aufwischen müssen, was die Opfer meiner Kollegen hinterlassen hatten. Blut, Gedärme, vielleicht ein wenig Hirn. Ich will wie die anderen aktiv ein Wörtchen mit meiner Walther PPK mitreden.

Natürlich weiß die Matrone, die wie ein Feldwebel forsch im Raum auf und ab schreitet, nichts von meiner Profession. Mein Arbeitgeber taucht in keiner Statistik auf, zumindest nicht in der des Landes Baden-Württemberg, höchstens in der des Landeskriminalamts, aber auf alle Fälle nicht in den Teilnehmerlisten der Volkshochschule.

»Kutterschaufel?«, will Graulöckchen jetzt wissen. Sie ist direkt vor mir zu einem plötzlichen Halt gekommen, als hätte sie ein unsichtbares Bremspedal betätigt.

Aus meinen Gedanken gerissen zucke ich zusammen und muss das Wort erst einmal analysieren, bevor ich schalte. Denn mit Kutter verbinde ich gemeinhin Schiffe und nicht den Abfall. Meine Augen wandern zu meinem Nachbarn zur Linken, der das Erfragte sogleich mit glänzenden Augen emporreckt, obwohl er überhaupt nicht angesprochen ist. Schleimer. Ich registriere, dass das, was er in der Hand hält, mir im Baumarkt als Kehrblech verkauft wurde, bücke mich und fördere das Exemplar aus meinem Rucksack zutage.

»Ha ja – geht doch.« Sie nickt angesichts der mitgebrachten Blechschippe wohlwollend. Dann aber hält sie plötzlich inne. »Moment a mole. Des hot koin Gummi.« Sie fixiert mich mit ihren Knopfaugen, und ich merke, wie mir der Schweiß ausbricht. »Hent sie koi Gummi?«, schnauft sie.

Ich kann darauf nichts erwidern. Ich habe keine Ahnung, was sie von mir will. Geht es jetzt plötzlich um Sex? Hoffentlich nicht mit ihr?

»Älle uffpassa!«, echauffiert sie sich. »Ohne Gummi isch des z'laut. A laute Kehrwoch isch koi gute Kehrwoch. Die Nachbarschaft darf net gstört werda. Des muss leis ond im Hintergrond gange. Wie dr tägliche Schduhlgang.«

Meiner Meinung nach geht bei der Frau nichts geräuschlos, aber ich zwinge meine Mundwinkel zu einem improvisierten Lächeln ein wenig nach oben und gebe mich dabei der Fantasie hin, ihr den Ellenbogen in die Kehle zu rammen.

Sie holt Luft. »Es goht hier um Ausstaddung ond Technik. Holet se ihrn Kehrwisch raus. Noi, zuerst dr Bäsa. Mir übet Griff-, Halte- und Schwungtechniken. Falsch kehrt isch net gut kehrt!«

Die Soldaten nicken wie ein Mann, nur ein Finger erhebt sich zaghaft.

»Was isch?«, brüllt sie.

»Ich war letzte Woche im Fortbildungsseminar *Die große Hauswoche*, und ...«

»Ah, sehr verninfdig«, nickt Graulöckchen begeistert.

»Ja, genau. Nachdem ich so viel in der *Kleinen Hauswoche* gelernt hatte, dachte ich ... also was ich fragen will, ist ...«

»Ha, saget S' es!«

»Wie lang sollten die Borsten des Handfegers noch mal sein?«

Während Graulöckchen ausholt und über Borstenlänge referiert, lenke ich mich ab und lasse meine Gedanken zu einem angespitzten Besenstiel driften, der sich in den Brustkorb der Seminarleiterin bohrt. Man würde ordentlich Schwung holen müssen, etwas, was ich bei den Griff- und Haltetechniken hoffentlich gleich lernen würde, aber die Wirkung wäre effizient.

Ein kleines Grinsen schleicht sich auf mein Gesicht, als ich mir die Schlagzeilen ausmale. Über dem Bild des auf dem Boden liegenden verrenkten Körpers, aus dem der Besenstiel ragt wie ein Fahnenmast. Die Borsten wehen im Wind. Okay, ich gebe zu, das wäre auf dem Foto nicht zu sehen. Die Schreiberlinge könnten mich jedoch den »schwäbischen Vlad« nennen, oder den »Pfähler zwischen Wald und Reben«. Dass sie es mit einem Spezialisten aus dem Norden zu tun hätten, würden sie letztendlich nicht wissen.

In Tagträumereien versunken greife ich mechanisch zum Besen und beginne, gemeinsam mit den anderen Teilnehmern zum Rhythmus von *Auf der schwäbsche Eisabohna* den Raum zu fegen. Der ist zwar so blitzeblank, als hätten ihn zuvor hundert Stuttgarter Hausfrauen mit ihren Zungen bearbeitet, aber es geht schließlich um die Theorie. Schwung nach links, Schwung nach rechts. Nach einer Weile wird es geisttötend und meine Stimmung rutscht weiter in den Keller, nachdem Graulöckchen das Thema gewechselt hat und über die Notwendigkeit eines Hausputzschildes salbadert, das man Woche für Woche eine Wohnungstür weiter hängen muss, bis es auch der dümmste Mieter begriffen hat, wann er mit Fegen und Wischen dran ist.

Es dauert nicht lange, da schlägt die Monotonie bei mir in Aggressivität um. Meine Fantasien wechseln zu Überlegungen, wie ich Haushaltsgeräte sinnvoll in meine Arbeit einbringen könnte, wenn ich erst oben in der Kette der Assassinen angekommen wäre und die richtigen Jobs erledigte. Ein Stromschlag mit dem Eierkocher, ein um sich schlagender elektrischer Rührbesen, ein im richtigen Moment zusammenklappendes Bügelbrett mit gut versteckten Stahlkanten unter dem Bezug.

»Aufbassa, net trödle!«, gellt es mir entgegen.

Am liebsten hätte ich ihre grauen Löckchen in Brand gesteckt, denn sie droht mir zu allem Überfluss mit dem Kehrwisch.

Als die Wanduhr endlich das Ende des Seminars mit *Muss i denn, muss i denn zum Städtele hinaus* einläutet, kann ich mir ein erleichtertes Ausatmen nicht verkneifen. Schnell packe ich meine Habseligkeiten zusammen, stecke den Handfeger in den Wanderrucksack und versuche, den Besen so unterzubringen, dass der Stiel nicht zu weit herausragt. Da das Kehrblech auch nach mehreren Anläufen einfach nicht mehr hineinpassen will, nehme ich es in die Hand, schnappe den Rucksack mit der anderen und verlasse eilig den Raum. Ich sehe gerade noch Graulöckchen mit trippelnden Schritten um die Ecke biegen. Sie nimmt wohl den Aufzug, was bedeutet, dass ich auf jeden Fall die Treppe nehme.

Draußen sauge ich den Großstadt-Feinstaub in meine Lungen und mache mich auf den Weg zur S-Bahn. In Gedanken gehe ich erneut die Argumentationskette durch, mit der ich meinen Chef rhetorisch flachlegen will, und merke erst nach einigen Minuten, dass der schwäbische Putzdrache mit den grauen Locken immer noch vor mir hergeht.

Sie biegt in eine Seitengasse ein, und ich folge ihr, ohne groß darüber nachzudenken. In mir kocht es. Die Frau hat mir wertvolle Lebenszeit gestohlen und mich darüber hinaus vor allen blamiert.

Ich beschleunige, fange an zu joggen, bin in wenigen Sekunden neben ihr, lasse den Rucksack fallen und drücke die verdutzte Frau mit meiner freien Hand an eine Hauswand. Weit und breit ist niemand zu sehen.

Zuerst starrt sie mich nur an. Dann hellt sich ihr Gesicht unerwartet auf. »Ha noi! Sie send doch der ohne Gummi, gell?« Ohne eine Antwort abzuwarten, schwäbelt sie weiter. »Den Schwung, den hent Se aber no net raus. Des kommt au no.«

»So ist es«, knurre ich, reiße den Arm mit dem Kehrblech hoch und stanze es ihr mit aller Kraft in die Halsschlagader.

Der Effekt ist äußerst beeindruckend. Nicht nur, dass das Hilfsmittel, da ihm das Gummi am Schaufelende fehlt, ihren Kopf fast vom Rumpf trennt und sie dabei zappelt wie ein Käfer zwischen den Fingern eines bösen Kindes – die Kutterschaufel fängt auch gleichzeitig das Blut auf, das ihr aus den Arterien schießt wie aus einem kaputten Hydranten.

Mächtig fasziniert muss ich zugeben, dass der schwäbische Erfindergeist ein vielseitig einsetzbares Gerät ersonnen hat. Ich betrachte die nun mit Blut gefüllte Schaufel und meine neue Heimat mit völlig anderen Augen und gieße den Inhalt des Bleches in einen Gulli. Ausgezeichnete Arbeit. Ich wische das Gerät sorgfältig sauber, und als ich zur S-Bahn-Haltestelle zurückgehe, die Kutterschaufel gut gelaunt hin und her schwinge und den entstellten toten Körper von Graulöckchen hinter mir auf dem Asphalt zurücklasse, erwische ich mich dabei, wie ich fröhlich vor mich hin singe: »Schtuegert, Ulm ond Biberach, Mekkabeure, Durlesbach. Trulla, trulla, trullala, trulla, trulla, trullala …«

Das beste Stück

Ulm

Sie konnten nicht länger warten. Das wurde Eva bewusst, als sie bei ihrem morgendlichen Spaziergang die braunen Blätter betrachtete, die sich um den Stamm der Akazie häuften. Lennie, ihr kleiner Spaniel, hatte sie lustvoll hin und her gescharrt.

Ja, dachte sie, es wurde höchste Zeit, dass die drei Freundinnen ihr Projekt endlich in die Tat umsetzten. Das mussten auch die anderen einsehen. Es gab kein Zögern und kein Hinausschieben mehr.

Die Woche zuvor hatte es einige Tage am Stück geregnet. Der Herbst kam mit Riesenschritten, und die Gelegenheit, ihr Vorhaben umzusetzen, würde bald vorbei sein.

Ein wenig ging ihr Carola ja auf den Geist, gestand sich Eva ein, während sie dem Suchen und Schnuppern ihres Hundes zusah. Würde ihre Freundin nur auch so vorwärts ziehen, wie ihr Lennie das an der Leine meistens tat! Carola war die Bremserin in ihrem Trio, die Bedenkenträgerin, die immer wieder neue Wenn und Aber aus ihrem Bedenkensack zog. Doch sie würde diese Schnecke schon überzeugen, da war sie sich sicher. Schließlich hatte sie vor nicht allzu langer Zeit zugestimmt und Eva hatte die guten Argumente auf ihrer Seite. Gegen die Jahreszeiten, die naturgegeben fortschritten, konnte niemand angehen.

Eva merkte, wie sie sich selbst zunickte, während sie ein Plastiksäckchen aus der Tasche zog, um Lennies Hinterlassenschaften zu beseitigen. Eilig strebte sie auf den nächsten Abfalleimer zu.

Manchmal hatte sie schon den Verdacht gehabt, dass Carola ihren Plan gar nicht mehr umsetzen wollte. Ausgerechnet sie, die sich am bittersten beklagte. Was sie so erzählte über ihren Norbert, war aber auch wirklich kaum zu glauben. Einen Bio-Trottel hatte sie ihn ganz zu Anfang genannt. Er tyrannisiere sie total mit seinem Anspruch auf biologische Ernährung. Er sei Vegetarier und seit Kurzem Veganer dazu und sie müsse das ausbaden, genauer gesagt auskochen. Doch das allein war es nicht, was sie auf die Palme brachte. Ihr Mann sei, im Gegensatz zu früher, ein so unglaublich sportlicher Typ geworden. Jeden Tag jogge er bereits am hellen Morgen und das Auto stehe nur noch in der Garage. Radfahren sei angesagt und die Waage sei der Prüfstein seiner Aktivitäten.

Und dann die *zertifizierten Zutaten*! Geradezu manisch sei er da.

»Bei meinem Norbert, dieser Salatschleuder, muss alles, aber auch alles immer total frisch sein. Ist mal ein Apfel etwas schrumpelig – weg damit! Oder wenn der Rucola älter als zwei Stunden ist – fort mit ihm! Was ich an Lebensmitteln in den Abfall kippe, das geht auf keine Kuhhaut!« Darüber beschwerte sie sich säuerlich bei fast jedem ihrer gemeinsamen Saunabesuche.

Erst nach ein paar Treffen kam noch ein weiterer, ein sehr viel triftigerer Grund für Carolas Teilnahme an ihrem Projekt zutage: Norbert hatte auch im Bereich des weiblichen Unterleibes Anspruch an Frische. Im Klartext: Er stecke seine Rübe seit einiger Zeit in eine frische, junge Gemüse-Verkäuferin, wie Carola den Freundinnen zögernd mitteilte.

Es habe gedauert, bis Carola diese Missachtung ihrer mehrjährigen ehelichen Verbundenheit und Treue und deren Zusammenhang zur Bio-Frische-Affinität ihres Mannes bemerkt habe. Sie habe diese Tatsache rein zufällig entdeckt und Norbert noch nicht darauf angesprochen, aber das komme, darauf könne er Gift nehmen. Carola hatte bei diesem Geständnis Tränen der Trauer oder vielleicht auch des Zorns vergossen.

Möglich, dachte Eva auf ihrem Heimweg, während sie Lennie zu bremsen versuchte, möglich, dass sich etwas geändert hatte. Es konnte ja sein, dass Carola noch auf eine Kehrtwende in Bezug auf die frische Geliebte ihres Mannes hoffte. Vielleicht war deshalb ihre anfängliche Begeisterung abgekühlt.

Da lobte sie sich doch Heide, die flotte Heide, wie sie sich selbst nannte. Sie war von Anfang an Feuer und Flamme für ihren Plan gewesen. Wenn es nach ihr gegangen wäre, hätten sie schon längst losgeschlagen und alles hinter sich gebracht. Aber auch hier war trotz aller Begeisterung die Rücksicht auf die Jahreszeit nötig gewesen.

Heide konnte und wollte es partout nicht akzeptieren, dass ihr Mann die Tage, Wochen und Monate und vor allem die Wochenenden nur in den Baumärkten der Umgebung und in ihrem Schrebergarten zubrachte.

Seit dem Frühjahr war sie nun im Vorruhestand und habe, wie sie klagte, nichts mehr im Leben außer ihrer Katze. Sie langweile sich entsetzlich. Nichts Neues passiere mehr. Es sei Tag für Tag dasselbe. Jetzt sei die Gelegenheit, hinauszufliegen in die große, weite Welt. Ihr Wunsch war es, fremde Länder und Menschen kennenzulernen. Eigentlich hätten sie sich das auch leisten können, doch Karl tat angeblich keinen Rucker in diese Richtung. Er verbot Heide sogar, das gemeinsame Geld zu verpulvern, und warf die Reise-Kataloge, die sie sich schicken ließ, regelmäßig ins Altpapier.

»Weshalb war ich so blöd, mir nicht etwas zur Seite zu legen, solange ich gearbeitet habe«, ärgerte sie sich. »Ein eigenes Konto hätte ich haben sollen. Aber nein, das wollte der feine Herr ja nicht.« Selbst die gelegentlichen

Saunabesuche mit den Freundinnen schien er argwöhnisch zu beobachten.

»Diese Weiber setzen dir Flöhe ins Ohr und ich muss sie ausbaden«, meckerte er, wenn sie danach fröhlich und aufgekratzt nach Hause kam.

Alles sei ihm zu teuer, was sie wolle oder sich wünsche, klagte Heide den Freundinnen. Seine Anschaffungen würden dagegen nicht diskutiert. Selbst als sie die zweite, genau identische Kreissäge in der Garage entdeckte, habe er sich jede Einmischung in seine notwendigen Ausgaben verbeten. Er wolle und müsse auf dem aktuellsten Stand bleiben, und das Gerät sei nun mal das neueste Modell, direkt von der Gartenmesse.

Gebratenes, dachte Eva und seufzte, während sie ihre Wohnungstürc öffnete. Sie konnte Heide gut verstehen. Fast so gut wie sich selbst. Ach ja, sie selbst!

»Wie schön, du bist wieder da«, tönte es ihr aus der Küche entgegen, »ich habe uns etwas Feines gekocht. Du brauchst dich nur zu setzen. Ich serviere gleich.«

Ja, auch bei ihr war es immer dasselbe. Eigentlich, hätte sie sagen wollen, eigentlich habe sie noch gar keinen Hunger. Aber was hätte das genützt? Nichts. Albert kochte sehr, sehr gerne und irgendjemand musste seine Kreationen würdigen. Das war nun einmal sie, seine liebe Frau Eva, für die er alles tat. Ob sie Hunger hatte oder nicht. Vielleicht hätte sie lieber einmal auswärts gegessen? Aber das fragte niemand.

Leider war das bei Weitem nicht alles, was sie auf ihrer schwarzen Liste verzeichnete.

Ergeben setzte sie sich an den Tisch und wie so oft wurde es ihr schmerzlich bewusst, wie sie unter den Liebesbeweisen ihres Mannes litt. Seit er pensioniert war, wich er nicht von ihrer Seite. Er bereitete ihr das Frühstück zu, begleitete sie und Lennie (»ach, das tue ich doch gerne«) auf ihrem vormittäglichen Spaziergang, stellte ihr das Bügelbrett bereit und reichte ihr die Wäschestücke zu. Selbst wenn sie vor dem Fernseher saßen und sie aufstand, um sich ein Glas Wasser zu holen, war er schneller.

Als er ihr nun »das beste Stück des Schnitzelchens« auf den Teller legte, stöhnte sie innerlich. Hätte sie gewusst, wie es einmal werden würde, dann hätte sie sich nie auf einen zwanzig Jahre ältere Mann eingelassen.

Da saß er vor ihr, grau in grau, ihr ehemals so flotter Motorradfreak, so dürr und trocken, und sie merkte einmal wieder, dass sie es so nicht mehr wollte. Nein, sie konnte nicht länger warten.

Nicht dass sie nicht versucht hätte, der Liebesfalle zu entkommen. Sie erfand die tollsten Termine für dringende Besprechungen zu ihren Yoga-Kursen. In aller Ruhe saß sie dann gemütlich in einem Café und verbrachte die erschwindelte Zeit in einer Zeitschrift oder in einem Buch schmökernd.

Dabei bot sie inzwischen immer weniger ihrer bisher sehr beliebten Kurse an. Leider. Ihr Mann hatte es tatsächlich geschafft, dass sie diese Arbeit reduzierte. Schon kurz vor seiner Pensionierung hatte er Eva so dringend darum gebeten, sich mehr Zeit für sie beide zu nehmen, dass sie sich nicht weigern konnte. Das hatte sie nun davon: einen Mann, der ihr zu jeder Tageszeit auf der Pelle hockte.

Leider waren ihre Ausweichmöglichkeiten nicht sehr groß. Wenn es irgendwie ging, besuchte sie für ein paar Tage ihre Tochter im Schwarzwald. Allerdings konnte sie, wegen Kathis Hundeallergie, Lennie nicht mitnehmen und Eva hatte die größten Befürchtungen, dass Albert in ihrer Abwesenheit ihrem Hund die Mahlzeiten verpassen könnte, die sie versäumte. Er protestierte jedes

Mal, wenn er den Hund versorgen musste. Überhaupt, der Hund. Schon einige Male hatte Eva den Verdacht gehabt, dass ihr Mann – so freundlich er auch tat – an dem Tier seine versteckten Aggressionen abreagierte. War es Eifersucht oder Groll über ihre mangelnde Begeisterung für seine totale Zuwendung, sie wusste es nicht. Seit sie diesen Verdacht hatte, konnte sie ihm nicht mehr so leichten Herzens entfliehen.

Jetzt versuchte sie jedenfalls, so wenig wie möglich zu sich zu nehmen. Vorsichtig bereitete sie ihren Mann darauf vor, dass sie das von ihm geplante gemeinsame frische Beziehen des Ehebettes auf den nächsten Tag verschieben müssten, da sie mit ihren Freundinnen zur Sauna verabredet sei.

»Da kann ich ja gar nicht mitkommen«, klagte er säuerlich.

»Nein, das geht wirklich nicht«, lachte Eva und frohlockte innerlich, »das geht schon deshalb nicht, weil heute Damensauna ist.«

Als sich die drei Freundinnen vor der Kasse des Bades trafen, stellten sie unisono fest, wie herrlich es doch war, dass es Räume und Veranstaltungen gab, wo Frauen unter sich sein konnten. Im Laufe des Nachmittags setzten sie sich zu einer Tasse Cappuccino zusammen und besprachen ihr Vorhaben.

Wie erwartet kam natürlich Carola wieder mit Ausflüchten. Ihr sei die Dringlichkeit nicht einsichtig, meinte sie, obwohl sie mit blankem Hass über ihren Mann und seine knusprige Geliebte lästerte. Am Ende wurde sie überstimmt und sie verabredeten sich für den Donnerstag der gleichen Woche.

»Waldluft statt Sauna«, lachte Heide zufrieden und bestellte sich noch eine Butterbrezel. Dann erinnerten sie sich gegenseitig an das, was sie sich ganz zu Anfang ihrer Planung geschworen hatten: Nie, nie mehr sollte ein Mann ihnen das Leben schwer machen können.

Es war für alle drei nicht einfach, sich von ihren Männern loszueisen. Vor allem Eva musste sich einiges einfallen lassen, weshalb sie an einem hellen Spätsommertag ohne ihren Mann wandern gehen wollte. Am Ende hatte sie Lennie zögernd in seiner Obhut gelassen. Nur so konnte sie sicher sein, dass Albert nicht hinter ihr herlaufen würde, um sie vor möglichen Gefahren zu schützen.

Carola kannte die besten Plätze der kleinen Sprösslinge. Als Biologin liebte sie den Wald mit seinen vielfältigen Angeboten. Schon nach kurzer Zeit hatte jede von den Dreien einen kleinen Vorrat in ihrem Korb gesammelt.

»Wir brauchen nicht viel«, hatte Carola noch gesagt und sie wieder auf den Wanderparkplatz zu den Autos zurückgeführt. Auf einer nahen Bank am Waldrand hatten sie sich niedergelassen. Als Heide sich einen Apfel aus ihrem Rucksack holen wollte, stoppte Carola sie. Eindringlich warnte sie die Freundinnen vor dem Gift, das möglicherweise auch bei Berührung wirken könne. Dann berieten sie wieder einmal und in immer neuen Varianten, wie sie alles bewerkstelligen wollten. Die Vorschläge reichten vom unschuldigen Anfassenlassen übers Trocknen und anschließende Zermahlen bis zum leckeren Omelett.

So kurz vor der so lange und immer wieder besprochenen Ausführung ihres Projektes schlich sich plötzlich eine neue Komponente in ihre Diskussion: Die Angst vor dem Entdecktwerden. Wie würde das dann sein? Würde eine von ihnen gar verurteilt werden? Oder gleich alle drei? Wer würde am Ende wen im Gefängnis besuchen? Aber wie schon des Öfteren hatte Heide mit ihrer natürlichen Unbeschwertheit einen guten Rat.

»Wir machen jetzt alle mal die Augen zu und stellen uns vor, wie schön es wäre ohne unsere Männer«, schlug sie vor.

»Ich esse erst mal eine ganze Woche lang nur Knäckebrot«, sagte Eva genüsslich, »und gebügelt wird nur noch das Allernötigste.«

»Und ich verkaufe unseren Garten und alle Maschinen, die ich finde«, sagte Heide. »Dann nehme ich unser ganzes Geld und fliege jedes Jahr in ein anderes Land.«

»Mein Schweinebraten mit Semmelknödel war einmal richtig berühmt«, schwelgte Carola. »Der kommt mir mindestens einmal die Woche auf den Tisch. Und ihr seid eingeladen. Was glaubt ihr, was ich dieser Tussi, die dann ja auch Witwe ist, für Blicke zuwerfe.«

Das Projekt nahm also seinen Lauf. Eva hatte es am schwersten, ihre Zutaten an den Mann zu bringen. Sie musste Albert auf irgendeine Weise aus der Küche drängen.

»Mach doch mal einen Spaziergang mit Lennie«, hatte sie scheinheilig lächelnd zu ihrem Mann gesagt. »Er freut sich immer so, wenn du mit ihm gehst.«

Albert war darüber nicht glücklich. »Wieso kommst du nicht mit?«, fragte er mit leisem Vorwurf in der Stimme.

Eva hatte auf dringende Vorbereitungen für ihren nächsten Yoga-Kurs hingewiesen und ihm die Hundeleine in die Hand gedrückt. Kaum war die Türe ins Schloss gefallen, eilte sie ins Badezimmer, um die Tüte hinter ihrem Wattevorrat hervorzuholen.

Bei den Vorbereitungen war Vorsicht geboten, das hatte Carola ihnen eingeschärft. Nach längerem Suchen fand sie die benötigten Küchenhandschuhe und schnitt extra dünne Scheiben von den Hütchen auf einem Plastikbrettchen zurecht, das sie später gründlich reinigen wollte. Etwas Petersilie aus dem Kräuter-Topf sollte das

Ganze verfeinern. Sie wollte Albert ein exzellentes Omelett zubereiten und ihn mit einem solchen Liebesdienst überraschen.

Sie nahm das Handrührgerät aus der Schublade, trennte die beiden Eier sorgfältig und schäumte das Eiweiß in dem Plastikbecher auf. Als sie sich an das Eigelb machen wollte, hörte sie, wie die Eingangstüre geöffnet wurde.

»Liebling«, hörte sie Albert rufen, »wir sind wieder da! Wo bist du?« Schon schoss Lennie in die Küche und sprang bellend an ihr hoch. Hinter dem Hund tauchte Albert in der Türe auf. Er blieb wie versteinert stehen.

»Was machst du da?«, fragte er säuerlich. »Hier in der Küche gibt es keinen Yoga-Kurs.«

Eva stellte den Rührer zur Seite, drehte sich um und jagte Lennie aus der Küche. Sie lächelte Albert beruhigend an. »Wieso seid ihr schon wieder zurück?«

Doch ihr Mann ließ sich nicht ablenken. Fast drohend fragte er noch einmal mit ärgerlich verzogenem Gesicht: »Was machst du hier in der Küche?«

»Ich wollte dich überraschen und habe ein Omelett für dich vorbereitet.«

»Bist du verrückt geworden? Du willst mir ein Omelett zubereiten? Was ist denn in dich gefahren? Es interessiert dich doch sonst nicht, was ich esse oder was ich koche.«

Albert kam näher und begutachtete misstrauisch die Gerätschaften und Zutaten. »Und da brauchst du Plastikhandschuhe, um mir ein Omelett zu braten?«

Jetzt wurde es brenzlig. Angriff war die beste Verteidigung!

»Ja«, schrie sie, »auch ich möchte einmal etwas kochen! Für dich oder für mich – ist mir egal! Du lässt mich sonst überhaupt nicht mehr hier herein. Mir reicht es mit deinem ewigen Versorgungstick.«

»Du bist ja wahnsinnig.« Albert fuchtelte wütend mit den Händen vor Evas Gesicht herum. »Was ich alles für dich tue! Tag und Nacht bin ich für dich da. Ich versorge dich, damit du dir ein schönes Leben machen kannst!«

»Das ist es ja gerade«, brüllte sie in sein zornverzerrtes Gesicht hinein, »genau das ist es. Ich habe deine Versorgung satt! Dein ewiges Liebling hier und Liebling dort, Tag und Nacht, nichts als Liebling, Liebling, Liebling!«

Sie schleuderte ihm alles entgegen, was sich in den letzten Jahren bei ihr aufgestaut hatte: Die ewig gleichen Kurorte, in denen sie wegen seines schwachen Herzens Jahr für Jahr ihre Urlaube verbrachten. Die ständige Frage »Wann kommst du wieder?«, wenn sie das Haus verließ. Die gehässigen Bemerkungen über ihre Freundinnen, die immer gleichen Mahlzeiten »in Ruhe«, damit es besser verdaulich war und so weiter und so fort. Alles, was sie über die Jahre in sich hineingefressen hatte, brach aus ihr heraus.

Albert wich, vor so viel Niedertracht, langsam zurück zur Türe. Er war verstummt und wurde immer blasser. Gerade als Eva noch den letzten Trumpf aus dem Ärmel zog und mit einem bösartigen Lächeln im Gesicht flüsterte: »Es wundert mich kein bisschen mehr, dass dich deine erste Frau verlassen hat«, stürzte Albert nach vorn zum Herd und griff sich die gusseiserne Pfanne, in der die Butter inzwischen verbrannte und die Küche mit Rauchschwaden füllte.

Eva war erschrocken zur Seite gewichen und so standen sich die beiden Eheleute einige Sekunden hasserfüllt gegenüber.

Er würde doch nicht zuschlagen. Eva stockte der Atem. Auge in Auge standen sie so und nur der Hund winselte von der Türe her. Albert wog die schwere Pfanne noch kurz in seiner Hand, dann fiel sie mit einem schrecklichen Knall auf den Boden der Küche und zersprang in mehrere Stücke. Albert fiel auch, aber langsam und fast lautlos. Er war weiß geworden wie das Eiweiß im Becher und jetzt erschrak Eva wirklich.

»Albert«, rief sie, »Albert, was ist mit dir?« In diesem Moment vergaß sie völlig, dass sie ihren Mann lieber heute als morgen ins Jenseits befördern wollte. Sie rannte zum Telefon und rief sofort den Hausarzt an.

Gleichzeitig mit Dr. Trummers traf das Sanitätsfahrzeug ein. Sie transportierten Albert noch ins nächste Krankenhaus, obwohl auch der Notarzt der Ehefrau keine großen Hoffnungen mehr machte. Es sei wohl das schon lange schwache Herz ihres Mannes, das versagt habe.

Eva musste Lennie bei der Nachbarin in Obhut geben und unbedingt ihre Küche in Ordnung bringen. Sie hatte kein gutes Gefühl, als sie die Eier in den Abfall kippte und die Schnipselchen vom Brettchen in den Biomüll schabte, doch als sie die Küche verließ, um ins Krankenhaus zu fahren, war diese tipptopp sauber.

Als Carola einen Tag später Alberts Todesanzeige im Stadtanzeiger las, konnte sie es kaum glauben. Eva hatte nicht angerufen, aber sie sah es ja schwarz auf weiß und so musste sie wohl als Erste das Projekt verwirklicht haben. Sie hängte sich ans Telefon und besprach die Sache mit Heide. »Hättest du gedacht, dass Eva das alles so schnell fertigkriegt?«, fragte sie, und gemeinsam überlegten sie, ob es klug sei, zu Alberts Beerdigung zu gehen. Sie hatten ja auch noch einiges vor und das konnte nicht ewig warten. Sie kamen zu dem Schluss, dass es in Anbetracht der Tatsachen besser sei, mit einer Karte zu kondolieren. Sie wollten sich die nächsten Tage zurückhalten.

Carola überlegte am Nachmittag, dass sie jetzt auch langsam zu Potte kommen sollte, und beschloss, ihrem

Mann am nächsten Tag einen sehr feinen, sehr frischen Salat zu servieren. Als Martin, ihr Sohn, nach der Schule nach Hause kam, hatte sie große Mühe, ihn von seinem ewigen »Hi«, Zimmertüre auf, Zimmertüre zu abzubringen. Sie hatte für sie beide Semmelknödel gekocht und mit einem köstlichen Braten mit brauner Soße gelang es ihr, ihn zu einer gemeinsamen Mahlzeit zu überreden.

Wie immer kam Norbert um kurz nach siebzehn Uhr von der Arbeit nach Hause. Schnell entledigte er sich seines Anzugs und stieg in seine Sportklamotten.

»Ich kann leider nicht lange bleiben«, rief er aus dem Badezimmer, »ich habe überraschend eine Einladung zum Kegeln bekommen. Du weißt schon, die Kegelbrüder vom Sportverein. Da will ich doch schon lange einsteigen.«

Soso, ihr Mann ging also zum Kegeln. »Aber für meinen Salat hast du sicher Zeit«, rief sie mit drängender Stimme. »Ich habe ihn extra für dich gemacht.« Das hätte noch gefehlt, dass sie die passenden Zutaten umsonst eingestreut hätte.

»Klar«, rief Norbert und kam, nach seinem neuen Duschgel duftend, aus dem Badezimmer auf die Terrasse gelaufen.

»Köstlich«, murmelte er, wobei er sich die vollen Gabeln eilig in den Mund schob. »Dein Salat ist der beste! Tut mir leid wegen heute Abend, aber das Treffen mit deinen Eltern läuft uns ja nicht davon. Ruf du sie doch an.«

Ja, ihr tat es auch leid. Aber das Leid hielt sich in Grenzen.

Sie hatte die Wirkung ihrer Zutaten genau kalkuliert. »Nicht zu viel und nicht zu wenig, würde Loriot jetzt anmerken«, hatte sie beim Hineinschaben der kleinen Scheibchen vergnügt vor sich hingemurmelt.

Noch nahm sie nichts an ihrem Mann wahr, kein Zittern, keinen Schwindel, keine irgendwie sonst geartete Störung. Das würde schon noch kommen.

Norbert hatte das letzte Rucola-Blättchen aus der Soße gefischt. Hastig stand er auf und küsste Carola flüchtig auf die Stirn.

Wie sie das hasste, dieses Küsschen. Lächelnd wünschte sie ihrem Mann viel Vergnügen und Erfolg beim Kegeln. Sie sah ihm nach und schloss das Gartentor, nachdem er auf seinem Rennrad in die nächste Straße eingebogen war.

Es dauerte dann doch einige Zeit, bis es an ihrer Haustüre klingelte. Ihr Mann habe wohl eine Bordsteinkante schräg angefahren und sei kopfüber in einen benachbarten Garten gestürzt. Die Polizistin, die Carola diese Nachricht mit bedauernder Stimme überbrachte, meinte zögernd: »Hätte ihr Mann einen Helm getragen, könnte er womöglich noch leben.«

Tränenüberströmt dachte Carola bei sich: Wohl eher nicht.

Die Dritte im Bunde erledigte ihre Aufgabe ganz klassisch mit einem hervorragenden Ragout. Heide bereitete es wie die anderen Sommermahlzeiten in ihrem Gartenhäuschen zu.

Der Tag war richtig heiß geworden. Das Thermometer stieg unaufhaltsam höher und höher. Karl war schon früh am Morgen mit dem Auto zum Baumarkt gefahren.

»Muss das denn heute sein?«, hatte Heide gefragt, »an einem so heißen Tag sollte man im Schatten liegen und nichts tun!«

»Ach du mit deinem Nichtstun! Das kann ich gar nicht leiden. Ich kann dir nur raten mitzukommen. Im Baumarkt ist es dämmrig und kühl. Ich brauche noch

Verschiedenes für mein neues Gewächshaus. Sonst kann ich nicht weitermachen.«

Heide hatte gemerkt, dass es keinen Sinn hatte zu diskutieren, ihren Karl ziehen lassen und war zu Fuß zum Schrebergarten gegangen. Im Korb hatte sie die Zutaten, die sie für ihr Ragout brauchte. Jetzt freute sie sich geradezu, dass Karl ihr eine kleine, aber feine Küche mit Gaskocher und allem Drum und Dran, wie er gesagt hatte, in das Gartenhaus eingebaut hatte. Sie war nicht erfreut gewesen. Immer war sie die Hausfrau und fürs Kochen zuständig. Weite Welt, ade, hatte sie damals gedacht, als die Küche fertig war. Doch heute konnte sie sie gut brauchen.

Sie dachte an Carola und achtete sorgfältig darauf, dass ihre Zutaten schön getrennt blieben. Karl würde sicher bald mit seinen Einkäufen zurückkommen.

Heide schaute immer wieder unruhig hinüber zur kleinen Straße. Als ihr Mann eintraf, begann sie gleich mit dem Anrösten der Zwiebel.

Karl fing, als er die schweren Bretter und Balken einzeln im Garten abgelegt hatte, sofort an, sie zuzusägen.

Das konnte ja heiter werden. Jetzt würde er nicht mehr so schnell aufhören. Da war sie sich sicher. Und das bei dieser Hitze! Sie versuchte ein paar Mal vergebens, ihn zu bremsen.

Auch als der Nachbar über den Zaun rief, ob er Hilfe brauche, winkte Karl ab. Er sägte und hämmerte und schraubte, dass es Heide, selbst in ihrer Küche, langsam zu viel wurde.

Das Ragout war fertig, die Nudeln dampften. Heide rief ihren Mann zum Essen und kaum zu glauben, er kam tatsächlich sofort.

»Ich kann bei einer solchen Hitze nichts zu mir nehmen«, sagte Heide, »aber ich setze mich zu dir. Vielleicht esse ich heute Abend einen Salat, wenn es abgekühlt hat.«

Karl nahm einen Schluck des gekühlten Bieres und lobte das köstliche Ragout: »Schmeckt gut. Ein bisschen stark gewürzt vielleicht. Macht aber nichts, es bringt meine Kräfte wieder auf Vordermann.«

Heide beobachtete Karl. Sie wollte nicht verpassen, wie sich die Sache entwickeln würde.

Man wusste ja nie!

Obwohl sie im Schatten eines Apfelbaumes saßen, hörte Karl nicht auf, heftig zu schwitzen. Das Wasser lief ihm nur so die Stirn herunter. War das jetzt das erste Anzeichen?

»Du solltest dich wirklich ausruhen«, sagte Heide besorgt. »Leg dich doch etwas in den Liegestuhl.«

Karl wollte davon nichts hören. Er habe sich für heute ein bestimmtes Pensum vorgenommen, und das wolle er abarbeiten.

Ihm war nicht zu helfen. Auch der Nachbar, mit dem Heide nach dem Abwasch noch ein Schwätzchen hielt, schüttelte den Kopf über solchen Unverstand.

So kam es, wie es kommen musste.

Die Dosis war so gering gewesen, dass Karl noch mehrere Balken für sein neues Gewächshaus zusägen konnte, bevor er, wegen der Hitze, der völligen Überarbeitung und seiner Unvernunft, wie der herbeistürzende Nachbar ganz richtig bemerkte, zusammenbrach. Die Sanitäter brauchten viel zu lange, um den Garten zu finden, wie Heide neben ihrem Mann sitzend und seine Hand haltend, feststellte.

»Wären sie früher gekommen, wer weiß, vielleicht hätte man deinen Mann noch retten können«, stellte der Nachbar bedauernd fest.

Das Projekt war also erfolgreich beendet. Nach längerer Zeit – es hatte ja unglaublich viel zu tun gegeben – trafen sich die Freundinnen wieder in der Sauna. Mit dem verabredeten Glas Sekt wollten sie unbedingt anstoßen. Die Stimmung war allerdings nicht so berauschend, wie die drei sie sich nach getaner Arbeit und all dem Trubel erhofft hatten. Irgendwie schienen sie mit dem Erfolg nicht ganz zufrieden zu sein.

Heide konnte ihren Traum vom Fliegen in alle Welt wohl kaum verwirklichen. Der Preis für den Garten, den man ihr bot, entsprach nicht ihren Vorstellungen und die gebrauchten Maschinen waren schwer an den Mann zu bringen. Ihre Ersparnisse hatte Karl fast gänzlich aufgebraucht. Sie würde das Haus verkaufen müssen, um sich wenigstens einige kleinere Reisen zu gönnen.

Carola hatte angefangen, ihre geliebten deftigen Gerichte zu kochen, wie man an ihrer Figur zu ahnen begann. Ihr Bäuchlein war etwas runder geworden und wie sie berichtete, hatte auch der Bauch der jungen frischen Verkäuferin beträchtlich zugelegt. Das aber nicht von Schweinebraten und Knödel, das sei ihr nach einigem Nachdenken klar geworden. Carola jedenfalls wollte nicht mehr im Bioladen einkaufen. Das würde sie zu sehr an Norbert erinnern.

»Und jetzt«, sagte sie etwas säuerlich, »ist auch noch Martin, mein Sohn, zum Veganer geworden.«

Eva allerdings schien mit ihrem Los ganz zufrieden zu sein. Sie habe angefangen, wieder mehr zu arbeiten. Sonst berichtete sie nicht viel. Carola konnte sich denken, weshalb. Sie hatte Eva vor einigen Tagen im Park gesehen. An der Leine hatte sie ihren kleinen Hund Lennie und an ihrer Seite einen äußerst attraktiven, mindestens zwanzig Jahre jüngeren Mann.

Fassaden

Heilbronn

Sie saß auf den Treppenstufen am Neckar. Mit geschlossenen Augen reckte sie ihren Kopf nach oben, begierig darauf, die letzten Strahlen der untergehenden Sonne aufzusaugen. Das Licht verfing sich in ihrem Haar und für einen Moment sah es so aus, als wäre es aus purem Gold.

Natürlich saßen an jenem Abend viele Frauen auf den Stufen, aber keine andere löste in mir ein solches Gefühl aus. Ein Gefühl, das einem sagt, die Richtige gefunden zu haben.

Doch meine Freude wurde wenig später von diesem Typ zerstört. Er setzte sich neben sie und reichte ihr eine Eiswaffel mit zwei Kugeln. Bevor sie davon kosten konnte, küsste er sie. Intensiv und lange. Es war widerwärtig, wie er seine Zunge so brutal in ihren zarten Mund hineinsteckte. Ich musste mich regelrecht zwingen, nicht dazwischenzugehen.

Als er endlich von ihr abließ, lächelte sie. Mir konnte sie nichts vormachen – das war eine reine Schutzhaltung; der Wunsch, er möge sie in Ruhe lassen, nachdem sie ihm gegeben hatte, was er wollte. Doch der Wunsch würde nicht in Erfüllung gehen. Ein Lächeln veränderte die Menschen nicht. Es veränderte auch nicht die Tatsache, dass dieser Typ nicht zu ihr passte. Schlicht weil er mit Sicherheit ein Prolet und sie ihm intellektuell haushoch überlegen war. Menschen und ihre Fassaden – die konnten mich schon lange nicht mehr täuschen.

Nun fuhr sie mit ihrer Zunge über das kühle Eis. Ich stellte mir vor, wie es sich anfühlen würde, wenn sie mich mit ihrer Zunge liebkoste, von mir kostete. Aber um in diesen Genuss kommen zu können, musste sie mich erst einmal sehen.

Ich ging zu ihr hinüber und setzte mich direkt neben sie – und das, obwohl der Prolet noch immer auf der anderen Seite saß. Der war kein Grund, sich zurückzuhalten, und ganz sicher kein Hindernis.

Sie schaute kurz auf, nahm aber nicht weiter Notiz von mir. Das war nicht ungewöhnlich – so gut wie niemand nahm Notiz von mir. Am Anfang hatte das geschmerzt, doch im Laufe der Jahre hatte ich gelernt, dies zu meiner Stärke zu machen.

Ich folgte ihr unbemerkt vom Neckar bis zu ihrer Wohnung, war ihr Schatten, als sie abends mit ihren Freundinnen ausging. In den nächsten Tagen begleitete ich sie zum Einkaufen und ins Café. Sogar in der Uni war ich bei ihr. Nur beim Joggen musste ich passen. Mit ihrem durchtrainierten Körper konnte ich nicht mithalten. Das war nicht weiter schlimm, schließlich braucht jeder einmal ein bisschen Zeit für sich allein.

Normalerweise war ich gut darin, den Dingen ihren Lauf zu lassen. Ich hatte schließlich Zeit. Die hätte ich ihr auch gegeben, damit sie mich sehen, mich akzeptieren und mich lieben lernen konnte.

Aber sie – Lena – traf sich weiter mit dem Ich-steck-dir-die-Zunge-in-den-Hals-Proleten, stieg zu ihm in seinen aufgemotzten BMW. Sie küssten sich. Immer und immer wieder. Darüber hätte ich ja noch hinwegschauen können, doch dann ließ sie zu, dass er mit seinen groben Händen unter ihr T-Shirt fuhr und ihre Brüste begrapschte. Wie konnte sie mir das antun? Warum ließ sie sich auf diesen Typen ein? Hatte ich ihr Lächeln falsch interpretiert? Ihre Fassade?

Das Schicksal zu ändern war erstaunlich leicht. Ich hatte mir eine Herausforderung gewünscht, doch nicht einmal die wurde mir gewährt. Enttäuschend!

Umso mehr freute es mich, dass die sehnsüchtig erwartete Nachricht schon drei Tage später – an einem Freitag – eintraf. Der perfekte Wochentag für ein Date.

Ja, ich war nervös. Eine Seltenheit. Aber bei einer ganz besonderen Frau kam das schon mal vor.

Lena und ich trafen uns im Institut. Dort traf ich all meine Frauen. Das war geschickt, da das Institut nur zwei Querstraßen von meiner Wohnung entfernt lag und wir dort völlig ungestört waren. Es gab uns den Raum für Zweisamkeit.

Endlich kam der Abend und natürlich war ich zu früh. Ich wollte nichts dem Zufall überlassen, schaute in den Räumen nach Dingen, die jemand liegen gelassen haben könnte. Papierkram oder irgendetwas anderes, das die Atmosphäre stören würde. Natürlich lag nichts rum. Wie auch. Ich selbst hatte das schon am Nachmittag kontrolliert. Doch ich musste die Zeit herumbringen und Geschäftigkeit war gut gegen Aufregung.

Als es endlich an der Tür klingelte, klopfte mein Herz schneller. Ich öffnete und die Männer nickten kurz. Sie trugen den Sack in ihrer gewohnt wortkargen Art an mir vorbei in den Keller. Dabei achteten sie darauf, dass sie nirgends anstießen, um Lena nicht wehzutun. Das war etwas, das ich sehr schätzte, schließlich wusste Lena nicht, wo sie war, und Angst hatte sie nicht verdient. Immerhin sollte man sich wohlfühlen beim ersten Date.

Die Männer legten die Lieferung auf dem Tisch ab und verschwanden genauso stumm, wie sie gekommen waren. Ich wartete, bis ihre Schritte endgültig verklungen waren. Doch auch dann öffnete ich den Sack noch nicht.

Ich machte mich daran, für eine angenehme Atmosphäre zu sorgen. Es sollte romantisch sein.

Nachdem ich die zwölf Altarkerzen entzündet und das Licht gelöscht hatte, war alles bereit. Ich war bereit!

Den Reißverschluss des Sackes öffnete ich bewusst langsam. Der Moment, in dem das Gesicht zum Vorschein kommt, ist ein besonderer.

Ich beugte mich über ihr Gesicht, berührte mit den Lippen ihr Ohr. »Du bist in guten Händen«, flüsterte ich.

Sie reagierte nicht. Ich kannte das bereits. Sie brauchte Zeit, um Vertrauen fassen zu können.

Während dieser Spanne betrachtete ich Lena: ihre kleine Nase, die hohen Wangenknochen und den schönen Schwung ihrer Lippen. Am meisten faszinierte mich aber noch immer ihr Haar – ein Meer aus goldgelber Farbe.

Mein Blick glitt über ihren Körper. Der Anblick versprach viel, doch Stoff kaschiert und verbirgt. Ich löste die Bänder ihres Kleides und packte mein Geschenk langsam aus. Zentimeter um Zentimeter.

Mein Atem wurde schwerer.

Lena wehrte sich nicht. Frauen wehren sich bei mir nie. »Das liegt an deiner Sanftmut«, hatte meine Mutter mir erklärt, wenn sie zärtlich zu mir gewesen war.

Meine Finger glitten über Lenas Schulter, zwischen den Brüsten entlang – hier hielt ich inne und genoss das Kribbeln in meinem Unterleib – über ihren Bauch bis zum Oberschenkel.

Sie blieb regungslos liegen, was mich sehr freute, denn kaum jemand kann still genießen. Ich hatte das von meiner Mutter gelernt. Ja, ich hatte viel von ihr gelernt – zu viel.

Ich schloss die Augen und atmete tief durch, drängte zurück, was sich an die Oberfläche kämpfen wollte. Noch immer versuchte sie sich zwischen mich und meine Frauen zu drängen und mit ihrer Eifersucht zu stören. Dabei lag Mutter tief unter der Erde und noch tiefer in meiner Seele begraben. Das sollte so bleiben. Dieser Abend gehörte nur Lena und mir. Ein ganzer Abend nur für uns.

Meine Finger wanderten wieder Lenas Körper hinauf, über ihren Venushügel, die Rippen bis hin zum Kinn. Ich vergrub mein Gesicht in ihrem Haar, sog ihren Duft in mich hinein. Den Duft nach Pfirsich, nach lauen Sommernächten. Nur der leicht süßliche Metallgeruch störte.

In dem Moment klingelte mein Handy. Wie ein elektrischer Schlag fuhr das Geräusch durch mich hindurch und ließ meinen Körper schmerzhaft zusammenzucken. Ich wich vom Tisch zurück. Es dauerte mehrere Sekunden, bis sich mein Herz wieder beruhigte.

Auf dem Display wurde Tobis Name angezeigt. Ich wollte nicht telefonieren, wollte meine Zeit nicht mit einem sinnlosen Gespräch vertrödeln. Trotzdem nahm ich es an. Schlicht um den Schein zu wahren.

»Ja?«, fragte ich und hasste meine Stimme – diese Verräterin – dafür, dass sie leicht zitterte. Doch Tobi schien es nicht zu bemerken.

»Wir gehen heute Abend Billard spielen. Kommst du mit?«

Ich schaute zu Lena hinüber. »Ich würde gern, aber ...«

»Hast du etwa ein Date?«

Ich brummte zustimmend und ging wieder näher an den Tisch heran. Drückte Lenas Hand, um ihr zu zeigen, dass ich noch immer bei ihr war.

»Verstehe. Sag mal, was ist eigentlich aus dieser, wie hieß sie ..., Manuela geworden?«

Manuela war anders als Lena gewesen. Ein dunkler Typ. Aber nicht uninteressant für einen Abend.

»Wir waren beide der Meinung, ein Date sei genug. Wir hatten trotzdem unseren Spaß.«

»Verstehe«, sagte Tobi erneut. »Macht ja nichts, wenn du schon die nächste Braut am Start hast. Du lässt nichts anbrennen, Alter.«

Der Satz entlockte mir ein Lächeln, trotzdem wollte ich das Gespräch beenden. Lena wartete und die Nacht war kurz.

»Vielleicht können wir morgen 'ne Runde Darts spielen«, schlug ich vor. »Ich melde mich.«

»Na dann viel Spaß bei deinem Date«, sagte Tobi und legte auf.

Ja, Spaß würde ich haben.

Ich legte das Handy weg. Erneut schloss ich die Augen und sammelte mich – für das Hier und Jetzt. Für Lena.

Ich strich über ihr Haar und gab ihr einen Kuss auf die Stirn. Ich spürte sie, schmeckte sie. Lena war wirklich die schönste Frau, die ich je besessen hatte.

Ich arbeitete mich an der Knopfleiste meines Hemdes nach unten, bis ich mit nacktem Oberkörper vor ihr stand. Dann machte ich mich daran, die Kerzen zu löschen. Eine nach der anderen. Im Dunkeln war es am schönsten. Die Y-Naht auf ihrem Brustkorb konnte ich so leichter ignorieren. Wie die unzähligen Schrammen, die sie vom Unfall davongetragen hatte.

Der Airbag hatte seine Arbeit getan und ihr Gesicht weitgehend verschont.

»Es hätte nicht so weit kommen müssen«, flüsterte ich. »Du hättest mich nur einmal sehen, nur einmal auf mich reagieren müssen.«

Ich legte mich zu ihr auf den Tisch, schmiegte mich an ihren Körper und spürte sie. Alles in mir kribbelte. Lena war atemberaubend.

»Du hättest nicht zu dem Angeber ins Auto steigen dürfen«, stieß ich leise hervor. »Der fährt immer zu schnell. Und mit durchtrennten Bremsschläuchen ...« Ich küsste sie zärtlich. »Aber jetzt, jetzt gehörst du mir. Für diese wundervolle Nacht.«

Space Station

Tübingen

Männer können der persönlichen Entwicklung sehr im Wege stehen. Mein Mann Volker machte das auf jeden Fall. Im Ratgeber *Lebe authentisch* stand: Beseitigen Sie alle Schwierigkeiten Schritt für Schritt. Für jedes Problem gibt es eine Lösung. Das Buch habe ich verschlungen. Mehrfach. Seither sehe ich vieles mit ganz anderen Augen. Aber ich greife den Ereignissen vor.

Lange lebten wir zufrieden bei Tübingen. Volker arbeitete auf dem Liegenschaftsamt und ich kümmerte mich um unseren Sohn. Sobald er erwachsen war und auszog, wollte ich meinen Beruf als Sachbearbeiterin beim Einwohnermeldeamt nicht mehr ausüben, besaß jedoch keine konkreten Vorstellungen von einer Alternative. Genauer gesagt, ich besaß nur die vage Vorstellung von etwas Handwerklich-Kreativem mit Kundenkontakt. Ohne entsprechende Ausbildung und nach zwanzig Jahren Hausfrauendasein gehörte ich nicht zu den Rennern auf dem Arbeitsmarkt. Da nutzte auch mein Abitur nicht viel. Irgendwas musste passieren! Ich war erst Mitte vierzig. Im Gegensatz zu Volker – der redete schon eine Weile vom Ruhestand. Immerhin war er sechzehn Jahre älter als ich.

Seit einigen Jahren frönte er der Fotografie von Plasmodien. Diese Einzeller wurden bis zu einen Zentimeter groß, fraßen Bakterien oder Speisepilze und produzierten Schleim. Ekelhaft. Wie konnte ein erwachsener Mann Stunde um Stunde morsche Baumstämme und nasses Laub nach Pseudopilzen absuchen? Er sagte dazu: Aufspüren einer einzigartigen Lebensform. Ich nannte es

Kampfschmuddeln. Ganz aus dem Häuschen geriet Volker, wenn es nach warmen Perioden etliche Tage regnete. Dann wanderten die Objekte seiner Sehnsucht auf Gräser oder Baumstämme und begingen dort Selbstmord – das heißt, sie bildeten Fruchtkapseln und trockneten aus. Kurz und gut, Volker ging auf Pirsch im Schönbuch und ich auf die Suche nach Tätigkeitsfeldern. Er kehrte mit einer Menge Fotos zurück, ich mit nichts.

Über meine Ideenlosigkeit beschwerte ich mich bei meiner Freundin Barbara. Sie war esoterisch angehaucht und riet mir, ich solle meine Wünsche präzise formuliert ans Universum richten. Mündlich genüge. Es würde sich um alles Weitere kümmern. Klasse Tipp.

Tage später lag ich abends in der Badewanne und überdachte den Vorschlag. Ein Versuch würde nicht schaden. »Ich möchte wissen, was ich beruflich machen soll«, sagte ich laut. Na ja, höchstens halblaut. Irgendwie war es mir peinlich. Volker sollte es keinesfalls hören, denn er spottete bei jeder Gelegenheit über Esoteriker.

Das Universum reagierte eine Woche später und erkor Volker zum Handlanger. Er schenkte mir den Ratgeber *Lebe authentisch*. Besinnen Sie sich auf Ihre Stärken und probieren Sie sich auf neuen Feldern aus, lautete eine der Maximen auf dem Weg zum Glück.

Ich belegte einen Töpferkurs – formte Wülste, türmte sie in Spiralen, glättete, drückte, verstrich Wasser darauf, ohne über das Ergebnis nachzudenken, erlaubte einfach meinen Händen das Spiel mit dem Material. Heraus kam eine Kreuzung zwischen verschrumpeltem Luftballon und Igel nach dem Schleudergang, für die ich spöttisch-mitleidige Blicke erntete. Nach drei weiteren Kursabenden, an denen ich wacklige Obstschalen und Kaffeebecher mit abbrechenden Henkeln herstellte, gab ich das Töpfern auf. Dafür lernte ich im Bildhauerkurs den Umgang mit Stechbeiteln und Schweißgeräten. Auch hier folgte ich immer spontanen Einfällen. Als einzige Frau unter den Teilnehmern genoss ich vollkommene Narrenfreiheit. Es machte Spaß, aber eine berufliche Perspektive gewann ich dadurch nicht.

Volker runzelte bei Diskussionen über meinen künftigen Broterwerb die Stirn, empfahl stereotyp im Tonfall eines Oberlehrers, ich solle mir ein Ziel suchen und die Schritte dorthin sorgfältig planen. Ich begann, ihn zu hassen.

Barbara hatte ich von den Kursen und meinem Scheitern erzählt. Sie wünschte sich zu ihrem Geburtstag trotzdem eine lustige Plastik von mir, mit der sie ihren Garten aufpeppen wollte. Keines meiner bisher produzierten Objekte hielt ich dafür geeignet. Lustlos blätterte ich in Gartenzeitschriften. Die Auswahl erstreckte sich von Rosenkugeln über mehr oder weniger putzige Zwerge bis zu grimmigen Drachen. Die Sachen, die ich bisher produziert hatte, waren originell, aber nicht lustig. Frustriert las ich die Tageszeitung, bis mich das Foto eines faustgroßen Meteoriten fesselte. Er ähnelte stark meinem Tonobjekt. Der Weltraum! Aliens! Das war die Idee! Ich wollte Aliens und UFOs herstellen. Bei deren Gestaltung hatte ich völlig freie Hand, sie sollten einfach nur lustig aussehen. Für Aliens gab es garantiert einen Markt.

Das Ziel hatte ich endlich gefunden, nun wollte ich es Zug um Zug erreichen. Dafür brauchte ich dringend eine Werkstatt. Am liebsten in Fußnähe zu unserer Wohnung. Hell. Heizbar. Groß genug für eine Ausstellungsfläche oder einen kleinen Laden, damit die Leute aus dem näheren Umkreis die Sachen direkt kaufen konnten. Das Gros meiner Kunden würde ich übers Internet gewinnen.

Sobald Volker aus dem Büro kam, berichtete ich ihm von meinen Plänen. Während die Sätze aus mir heraussprudelten, wanderte seine Augenbraue immer weiter in die Höhe. Er vernichtete meinen Elan mit Bemerkungen über Bedarfs- und Marktanalysen, Abschlüssen mit Lieferanten, Buchhaltung, Kalkulation des Finanzbedarfs. In seinen Augen beherrschte ich nichts davon und vor allem besäße ich keine liquiden Mittel, um die notwendigen Investitionen zu tätigen. Genau das waren seine Worte, »liquide Mittel« und »notwendige Investitionen«. Geschraubter hätte er mir kaum sagen können, dass ich finanziell von ihm abhing und er sein Erspartes keinesfalls für meine Pläne verschwenden würde.

Meine Gedanken kreisten um die Schlagworte »fehlende Marktanalyse« und »liquide Mittel«, während ich seine geliebten Bratkartoffeln zubereitete. Dabei brieten sie so stark an, dass sie gerade noch essbar waren. Klar besaß ich kein ausgefeiltes Konzept – wie auch? Ich war gerade erst auf die Geschäftsidee gekommen! Zornig knallte ich ihm das Essen hin und die Wohnungstür hinter mir zu. Ziellos marschierte ich kreuz und quer durchs Dorf und sann auf Rache. Zuerst den verständnisvollen Gatten spielen und dann alles mies machen. Nicht mit mir!

Durch die Bewegung verrauchte meine Wut und eine halbe Stunde später konnte ich wieder klar denken.

Beseitigen Sie alle Schwierigkeiten Schritt für Schritt! In Ordnung. Schwierigkeit eins: Bedarfsanalyse. In Deutschland lebten derzeit achtzig Millionen Menschen, davon besaß etwa jeder Vierte einen Garten. So stand es in einer meiner Zeitschriften. In Unterjesingen waren vier von fünf Gärten mit Katalogdeko ausgerüstet. Geschmückt mochte ich dazu nicht sagen. Hochgerechnet auf zwanzig Millionen Gärten bedeutete das sechzehn Millionen mögliche Flächen für meine Produkte.

Schwierigkeit zwei: Marktanalyse. Über den Daumen gepeilt befanden sich pro Garten Dekoartikel im Wert von – Kopfrechnen gehörte nie zu meinen Stärken – sagen wir hundert Euro. Hundert mal sechzehn Millionen waren hundertsechzehn Millionen. Mir wurde schwindlig. Wenn nur jeder Dritte bei mir kaufte, blieben immer noch knappe vierzig Millionen. Das hörte sich gut an. Verdammt gut! Mein Selbstbewusstsein stieg rapide.

Schwierigkeit drei: Finanzbedarf. Hm. Wo sollte das Problem sein? Angesichts des zu erwartenden Umsatzes konnte man den Kreditbetrag für die Erstausrüstung vernachlässigen. Ruckzuck wäre das Darlehen zurückgezahlt.

Na also! Innerhalb von fünf Minuten hatte ich drei Probleme gelöst. Dem Universum und dem Ratgeber sei Dank!

In Gedanken versunken war ich in die Dorfmitte geraten: ein- und zweistöckige Bauernhäuser mit eingestreuten kleinen Plätzen und Gärten. Die meisten Tore der Garagen, Scheunen und Abgänge zu Gewölbekellern standen offen. Überall wurde entstaubt und ausgeräumt, gestrichen und geputzt, weil Künstler ein Wochenende lang ihre Bilder und Installationen darin zeigen wollten. Alle Aussteller hatten Akademien besucht und Preise bekommen. Der Reiz lag in der Verbindung von Kunst und der Präsentation in einem Weindorf. Mittendrin entdeckte ich es: mein Traumhaus. Das Erdgeschoss nahmen Scheune und Werkstatt ein, das Obergeschoss Wohnräume. Im Vorgarten würde ich einige Objekte als Muster platzieren. Sie würden auch zu den Werken der Künstler passen. Jedenfalls hätten sie zu den Stücken der letzten Ausstellung gepasst. Ich ging wie auf Wolken, während mich Herr Eifler, der Eigentümer, durch die leeren Räume führte. Das war es! Eifler suchte einen Käufer und der Preis schien mir angemessen. Wenn wir unsere Wohnung verkauften, müssten wir nur einen geringen Kredit aufnehmen, eventuell gar keinen. Andere Interessenten schien es zu geben, aber Herr Eifler freute sich, dass die Werkstatt erhalten bliebe. Seine Zweifel an der Wirtschaftlichkeit meiner Aliens räumte ich mit Hinweisen auf die Bedarfsanalyse und das Marketingkonzept aus, die ich erstellt hätte. Endgültig am Haken zappelte er, sobald ich von einem Grundstock an Prototypen und Online-Verkauf redete.

Selig schwebte ich nach Hause, malte die Zukunft in den glühendsten Farben aus. Volker würde Augen machen! Damit würde er bestimmt nicht rechnen. Ich legte mir Worte zurecht, mit denen ich ihm beibrachte, was das Universum für mich arrangiert hatte, damit es nicht zu triumphal klang. Männer können bei solchen Dingen sehr empfindlich sein.

Doch dann machte ich Augen. Mein Gatte servierte mir die Nachricht, seinem Antrag auf vorzeitige Pensionierung sei stattgegeben worden. Diesen Antrag hatte er bis jetzt mit keiner Silbe erwähnt. Ich war wie vor den Kopf gestoßen. Er wolle so bald wie möglich nach Kanada auswandern. Nicht direkt in die Wildnis, bloß lächerliche vier Stunden von einem Außenposten Québecs entfernt. Der Erlös unserer Wohnung reiche dort für ein schönes Anwesen und alles, was wir für den Neustart brauchten. Wo ich Aliens produziere, sei egal, das Internet funktioniere überall gleich und er könne ganz andere Sorten von Plasmodien fotografieren.

Wie bitte? Selbst wenn sich ein Besucher zu uns verirren sollte, würde ich nicht mit ihm reden können, weil ich kein Französisch beherrschte. Und was, bitte, war an kanadischen Schleimdingern so viel schöner als an denen im Schönbuch? Sollte ich mich künftig ausschließlich über diese stinklangweiligen Schleimer unterhalten und dafür auch noch auswandern? Ich hielt es mit Volker nur aus, weil es hier auch andere Themen gab. Aber in Kanada? Niemals. Niemals würde ich dorthin wollen. Schon gar nicht, weil sich nun alles schön fügte. Kampflos wollte ich nicht aufgeben, erzählte vom Haus in der Dorfmitte, erläuterte meine Kalkulationen von Flächen und erwartetem Umsatz. Volker entgegnete, dass hundert mal sechzehn Millionen eintausendsechshundert Millionen seien oder anders ausgedrückt eins Komma sechs Milliarden. Bei einem durchschnittlichen Preis pro Alien von zwanzig Euro und einer Produktionszeit von einer halben Stunde pro Stück müsse ich acht Milliarden Aliens verkaufen und brauche allein für deren Herstellung runde vierhundertsechzigtausend Jahre. Natürlich nur, wenn ich niemals schliefe. Mit einem Businessplan dieser Güte würde ich sicher jede Bank überzeugen. Bevor ich etwas von stufenweisem Ausbau eines Start-ups sagen konnte, verschanzte er sich hinter der Zeitung.

Die halbe Nacht grübelte ich über das Beseitigen von Schwierigkeiten. Es gab nur eine Lösung. Volker war die Schwierigkeit und musste beseitigt werden. Ich schmiedete einen Plan.

Am nächsten Morgen ging ich in den Wald und pflückte Maiglöckchen und Bärlauch im Verhältnis eins zu eins. Sicherheitshalber einen ganzen Spankorb voll. Meine Ernte verarbeitete ich mit Eiern und Sahne zu einer Quiche, die ich ihm abends als Versöhnungsessen servierte. Er liebte Bärlauchquiche. Ich mochte keinen Knoblauch, deshalb fiel es nicht auf, dass ich nur Salat aß. Ihm schmeckte es. Er merkte nichts vom Gift, verdrückte ein Stück nach dem anderen. Mein Gott, wozu hatte ich mir den Kopf zerbrochen? Es ging alles ganz einfach. Er palaverte von Kanada, bis ihm plötzlich schwindlig und übel wurde. Nicht verwunderlich – das gehört zu den normalen Symptomen.

Später übergab er sich. Die Nacht über pendelte er zwischen Schlafzimmer und Toilette. Am Morgen meldete ich ihn telefonisch krank. Seine Kollegin bedauerte, dass es ihn auch erwischt habe – zwei andere Mitarbeiter litten ebenfalls am Magen-Darm-Virus.

Volker hatte keinen Verdacht geschöpft und brauchte nur ein bisschen Erholung. Von der Quiche war nur noch wenig übrig. Der Rest würde für eine Vergiftung nicht reichen und eine zweite Quiche würde er nicht sofort essen wollen. Ich brauchte Plan B. Also googelte ich.

Drei Stunden später schlug ich Volker einen Erholungstrip in die Alpen vor. Vom Zürichsee nach Glarus, über den Klausenpass hinunter zum Urner See, über Schwyz zurück zum Zürichsee. Diese Tour wollte er schon lange machen und von Kanada aus würde es nie mehr klappen. Außerdem wäre er bis zum Wochenende wieder ganz gesund.

Das leuchtete ihm ein. Ich buchte für uns eine Unterkunft in Glarus, weil er so gern in der Morgensonne über den Pass fahren wollte. In der Nacht vor der Abfahrt simulierte ich Durchfall und Erbrechen, als ob er mich angesteckt hätte. Volker wollte zuerst nicht allein fahren, aber der Hinweis auf Kanada überzeugte ihn und er brauste los. Ich schwang mich später in den Zug nach Glarus. Die Schweizer Bahnen sind ein Traum von Pünktlichkeit und Zuverlässigkeit. Im Schutz der Dämmerung suchte ich unser Cabrio in der Nähe des Hotels. Auf dessen Homepage hatte ich gelesen, dass der eigene Parkplatz gerade neu asphaltiert wurde und sich die Gäste außerhalb einen Stellplatz suchen mussten. Ich fand den Wagen in einer engen Straße. Ein stiller Winkel bot mir Schutz, bis es ganz dunkel und alles ruhig war. Ich nahm das Werkzeug aus meinem Rucksack und lockerte die Lenkstangen an den Vorderrädern. Die notwendigen Kenntnisse hatte ich unter Pseudonym in einem Blog erworben. Die Umsetzung ging ganz leicht. In Reisemagazinen wurde von der Strecke auf den Pass einhellig geschwärmt. Wenn die vielen Haarnadelkurven des Passes nicht ausreichen sollten, dann die unvermittelt auf der Straße stehenden Kühe. Auch die wurden in den

Magazinen immer erwähnt. Spätestens beim Ausweichmanöver musste die Lenkung ausfallen. Zufrieden mit mir und der Welt fuhr ich mit dem Spätzug zurück und schlief gründlich aus. Zur Brunchzeit gönnte ich mir ein ausgiebiges Frühstück. Meine Stimmung stieg mit jeder Stunde. Trotzdem schielte ich mit einem Auge ständig auf das Telefon. Es musste schon passiert sein. Über das Kennzeichen würde die Polizei mich finden, um mir die schreckliche Nachricht zu überbringen.

Die Zeit verstrich. Nichts geschah. Kurz bevor ich durchdrehte, klingelte das Telefon.

»Volker hier. Ich bin noch in Glarus. Das Auto wurde abgeschleppt. Wegen eines Festumzugs. Dabei kam raus, dass die Lenkung im Eimer ist. Sobald sie am Montag repariert ist, komme ich zurück.«

Es war nicht zu fassen! Das Universum hatte sich gegen mich gewandt. Lautstark beschwerte ich mich bei ihm, während ich das Frühstück abräumte. Mitten in meiner Tirade durchzuckte mich die Frage, ob man das Universum verärgern konnte. Vorsichtshalber brach ich das Lamento sofort ab und sprach meinen Wunsch höflich formuliert aus, setzte mehrere »bitte« dazu.

Um die Aufregung zu verkraften, brauchte ich Bewegung, spazierte über lange Umwege zur Werkstatt. Sie war für mich bestimmt. Ganz sicher. Das fand auch Herr Eifler, der sich zu mir gesellte. Zwei ernsthafte, voneinander unabhängige Interessenten hätten ihm lukrative Angebote gemacht. Er würde sich in zwei Wochen für eines davon entscheiden. Ich versicherte ihm, die Aliens würden bestimmt bald auf dem Grundstück landen. Mit weichen Knien ging ich nach Hause.

Daheim setzte ich mich an den Küchentisch und trug beim zwanzigsten Juni »letzte Chance« in meinen Kalender ein. Bis dahin musste ich Eifler überzeugt haben, dass ich die finanziellen Mittel besaß.

Donnerstag dieser Woche war ein Feiertag. Am Freitag – dem Brückentag – nahmen die Notariatsangestellten höchstwahrscheinlich frei. Sicherheitshalber zählte ich einen Tag wegen Krankheit einer Sachbearbeiterin dazu, dann blieben mir ab heute exakt zehn Arbeitstage für Volkers tragisches Ableben und die Ausstellung des Erbscheins. Eine Kreditzusage würde ich bis zum Zwanzigsten nicht bekommen, aber der Erbschein genügte Herrn Eifler bestimmt. Ich hatte ihn schon mal bezirzt, sonst hätte er mir die Frist nicht eingeräumt. Und als Witwe bezirzt es sich leichter. Jedoch war und blieb der Erbschein die Voraussetzung. Bis Volker wiederkam, blieben mir für Entwurf und Vorbereitung von Plan C der Rest des Tages und der folgende.

Ich lief zur Hochform auf. Erst in der Nacht schaltete ich den Computer aus. Plan C würde funktionieren. Bombensicher. Deshalb fiel mir die Rolle der liebenden Gattin leicht, die ihren Mann tröstete, sobald er am Montagabend heimkehrte.

Am Dienstagmorgen, am Tag X, war ich ziemlich nervös. Volker durfte nichts merken. Deshalb kochte ich seinen Kaffee, bevor er aufstand, und ging rüber ins Haus meiner Nachbarin Elfriede. Wie jedes Jahr kümmerte ich mich um Haus, Garten und Kater, solange sie ihren Urlaub in der Bretagne verbrachte. In ihrem Badezimmer konnte ich mich umziehen und nebenbei die Straße im Auge behalten. Was überflüssig war, denn Volker verließ an jedem Arbeitstag exakt um 6:55 Uhr die Wohnung, damit er die Ammertalbahn um 7:04 Uhr ab Unterjesingen Mitte nach Tübingen erreichte. Ich schlüpfte in das online ersteigerte 50er-Jahre-Outfit, das ich an Elfriedes Adresse hatte liefern lassen. Üblicherweise trug ich Hosen und Sandalen, heute ein Wespentaillenkleid und Ballerinas. Dazu eine Perücke, ein Kopftuch wie die Hepburn und eine riesige dunkle Sonnenbrille. Gegen meine

Gewohnheit schminkte ich die Lippen. Der Effekt beeindruckte mich. So würde mich kein Mensch erkennen. Außerdem gefiel mir die völlig veränderte Frau, die ich im Spiegel sah.

Der Alarm meines Handys klingelte und in dem Moment ging Volker draußen vorbei. Ich schnappte meine Handtasche und folgte ihm – natürlich in größerem Abstand. Er nahm immer dieselbe Strecke zum Bahnhof, überquerte immer an denselben Stellen die Straßen. Er sah sich nicht einmal um, blickte kaum nach links oder rechts. Meine Nervosität legte sich. Je näher wir der Station kamen, desto mehr Pendler und Schüler strömten zum Bahnhof. Mein eheliches Gewohnheitstier stellte sich am Bahnsteig auf seinen Platz und wartete mit Blick nach Westen auf den Zug. Ich setzte mich auf eine Bank. Weil um diese Tageszeit die Sitzplätze im Zug alle belegt waren, pflegte Volker an der Tür zu stehen. Ich würde mich beim Einsteigen zu ihm durchschlängeln und mich direkt hinter ihn stellen. Kein Mensch würde mich beachten. Er auch nicht, er sah immer zum Fenster hinaus. Kurz vor der nächsten Station würde ich ihm das klappbare Jagdmesser mit Liner-Lock-Klingensperre für sicheres Handling, das ich in meiner Handtasche trug, durch Lunge und Herz rammen. Dadurch würde der Herzbeutel volllaufen, eventuell würden die Lungenflügel kollabieren. Die kleine Wunde würde sich schnell verschließen und kaum bluten. Methode und Effekt kannte ich von meinem Schwager. Er gibt auf diese Art angeschossenen Wildschweinen den Rest.

Weil das Opfer nur kurzen Schmerz spürt und zunächst auf den Beinen bleibt, könnte ich ganz normal bei den Sandäckern aussteigen und nach Hause gehen. Erst während der Fahrt würde Volker zusammenbrechen. Bis die Mitfahrenden begriffen hätten, was mit ihm los war, hätte die Bahn Tübingen erreicht und ich genug Zeit gehabt, um mich in Ruhe umzuziehen und alle Spuren zu vernichten.

Ich spielte an meinem Handy herum, in erster Linie, um etwas in den Händen zu haben, in zweiter, um die Uhrzeit im Auge zu behalten. 7:04 Uhr. Jetzt. Mit angespannten Nerven wartete ich auf das Vibrieren der Gleise, das den einfahrenden Zug ankündigte. Aber nichts passierte. Volker ging mürrisch einige Schritte auf und ab. 7:05 Uhr. Die Schüler lästerten kurz über die Verspätung und diskutierten über Teilnehmer einer Castingshow. 7:07 Uhr. Und ich? Ich war am Durchdrehen.

Eine Durchsage schepperte aus den Lautsprechern. »Sehr verehrte Fahrgäste, wegen eines Getriebeschadens fällt der Zug aus. Da er die Gleise blockiert, dauert die Störung des Betriebs auf unbestimmte Zeit an.«

Ich sank vernichtet zusammen. Alle meine Bemühungen waren umsonst gewesen. Statt Unternehmerin des Jahres würde ich Eremitin zwischen Schnee und Schleimpilzen werden.

Murren und Flüche der Umstehenden wurden laut. Volker schimpfte: »Dann hätte ich gleich mit dem Auto fahren können. Diese verdammten Züge sind doch dauernd kaputt!« Er ging direkt an mir vorbei, ohne mich in meiner Verkleidung zu erkennen. Er strebte Richtung Dorfmitte und bog in die Zeppelinstraße ein.

Ich brauchte ihm nicht auf den Fersen zu bleiben. Er würde wie üblich, wenn der Zug ausfiel, beim Bäcker an der Hauptstraße eine Nussschnecke oder einen Kirsch-Quarkplunder kaufen und das Gebäck im Auto essen. Frustriert schlich ich durchs Dorf. Neun Arbeitstage reichten nicht.

In der Nähe der Bäckerei setzte ich mich auf ein Mäuerchen im Schatten.

Volker stürmte mit seiner Tüte aus dem Laden. Dabei stolperte er über die taube und halbblinde Katze, die den

Bäckern gehörte. Entsetzt fegte das Tier auf die Straße. Der Radfahrer, der just in diesem Moment vorbeifuhr, wich mit knapper Not aus und geriet dabei auf die Gegenspur. Auf der kam ihm ein Kastenwagen mit überhöhter Geschwindigkeit entgegen. Bei seiner Vollbremsung lösten sich die schlecht gesicherten Metallstangen vom Dach. Mit einen Surren schossen sie durch die Luft – direkt auf Volker zu. Bis er überhaupt kapierte, was los war, hatten die Stangen ihn durchbohrt. Der bald eintreffende Notarzt stellte den Tod fest.

Das Universum hatte mich erhört. Ich wusste im Moment nicht, wie, aber ich würde mich erkenntlich zeigen.

Volkers Fotos von Plasmodien kamen zu unerwarteten Ehren. Als ich seine Sachen aussortierte, sah ich mir ein paar davon an. Erst jetzt fiel mir die Ähnlichkeit zwischen den Fruchtkapseln dieser Schleimer und UFOs auf. Eigentlich waren Plasmodien gar nicht so langweilig, durch sie hatte ich soeben meine Inspirationsquelle gefunden.

Während der Sonnwendfeier band ich einen kleinen Alien an eine übrig gebliebene Silvesterrakete und schoss sie ins Universum.

»Danke«, flüsterte ich, während ich ihr nachsah.

Space Station stand nichts mehr im Weg.

SARAH KEMPFLE

Die Vernehmung

Ravensburg

Das Zimmer ist dunkel. Etwas zu dunkel für seinen Geschmack. Schließlich will er sein Gegenüber sehen, jede Regung wahrnehmen. Er starrt blinzelnd zur Deckenleuchte, einer surrenden alten Lampe. Ungeduldig wippt er mit dem Fuß und wirft einen Blick auf seine Armbanduhr. Sein Handgelenk ist leer. Er muss vergessen haben, sie anzulegen. Endlich öffnet sich die Tür, Licht fällt auf die zerkratzte Tischplatte. Ein großer, sehr dünner Mann schiebt sich herein, lächelt freundlich und sinkt auf den Stuhl, der ihm gegenübersteht. Sie starren sich an. Messen sich mit ihren Blicken. Der andere lächelt noch immer.

»Hauptkommissar Gitai«, sagt Horst und versucht sich nun auch an einem Lächeln.

Ehrenfeldt schaut ihn irritiert an, die Mundwinkel sinken nach unten.

»Wie geht es Ihnen?«, fragt Gitai. Er muss das Vertrauen des Mannes gewinnen.

»Danke, gut«, sagt dieser und schlägt einen Notizblock auf.

Gitai runzelt die Stirn.

»Und Ihnen?«, fragt Ehrenfeldt.

Gitai möchte sagen, dass er derjenige ist, der hier die Fragen stellt. Doch stattdessen sagt er: »Sollen wir anfangen?«, und reibt sich die kalten Hände.

Ehrenfeldt blickt von seinem Notizblock auf und nickt.

»Sie wissen, weshalb Sie hier sind?«, beginnt Gitai.

Ehrenfeldts Lippen bleiben verschlossen. Sein edler Füller kratzt über das Papier.

Gitai verkneift sich nur mit Mühe das Trommeln seiner Finger auf der Tischplatte.

»Wo ist Ihre Frau, Herr Ehrenfeldt?«

»Ich vermute, sie ist zu Hause«, antwortet der.

»Aha, denken Sie?« Gitai lehnt sich im Stuhl zurück. Ehrenfeldt hält sich wohl für eine harte Nuss. Aber diese Nuss wird er knacken. Nicht umsonst nennt man ihn den Nussknacker.

»Warum fragen Sie?«, stellt sich Ehrenfeldt dumm.

Gitai nimmt einen tiefen Atemzug. »Wann haben Sie Ihre Frau zuletzt gesehen?«, versucht er es weiter.

»Hier geht es nicht um meine Frau.«

»Hören Sie auf!«, entgegnet Gitai heftig, »Sie werden verdächtigt, Ihre Frau umgebracht zu haben.«

Ehrenfeldt legt den Notizblock auf die Tischplatte und schraubt langsam seinen Füller zu. Ihre Blicke treffen sich. Die Gefühllosigkeit in Ehrenfeldts Augen lässt Gitai innerlich schaudern. Äußerlich bleibt er gefasst. Schließlich hat er gelernt, mit solchen Situationen umzugehen.

»Wie soll ich das angestellt haben?«, fragt Ehrenfeldt. Er reibt sich übers Kinn, sieht Gitai forschend an.

Gitai weiß, dass er versucht, mit ihm zu spielen, ihn zu täuschen.

»Sie haben sie erschlagen.«

»Warum sollte ich das getan haben?«

Gitai lächelt verkniffen. »Das möchte ich von Ihnen wissen.«

Erneut schraubt Ehrenfeldt den Deckel seines Füllers ab und nimmt seinen Block zur Hand.

Gitai spürt, wie seine Ungeduld wächst. Er atmet noch einmal durch. Ein bisschen tiefer als zuvor.

»Vielleicht weil ich sie nicht mehr liebe?«, nimmt Ehrenfeldt das Gespräch wieder auf.

Gitai schweigt, wartet ab. Die wenigsten können ein langes Schweigen ertragen. Irgendwann fangen sie an zu reden, wollen die lärmende Stille übertönen.

»Oder weil ich sie liebe und sie mich verlassen wollte?«

Gitai zuckt die Schultern. »Vielleicht.«

»Möglicherweise ist es aus Versehen passiert«, sagt Ehrenfeldt.

Schlagartig tauchen die Bilder vom Tatort vor Gitais innerem Auge auf: Die tote Frau auf dem Boden. Ihr Gesicht, das nicht mehr zu erkennen ist. Zu Brei geschlagen. Zähne, über den Teppich zerstreut. Blutspritzer bis in die Küche. Nein, das war kein Versehen. Es war kaltblütiger Mord.

»Sie sprechen von einem Unfall?« Gitais Stimme bricht. Er muss sich zusammenreißen. Gefühle sind hierbei nicht hilfreich.

Ehrenfeldt kritzelt auf seinem Block herum. Gitai wird ihn nach der Vernehmung einkassieren, diesen lächerlichen Notizblock.

Das Surren der Lampe wird unerträglich. Gitai spürt, wie ihm der Schweiß ausbricht. Seine Hände sind immer noch kalt.

»Was denken Sie, warum sie sterben musste?«, übertönt Ehrenfeldts Stimme plötzlich das Surren.

»Ich denke, Sie wollten sie nicht teilen«, platzt es aus Gitai heraus, obwohl er weiß, dass er das nicht sagen darf.

Er kann den Stromstoß förmlich sehen, der durch sein Gegenüber fährt. Kerzengerade sitzt Ehrenfeldt dort, auf dem winzigen Stuhl. Der Stift gibt endlich Ruhe. Schwebt über dem Papier.

Das Surren der Deckenleuchte schwillt erneut an. Unwillig greift Gitai sich an den Kragen und zerrt daran. Wieso ist es plötzlich so warm in diesem Raum? Er starrt

Ehrenfeldt an, betrachtet seine unpassende Erscheinung. Hemd, bis oben hin zugeknöpft. Kurzhaarschnitt. Die Brille sieht teuer aus.

»Die Beweise gegen Sie sind erdrückend«, klärt Gitai ihn auf. »Wenn Sie gestehen, könnte ich mich für ein milderes Urteil einsetzen.«

»Welche Beweise haben Sie denn?« Ehrenfeldt versucht offensichtlich, sich ein Grinsen zu verkneifen. Er presst seine Lippen fest zusammen.

Mistkerl, denkt Gitai. Der fühlt sich auf der sicheren Seite.

Der Lichtspot brennt auf Gitais Haut wie Feuer. Ein Schweißtropfen bahnt sich einen Weg über seine Stirn, am Auge vorbei, über die Wange, tropft auf sein Shirt.

»Haben Sie die Tatwaffe?«, fragt Ehrenfeldt.

Verdammt.

»Ich hatte gehofft …«, ein kehliges Husten zerreißt Gitais Stimme. Er hält einen Arm vor den Mund, sein ganzer Körper bebt.

»Alles in Ordnung?« Ehrenfeldt sieht sich beunruhigt um. Gitai wischt sich keuchend die Mundwinkel. Tränen sammeln sich in seinen Augen. Er blinzelt sie weg.

»Was hatten Sie gehofft?«, hakt Ehrenfeldt nach.

Dass Ehrenfeldt gesteht. Sich alles von der Seele redet. Damit er wieder Luft bekäme. Endlich Ruhe hätte.

»Ich denke, Sie würden sich besser fühlen, wenn Sie gestehen«, murmelt Gitai kraftlos.

Ehrenfeldt nickt. »Das denke ich auch. Etwas einzugestehen, kann eine große Erleichterung bedeuten. Der erste Schritt, sich selbst zu vergeben.«

Gitai nickt zustimmend.

»Möchten Sie mir etwas mitteilen, Herr Gitai?«, fragt Ehrenfeldt plötzlich.

»Wie bitte?«

Jetzt lächelt ihm Ehrenfeldt zu. Wie einem Verbündeten.

Gitai spürt, wie ihm die Galle hochsteigt. Sein Bein hüpft nervös auf und ab. Er kann es nicht stoppen.

»Wissen Sie, wer Sie sind?«, fragt Ehrenfeldt.

»Was?«

Es reicht. Gitai steht auf, dreht sich zum Einwegspiegel um. Aber da ist kein Spiegel. Panik steigt in ihm auf.

Er muss ruhig bleiben, das ist nur der Stress. Er hatte einfach zu wenig Schlaf in letzter Zeit.

»Herr Gitai, bitte setzen Sie sich.«

Gitai fährt herum, macht einen Schritt auf Ehrenfeldt zu. Was bildet der sich eigentlich ein?

Er besinnt sich, bleibt stehen. Er darf jetzt nichts Unüberlegtes tun.

»Ich denke, wir sollten die Vernehmung erst einmal unterbrechen«, murmelt er. Er schleppt sich zur Tür, rüttelt am Türgriff. Zieht daran. Die Tür bleibt verschlossen.

Ehrenfeldt steht nun ebenfalls auf. Das Deckenlicht spiegelt sich in seinen glatt polierten Lederschuhen. Die Glühbirne surrt wie eine Biene im leeren Bierglas. Gefangen.

Ein Schweißtropfen hängt an Gitais Augenbraue. Baumelt dort und klatscht schließlich dumpf auf seinen rechten Schuh.

Diese Schuhe ... sie sehen seltsam aus. Wann hat er sich nur diese Schuhe gekauft? Und die Hose? Aus Stoff, zerknittert, viel zu groß.

Ehrenfeldt fasst ihn sanft an den Schultern und führt ihn an seinen Platz zurück. Gitai hat das Gefühl, in dem wuchtigen Stuhl zu versinken.

»Herr Gitai«, Ehrenfeldt setzt sich ebenfalls, fixiert ihn, sanft, nicht strafend. »Mein Name ist Dr. Ehrenfeldt.«

Gitai starrt ihn angestrengt an, starrt auf seine sich bewegenden Lippen. Die Worte des Mannes mischen sich unter das Surren in seinen Ohren.

»Ich wurde vom Landgericht Ravensburg beauftragt, ein psychiatrisches Gutachten bezüglich Ihrer Schuldfähigkeit zu erstellen. Herr Gitai, verstehen Sie, was ich Ihnen sage?«

TANJA ROTH

Rochade

Heidelberg

Ich öffnete meine Augen. Das helle Licht schmerzte und ich blinzelte, bis die Konturen um mich herum mehr und mehr Gestalt annahmen. Wo war ich? Das hier war nicht mein Schlafzimmer, nicht mein Eichenbett. Neben den in weiß gehaltenen Möbeln bewegten sich lindgrüne Vorhänge im Windzug des gekippten Fensters. Auf dem weit entfernten Hügel oberhalb eines Flusses und einer Stadt befand sich ein Schloss.

Die Erinnerung kam mit dem konstanten Piepsen des Vitaldatenmonitors zurück, der meine Werte überwachte. Ich war nicht zu Hause in meiner Neuenheimer Villa, ich war in der Universitätsklinik Heidelberg. Diese verdammten Medikamente machten mich müde; dabei hatte ich doch nicht einschlafen wollen, nicht einschlafen dürfen. Wer wusste, wann er kam.

Meine Arme im weißen Klinikkittel lagen bewegungslos auf der weißen Bettdecke, mein Blick glitt durch den Raum, wie schon so oft in den letzten Stunden, seit sie mich hereingeschoben hatten. Viel sah ich nicht, denn ich konnte meinen Kopf nicht bewegen. Das Holzkreuz an der Wand, daneben ein Aquarell in Pastelltönen. Meine Augen schmerzten von der ungewohnten Bewegung der Augäpfel. »Temporäre Lähmung«, hatte der Arzt der Krankenschwester zugeflüstert, »wenn wir vom günstigsten Fall ausgehen.«

Ich entdeckte mein Spiegelbild in einem Metallgefäß, das auf dem Beistelltisch stand. Meine graue Dauerwelle war plattgedrückt vom Liegen und von den Verbänden der Nackenfixierung. Eine Strähne hing mir in die Stirn, was meinem Gesicht einen fast schon verwegenen Touch gab. Nie im Leben wäre ich so aus dem Haus gegangen. Jetzt lag ich hier, wehrlos meinem Gegner preisgegeben, und mir war nach Lachen zumute, wenn es nur gegangen wäre. Mir wurde bewusst, dass ich mich anders fühlte, als es eigentlich der Fall hätte sein sollen. Außer einem dumpfen, aber erträglichen Pochen fühlte ich keinen Schmerz, dafür eine angenehme Leichtigkeit, wie wenn ich ein paar Zentimeter über dem Bett schwebte. Was immer sie mir gegeben hatten, es wirkte wahre Wunder. Vielleicht half es auch, dass sie meine übliche Medikation weggelassen hatten, Blutdrucksenker und Antiarrhythmika gegen diese verdammten Herzstolperer, eine Krankheit, die die Hälfte unserer Familie plagte.

Die Tür öffnete sich und Dr. Hoffmann schob sich in mein Blickfeld. Er zwinkerte mir zu.

»Alles gut?«, fragte der Oberarzt in beruhigendem Tonfall.

Ich blinzelte einmal und er lächelte aufmunternd.

»Das kriegen wir wieder hin. Sie haben Besuch.«

Seine Schritte entfernten sich und ich spürte mein Herz rasen. War er schon da? Unmöglich. Es war zu früh. Er würde kommen, aber später. Noch blieb mir Zeit.

Feine Absätze klackten übers Krankenhauslaminat. »Denken Sie dran, überanstrengen Sie sie nicht.« Die tiefe Stimme von Dr. Hoffmann wurde leiser. »Sie ist im Moment ansprechbar. Einmal blinzeln heißt Ja, zweimal Blinzeln heißt Nein. Wenn sie öfter blinzelt, braucht sie etwas. Dann holen Sie mich oder eine Schwester.«

Es war Laura, die sich auf meine Bettkante setzte. »Hallo, Tante Elli!«

Elli. Sie wusste, dass ich das hasste. Und trotzdem, das Mädchen überraschte mich. Dass ausgerechnet meine

Nichte die Erste sein würde, die mich nach der Horrormeldung besuchte. Sonst ließ sich das Gör nur auf Familienfesten zur Übergabe von Geschenkgutscheinen und dick gefüllten Umschlägen blicken. Vermutlich hatten sie sie vorgeschickt; auf diese Weise mussten Holger und Christine die unliebsame Schwägerin nicht selbst besuchen.

»Ich ... ich hab dir Blumen mitgebracht.«

Der Pipisack, der an der Matratze hing, war mir peinlich. Ich versuchte zu lächeln, aber ein schwaches Zittern meines Kiefers war alles, was ich hinbekam. Mein Blick wanderte hinüber zum Beistelltisch. Lila und rosa Blüten durchsetzt mit Heidelbeerkraut. War die Idee wirklich auf Lauras Mist gewachsen oder hatte ihre Mutter ihr aufgetragen zu kommen? Leider konnte ich das Mädchen nicht fragen. Nun, Geld würde sie von mir in diesem Zustand nicht zugesteckt bekommen, das sollte sie spätestens in dem Moment verstanden haben, in dem sie mich so reglos daliegen sah.

»Du ... du kannst dich wirklich überhaupt nicht mehr bewegen?« Sie legte ihre Hand zögerlich auf meinen rechten Arm und schien tatsächlich ergriffen. Ich blinzelte zweimal. War mir meine Nichte jemals so nah gewesen? Vermutlich als Dreikäsehoch, als sie das, was ihre Eltern ihr vorlebten, noch nicht übernommen hatte. Zusammenraffen und gesehen werden. Sollte ich etwa eine neue Facette an ihr erleben? Lauras ehrliche Besorgnis rührte mich an. Doch da strich sich das Mädchen auch schon sein blondes Haar zurück und blickte auf die Uhr. Wenn es mir helfen sollte, musste ich mich beeilen. Ich blinzelte ein paar Mal.

»Alles okay, Tante?« Laura zog ihre Hand weg und schickte sich an aufzustehen. »Ich hol dir den netten Arzt.«

Bloß nicht! Sie war meine einzige Chance.

»Mhhm!« Immerhin hörte man mein Stöhnen, auch wenn meine Zunge sich nicht bewegen wollte. Ich hoffte, dass mein Blick drängend genug war.

»Nein?«, fragte Laura unsicher. »Du schaust auf die Tasche. Soll ich dir etwas herausholen?«

»Mhm-hm!« Und bitte zügig, bevor jemand hereinkam.

»Okay … Da drin ist ein Schlüssel. Und Tabletten. Die Tabletten?« Ich blinzelte zweimal.

»Es gibt noch Taschentücher. Ah, meinst du die Tropfen? Arrhy..., Arrhythicin.«

Kluges Kind! Ich blinzelte einmal.

»Wie viele? Blinzle so oft wie die Menge, die du brauchst.« Sie schraubte den Verschluss auf.

Der Monitor piepste schneller. Mein Puls. Ich musste mich beruhigen, sonst kamen die Rhythmusstörungen. Ohne die abgesetzten Tropfen ging es mit Sicherheit schneller. Aber Dr. Hoffmann hatte mir erklärt, dass ich für die OP ein anderes Medikament bekam, eines, das mein Blut nicht verdünnte. Gemeinsam eingenommen bedeuteten die beiden den sicheren Exitus.

Drei müssten ausreichen. Ich blinzelte also drei Mal und fixierte das Wasserglas. Oder besser mehr? Er hatte Bluthochdruck. Und dieselben genetisch bedingten Arrhythmien, was ja kein Wunder war. Schließlich war er mein Neffe.

»Drei? Fünf? Ok, also fünf. Sechs, wirklich? Und da hinein?« Die Kleine war ein echter Blitzmerker. Sie zeigte auf eins der unangetasteten Wassergläser, die mir eine der Schwestern gerichtet hatte, die ganz offensichtlich nicht wusste, dass ich nichts damit anfangen konnte.

»Willst du gleich trinken?«

»Mhm!« Ich blinzelte zweimal. »Hm!« Wenn sie das Glas erst füllte, würde man die rosa Einfärbung durch die Tropfen nicht bemerken. Ich musste ihn nur dazu bringen, es zu trinken, ein kleiner Haken, den es zu lösen galt, wenn es so weit war.

Laura füllte das Glas auf und kräuselte die Stirn, so gut es mit dieser jungen, frischen Haut ging. »Ich lasse es hier stehen, okay? Du, Tante, ich muss langsam los. Ich soll dir Grüße von Mama und Papa sagen.«

Die Tür fiel ins Schloss. Richtig eilig hatte sie es gehabt, schnell davonzukommen von ihrer Tante, die ihre Geldbörse nicht mehr für sie öffnen konnte.

Die Schwester klopfte und brachte eine neue Infusion. Mein Mittagessen. Hatte dieses Leben einen Sinn? Andererseits, ich war nicht tot. Egal ob gelähmt oder nicht, ich durfte ihm das Feld auf keinen Fall überlassen. Noch hatte ich nicht verloren.

Über die nächsten Stunden tat sich nichts. Der Vitaldatenmonitor piepste monoton vor sich hin. Draußen rauschte der Verkehr vorbei, im Nebenzimmer stöhnte jemand. Ich versuchte mich abzulenken, lauschte dem Ticken der Uhr und drehte die Augen zum Fenster. Winzige Menschen spazierten über den Wall und an den Mauern entlang und wussten nicht, wie schnell alles vorbei sein konnte. Von einem Moment auf den anderen. Würde ich jemals wieder … Wie dumm. Was für einen Fehler ich doch gemacht hatte! Tränen schossen in meine Augen. Wenigstens das Weinen funktionierte.

Auf dem Gang näherten sich Schritte – und entfernten sich. Verdammt, ich musste etwas tun. Es war nur eine Frage der Zeit. Und ich lag hier vollkommen schutzlos.

Ohne Vorwarnung öffnete sich die Tür.

»Visite«, kündigte die tiefe Stimme von Dr. Hoffmann an und mit einem Mal war das kleine Zimmer voller Menschen. Vermutlich Studenten, die ihre neugierigen, mitleidigen Blicke über mein Gesicht und meinen Körper streifen ließen.

»Das hier ist unser neuester Fall, Eleonore Brandstetter, 68 Jahre.« Dr. Hoffmann beugte sich über mich und lächelte aufmunternd. »Und unser anspruchsvollster. Sie wurde gestern Nacht eingeliefert. Sturztrauma und Genickbruch.«

»Was ist passiert?«, flüsterte eine Studentin mit aufgerissenen Augen.

Hoffmann zuckte mit den Schultern. »Ihr Neffe hat zu Protokoll gegeben, dass sie von der Galerie ihres Hauses übers Geländer ins Erdgeschoss gestürzt ist. Er konnte sie noch packen, schaffte es aber nicht, sie zu halten. Er hat die Rettung informiert. Ihre Wirbelsäule wurde auch im Schulterbereich in Mitleidenschaft gezogen. Mit viel Glück bekommen wir sie wiederhergestellt.«

Er wollte mich retten. Soso. Das also war die offizielle Version.

»Warum wurde sie nicht operiert?«, fragte einer der Studenten.

»Erbliche Herzrhythmusstörungen. Sie benötigt eine große Menge Arrhythicin. Das Medikament darf sich nicht mehr im Blut befinden, sonst können wir wegen Blutungsgefahr nicht operieren.« Die freundliche Stimme des Arztes vermittelte mir Sicherheit, lullte mich ein. Meine Augenlider senkten sich. Solange er hier war, konnte ich beruhigt schla...

»Frau Brandstetter, bleiben Sie noch etwas bei uns.« Ich spürte einen dumpfen Druck auf der Wange. »Wir sind gleich weg, dann dürfen Sie ausruhen.«

Hatte er eine Ahnung. Gerade dann konnte ich eben nicht ausruhen. Meine Augäpfel schmerzten, als ich sie zu dem gefüllten Glas hinüber drehte. Ruhe würde ich erst wieder finden, wenn ich es abgeschlossen hatte, wenn ich ihn los war.

Später am Nachmittag ließ sich tatsächlich meine Schwester sehen. »Ach, Lore«, hauchte Isadora und trippelte, wie üblich dekoriert wie ein Zirkuspferd, um mein Bett herum. »Was machst du nur für Sachen, mein Schatz?«

Mein Schatz. Falsche Schlange. Zum ersten Mal, seit ich hier lag, war ich fast dankbar dafür, mich nicht regen zu können.

»Ich hoffe, du kommst bald auf die Beine. Wir brauchen dich doch!« Sie sah mich erwartungsvoll an und vermied es, wie immer, mir zu nahe zu kommen. Dass ich der Liebling von Papa gewesen war, dass er mir die Firma übertragen hatte, das verzieh sie mir nicht einmal nach über vierzig Jahren.

»Brauchst du etwas?« Sie schaute mich erwartungsvoll an. »Ach, haha, ich Dummerchen. Du kannst mir ja nicht antworten.« Die Goldketten an ihrem Arm klimperten, als sie eine abfällige Handbewegung machte.

Ich genoss den Moment der Stille, als Isadoras Handy surrte und sie mit ihren langen falschen Fingernägeln versuchte, etwas zu tippen.

Unvermittelt schob sich ihr Gesicht vor meines. »Ich weiß, es ist blöd, dich das jetzt zu fragen ...« Isadora kicherte hilflos. »Kannst du mir ein Zeichen geben? Nicht dass du doch noch stirbst. Ich meine, wir beten für dich ... Aber hast du auch deine Nichte und deinen Neffen im Testament bedacht?«

Mit Genugtuung sah ich, wie ihre Wangen sich röteten, und zwar so sehr, dass es sogar durch die dicke Make-up-Schicht zu erkennen war.

»Versteh mich nicht falsch, Vater hatte die Firma komplett an dich überschrieben und wir haben nichts davon, wenn du ... Wer übernimmt eigentlich die Leitung?«

Aha, darum der Krankenbesuch. Tja, meine Liebe, ich habe nichts geändert an meinem Testament. Rein gar nichts.

Rein gar nichts. Wie ein Schlag ins Gesicht traf mich die Erkenntnis. Um sicherzugehen, hätte ich das Testament ändern müssen. Wenn ich jetzt starb, war alles umsonst gewesen. Nicht, was Isadora betraf, Gott bewahre. Nein. Wenn ich hier starb, würde er die Firma bekommen. Und das, nachdem er mir gestern Nacht sein wahres Gesicht gezeigt hatte. Wieder drückten die Tränen aus meinen Augen, diesmal liefen sie in breiten Bahnen über mein Gesicht. Ich konnte es nicht verhindern, wollte es auch gar nicht. Ach was, am liebsten hätte ich laut geschrien. Alles vorbei.

Isadora bezog meinen Gefühlsausbruch auf sich und stolperte nach hinten, wie um sich in Sicherheit zu bringen. »Das … tut mir leid. Ich komme morgen wieder.« Sie packte ihre Handtasche und zog die Tür hinter sich zu.

Ach herrje, ich durfte nicht sterben. Und nicht behindert bleiben. Wenn das Testament nicht geändert wurde – und dazu war ich augenblicklich nicht in der Lage –, dann hatte er freie Hand. Mein Blick ging hinüber zur Tür. Würde er kommen? Mit Sicherheit. Gab es eine verdammte Möglichkeit, ihn zu überwältigen, das Problem aus der Welt zu schaffen? Nur diese eine. Er musste das Glas austrinken, egal wie. Schließlich nahm er die gleichen Medikamente wie ich, wie Isadora und der Rest unseres Familienzweigs. Die Dosis war so hoch, dass eine Hirnblutung unausweichlich war, seine zweite übrigens.

Die nächste Stunde schaute ich der Sonne beim Untergehen zu. Auf der kleinen Plattform unterhalb des Schlosses starteten die letzten Gleitschirmflieger, doch ihren Bewegungen zu folgen, strengte meine Augen zu sehr an.

Die Tür öffnete sich und schloss sich wieder, ich hörte keine Schritte. Mein Zimmer war bereits dunkel. War ich

eingeschlafen? Hatte ich mir das Geräusch eben einge-
bildet?

»Hallo, Eleonore.«

Diese näselnde Stimme. Konstantin. Mit einem Mal
war ich hellwach. Jetzt war es also so weit. Ich spürte
mein Herz pochen. Das Piepsen des Überwachungsgeräts
schrillte schon in meinen Ohren.

Endlich ging das Licht an. Konstantins schmales Gesicht mit der markanten Nase und den dichten braunen
Augenbrauen schob sich vor meines. Keine zehn Zentimeter entfernt.

»Wie geht es dir?«, schnarrte seine Stimme. Mehr eine
Feststellung als eine Frage.

Nichts lag in seinem Blick, nicht die leiseste Absicht.
Derweil piepste mein Monitor immer schneller. Zu
schnell. Ob die Schwestern gleich kamen? Wollte ich,
dass sie kamen?

»Du wirkst nervös.« Konstantins Blick hatte etwas
Lauerndes.

Das Piepsen des Apparats beschleunigte sich noch
mehr, aber meine Augen schmerzten bei dem Versuch,
den Bildschirm zu erfassen.

Ich versuchte, meine Atmung zu beruhigen. Keiner
sollte uns stören. Nicht jetzt.

Konstantin sah mich unverwandt an. »Das hätten
wir beide nicht gedacht, oder?«, sagte er mit dieser un-
aufgeregten Stimme, die er sich fürs Geschäftliche auf-
hob. Genauso hatte er gestern Abend auch auf mich
eingeredet, bevor … Ich schloss für einen Moment die
Augen.

Die Schwester kam herein und stellte einen hübschen
kleinen Strauß mit blauen Blüten auf meinen Tisch. Ihre
Augenbrauen zogen sich zusammen, als sie den Monitor
betrachtete. Schließlich schien sie die Werte für akzepta-
bel zu erachten und ging wieder.

»Die magst du doch so.« Er nickte zu dem Strauß hinüber.

Gladiolen. Wie nett.

»Du fragst dich sicher, was wir jetzt machen sollen.« Um seine Lippen hatte sich ein besorgter Zug gebildet.

Was wir jetzt machen sollen? Ich war verwirrt.

»Vorhin bin ich in die Firma gefahren«, er zog sich einen Stuhl heran, »unsere Mitarbeiter sind sehr besorgt. Ich habe vorgezogen, ihnen zu sagen, dass es nicht gut um dich steht.«

Unsere Firma. Dumm war er nicht. Hätte ich nur das Testament rechtzeitig …

»Ich habe die Chance genutzt, gleich um Verständnis zu werben für die neue Strategie.«

Na, da konnte er lang um Verständnis werben. Ich hatte alle Mitarbeiter auf meiner Seite. Wer zahlte, bestimmte den Tanz.

Doch Konstantin lächelte. »Es gibt eine Menge zu tun, weißt du. Die Härtefallregelung. Nachdem ziemlich unwahrscheinlich ist, dass du in die Firma zurückkehrst, braucht es eine gute Planung, um die Arbeitsplätze zu erhalten. Die Notfallregelung greift und ich kann die Stiftung auch ohne deine Unterschrift etablieren.«

Die Notfallregelung. Die Stiftung. Verdammt. Erst das Testament und jetzt das.

Verdammt. Verdammt.

»Aber ich rede nur über die Firma, kann ich etwas für dich tun?«, fragte Konstantin nun. Er legte seinen Arm auf meinen und als dabei seine Jacke verrutschte, sah ich, dass sein Handgelenk bandagiert war.

Konnte er etwas für mich tun? Na klar. Trink das verdammte Wasser. Nur wie in aller Welt sollte ich das anstellen?

Das hatte ich davon. Jetzt lag ich hier, hatte mich selbst in diese Situation gebracht, weil ich zu blöd gewesen war, Konstantin schnell und unauffällig um die Ecke zu bringen. Die unselige Diskussion, seine Forderungen, seine Drohungen, an die Presse zu gehen und meine Zahlungen an die Politik aufzudecken. Es musste schon nach Mitternacht gewesen sein, als ich ihn schließlich bat, mir kurz noch zu helfen, die Birne der Deckenlampe auf der Galerie auszutauschen. Und dann? Wie genau ich ihn von der Leiter über die Brüstung gestoßen hatte, das wusste ich gar nicht mehr. Im Fallen griff er jedoch mit schreckstarrem Blick nach meinem Arm. Alles danach lag im Nebel.

Ein neuer Gedanke schoss durch meinen Kopf. War durch den Sturz vielleicht sein Gedächtnis ausgelöscht? Schließlich hatte er auch die Rettung verständigt, mich nicht sterben lassen. Ja, so musste es sein. Aber wenn er wirklich nichts ahnte, warum hatte er mir gleich vom Notfallplan erzählt? Doch nichts an seinem Gesichtsausdruck ließ erahnen, dass er mehr Groll gegen mich hegte als vorher schon. Nein. Er hatte alles vergessen. Sehr gut.

Ich hätte nie Hoffnung in Konstantin legen sollen. Er hielt nichts von meinen Netzwerken, im Gegenteil. Er würde die Firma in den Ruin treiben, die Gewinne irgendwelchen Landminenopfern in den Rachen werfen, Armen, die sowieso nicht mit Geld umgehen konnten.

Konstantin mit seinem verdammten Charisma. Die Anteilseigner hatte er schon überzeugt mit seinem uneigennützigen Plan. Und jetzt, wo ich mich nicht zu wehren vermochte, würde die linksgesteuerte Presse Feuer und Flamme sein und über die Umnutzung der Firma berichten. Stiftung statt GmbH, Minensuchgeräte statt Minen, Titan-Implantate für Schwerverletzte statt Titansprengköpfe. Nach den Umsätzen schaute niemand.

Dem Treiben musste ich einen Riegel vorschieben. Wenn ich es gestern versaut hatte, dann musste es eben heute klappen. Sogar auf der Bahre, ohne mich bewegen zu können, behielt ich noch die Nase vorn, das würde dieser Gernegroß schon merken. Also blinzelte ich und mein Blick ging zu dem gefüllten Glas hinüber.

»Du willst was trinken? Einmal blinzeln heißt ja und zweimal heißt nein, hat mir die Schwester gesagt.«

Ich blinzelte einmal.

Er nahm das volle Glas hoch. »Ist das für dich?«

»Hm-mmm!« Ich blinzelte zweimal und vergaß einen Moment lang zu atmen.

»Das nicht? Ein neues also.« Konstantin nahm eins der leeren Gläser, die auf einer Serviette standen, und schaute fragend.

Ich blinzelte einmal.

»Ich soll dir was einschenken?«

Einmal blinzeln.

»Und das volle Glas? Scheint mir nicht angerührt zu sein.« Konstantin wartete auf eine Antwort.

»Hmhm!« Meine Pupillen bewegten sich vom Glas zu ihm und wieder zurück.

»Für mich? Das ist aber freundlich.« Konstantin lächelte so, wie er sonst lächelte, wenn ich ihm ein Stück Apfelkuchen mit Sahne auftat.

Der blöde Automat begann etwas schneller zu piepsen.

»Doch zuerst gebe ich dir etwas.« Konstantin beugte sich über mich. »Kannst du überhaupt trinken?«

Gute Frage. Ich blinzelte einmal. Und wenn es mir aus den Mundwinkeln herauslief, ich musste ihn in Sicherheit wiegen. Meine Firma vor diesem Wahnsinnigen retten. Hauptsache, auch er trank sein Glas leer. Das war mehr als die doppelte Dosis Arrhythicin, endlich hatte auch meine liebe Laura mal was Sinnvolles gemacht. Bis die Ärzte eine Hirnblutung bemerken würden, wäre er schon jenseits von Gut und Böse.

Konstantin beugte sich über mich, so nah, dass ich sein Parfum roch, irgendetwas Modernes mit Zitrone. Mit einer Hand strich er die Strähne auf meiner Stirn hinters Ohr. Für einen Moment hielt ich den Atem an. Dann setzte er das Glas an meine Lippen. Trotz der Fixierung ging es erstaunlich gut. Mein Mund war einen Spalt breit geöffnet und ich spürte, wie das kühle Wasser meine Zunge benetzte und meine trockene Kehle hinunterrann. Ich schluckte. Tatsächlich, ich war fähig zu schlucken.

Das einsetzende Glücksgefühl endete abrupt. Der Geschmack war ein bisschen seifig. Fast wie … fast wie mein Medikament. Ich riss die Augen auf, während Konstantin das Glas weiter an meinen Mund gepresst hielt. Ich konnte nichts tun, das Wasser floss in meinen Mundraum, durch meine Kehle. Was würde geschehen, wenn ich mich verschluckte?

»Oh, hoppla.« Konstantins Lächeln hatte sich verändert. »Ich sollte dir vielleicht sagen, dass ich die Gläser vertauscht habe. Einfach zur Sicherheit. Die Farbe war ein wenig ungewöhnlich für Wasser.«

»H-mhhhh!«, versuchte ich mich zu wehren. Das Piepsen des Apparats wurde schneller und schneller. Gleich würde eine Schwester kommen.

»Ich fordere mein Schicksal kein zweites Mal heraus.« Die Kälte in Konstantins Blick hatte ich noch nie gesehen. »Dass ich dir nachts um halb eins auf der Galerie eine Glühbirne auswechseln soll, nachdem du mich vorher über zwei Stunden beschimpft hast, kam mir schon komisch vor. Wie gut, dass ich unten auf dem Sofa und nicht auf dem Marmorboden gelandet bin.«

Im Gegensatz zu mir offensichtlich. Meine Speiseröhre brannte, während die Flüssigkeit in meinen Magen hinunterlief. Mir blieb nichts, als meinen Neffen anzustarren, der mir ungerührt weiter das Glas an den Mund hielt. Das Piepsen des Monitors überschlug sich fast. Die

Schwester würde gleich da sein. Aber eine Hirnblutung wurde meist erst spät erkannt.

»Morgen früh unterschreibe ich die Papiere beim Notar«, erklärte Konstantin. »So rettet Großvaters Firma Menschen, anstatt sie zu töten. Falls du dann noch leben solltest – was ich bezweifle –, wirst du dich in einem Zustand befinden, in dem dir alles egal ist.«

Rochade: einzig möglicher Doppelzug beim Schach, bei dem König und Turm einer Farbe gleichzeitig bewegt werden.

SABINE BARTSCH

Briefe eines Unbekannten

Stuttgart

An jenem Tag, als der erste Brief kam, war ich die Treppe hinuntergerannt, voller Panik, die S-Bahn nicht mehr zu erreichen und zu spät zur Vorlesung zu kommen, hatte im Vorbeigehen den Briefkasten geöffnet, ohne etwas Spannendes zu erwarten – wer schreibt einem denn heutzutage noch außer Mama, dieser altmodischen Nudel? –, hatte das Bündel Werbezettel, ohne ihm einen Blick zu gönnen, in meine Tasche gestopft, und war im S-Bahn-Schacht verschwunden.

Auf dem Bahnsteig holte ich ein paar Mal tief Luft. Die Bahn hatte Verspätung wie eigentlich immer.

Seit ich hier wohne, und das tue ich gerade mal ein halbes Jahr, muss ich mit dem beklemmenden Gefühl klarkommen, die Stadt habe ihre hässlichste Seite auf mich übertragen wie ein Pockenvirus.

Immer im Stress, diese Stadt. Genau wie ich.

Immer zu spät dran, diese Stadt. Genau wie ich.

Immer irgendwie Baustelle, diese Stadt. Genau wie ich.

Es stank nach Pisse, Rattenscheiße und den Menschen, die hier lebten. Jedenfalls sah ich morgens meist die gleichen verstörend grauen Gestalten auf den Bänken hocken, also ging ich davon aus, dass sie hier lebten. Die Alte ohne Zähne, die, wenn man genauer hinsah, noch gar nicht alt war. Der Typ mit der Bildzeitung vom Vortag, der nur so tat, als würde er lesen, und in Wirklichkeit schlief. Er trug stets eine verbeulte, beige Cordhose aus der Zeit kurz nach dem Krieg.

Ich studierte in einem der reichsten Länder der Welt.

In einer der reichsten Gegenden dieses reichen Landes.

Und Menschen lebten in S-Bahn-Stationen.

Stuttgart, du passt nicht gut genug auf deine Leute auf, dachte ich.

Ich setzte mich neben die Frau ohne Zähne, kramte die Werbezettel aus meiner Tasche und sah sie durch. Vielleicht versteckte sich darin eine der vorsintflutlichen Postkarten meiner Mutter. Sie würde es mir nicht verzeihen, wenn ich ihren liebevollen Gruß, mit krakeliger Schrift auf eine kostenlose UNICEF-Karte geschrieben, nicht wenigstens mit einer WhatsApp – *diesem schrecklichen neumodischen Kram!* – beantwortete.

Statt einer Mutterpostkarte fand ich zwischen all den schreienden Angeboten (Schweinehals, das Kilo 8,99 Euro!) einen weißen Umschlag.

Bütten, ging es mir durch den Kopf, obwohl ich überhaupt nicht wusste, was genau das war.

Es stand mein Name drauf, mit Tinte und von Hand geschrieben, und im ersten Moment dachte ich an eine neue geschickte Werbemasche. Einen Absender gab es nicht. Ich wollte den Brief einfach mit den Prospekten in den Papierkorb werfen, der direkt neben mir überquoll und aus dem es ekelhaft nach gammeligem Fleisch roch. Vielleicht einem alten Döner. Da fuhr die S-Bahn ein und donnernder Lärm ließ mich einen Moment erstarren. Ich stopfte die Prospekte in den Mülleimer, registrierte, dass die meisten wieder herausfielen, und betrat mit dem blütenweißen Umschlag die Bahn. Nachdem ich das Kuvert eine Weile unschlüssig hin und her gedreht hatte, riss ich das Papier auf und las den Inhalt. Er bestand aus nur drei Sätzen.

Verehrte, Sie sind anders als die anderen. Ich bewundere Ihre Anmut. Es grüßt Sie ein unbekannter Verehrer.

Wie bitte? Ich drehte den Umschlag auf den Rücken, immer noch kein Absender, welche Überraschung. Niemals zuvor hatte ich einen anonymen Brief bekommen.

Verehrte! Wer sprach denn heutzutage noch Frauen mit Verehrte an? Und wenn ich eines ganz bestimmt nicht war, dann anmutig. Wollte mich jemand verarschen? Aber wer nur? Ich kannte doch kaum jemanden in der Stadt. Meine Kommilitonen hätten das übliche Du gewählt und sich anders ausgedrückt. Vielleicht ein Professor? Oder ein Kunde der Bäckerei, in der ich seit Kurzem jobbte?

Ich konnte mir einfach keinen Reim auf den Brief machen, aber er beschäftigte mich mehr, als ich mir selber einzugestehen bereit war. Vielleicht meinte der Schreiber es ja ernst?

Eine Woche später fand ich den nächsten Brief im Postkasten. Ich erkannte Papier und Schrift sofort und lief zurück in meine Mansardenwohnung, immer zwei Stufen auf einmal nehmend. Dabei kam ich mir total dämlich vor, weil mein Herz wie verrückt klopfte. Vielleicht würde er sich jetzt zu erkennen geben. Was war nur los mit mir? War ich so einsam, dass ich mich an einem anonymen Brief festhalten musste?

Von meinen Professoren kam eigentlich nur Dr. Gabbert infrage, bei dem ich englische Literatur belegt hatte. Er war noch sehr jung, groß und schlank und hatte ein schalkhaftes Lächeln. Ich mochte ihn sehr. Er liebte die Sprache, das merkte man an der Leidenschaft, mit der er seine Vorlesungen hielt. Ich zögerte kurz, dann riss ich den Umschlag auf, dabei zitterten meine Finger ein wenig, was mir vor mir selbst peinlich war.

Verehrte, wie gerne wäre ich jetzt bei Ihnen. Wollen Sie meine Dulzinea sein und ich bin Ihr Ritter?

Wie beim ersten Mal drehte ich den Umschlag zurück auf den Rücken und starrte auf das absenderlose Papier wie eine Gestörte. Was hatte das zu bedeuten, verdammt noch mal?

Wer sich mit englischer Literatur beschäftigte, kannte natürlich auch die spanischen Klassiker. Konnte es wirklich Dr. Gabbert sein? Ich fand es irgendwie süß, dass jemand den geheimnisvollen Unbekannten spielte und auf diese Weise um mich warb.

Zwei weitere Wochen gingen ins Land und der große Unbekannte hatte sich noch nicht zu erkennen gegeben. Es war auch kein Brief mehr gekommen, obwohl ich den Postkasten immer mindestens zwanzig Sekunden beschwörend anstarrte, bevor ich ihn öffnete. Ich wollte unbedingt wissen, wer hinter den Nachrichten steckte, bevor die Semesterferien begannen, denn dann würde ich längere Zeit nicht da sein. Einerseits freute ich mich wirklich auf die Zeit bei meinen Eltern und darauf, dieser Stadt, mit der ich einfach nicht warm wurde, den Rücken zu kehren. Andererseits machte mich die Frage, wer der Absender der Briefe war, ganz und gar kribbelig.

Für die Zeit der Semesterferien hatte ich einen Übergangsmieter für meine Wohnung gefunden, was toll war, weil ich die komplette Miete sparte – wodurch ich mich allerdings bei meinen Eltern festnagelte. Komischerweise erschien mir ein Sommer in der Stadt gar nicht mehr so schlimm, eher schon attraktiv. Man könnte Eis essen, ins Kino gehen, durch den Stadtpark schlendern, Open-Air-Konzerte besuchen. Was auch immer ich mir vorstellte, ich sah mich diese Dinge nie allein tun. Es waren Träumereien von einem frisch verliebten Pärchen, das alles zum ersten Mal gemeinsam erlebte.

Dann kam der nächste Brief. Ich hatte Uni, war wieder spät dran, sprang die Treppen hinunter und fischte neben den üblichen Werbeblättchen einen weißen Umschlag aus dem Postkasten. Die Werbung schmiss ich in die

Ecke, ich würde sie abends entsorgen, dann rannte ich zur S-Bahn-Station, den Briefumschlag in der Hand. Ich durfte auf keinen Fall zu spät zur Uni kommen, heute ging es um die Abschlussgespräche der Erstsemester. Dr. Gabbert würde auch teilnehmen.

Die S-Bahn-Station begrüßte mich mit dem üblichen Gestank, der mir kurz den Atem nahm, mich aber schon nicht mehr so störte. Das gehörte halt zur Großstadt dazu, genau wie die ewigen Baustellen und die hässliche große Wunde, die sich Hauptbahnhof nannte. Irgendwann – in ungefähr zweihundert Jahren – würde dort ein neuer Bahnhof entstanden sein.

Der Zug hatte Verspätung, also ließ ich mich auf eine der versifften Bänke fallen. Sollte ich den Brief hier lesen? In dieser Kathedrale der Trostlosigkeit? Ich beschloss zu warten, bis der Zug mich an die Erdoberfläche gespült hatte. Länger hielt ich es aber nicht aus, ich riss den Umschlag auf und las.

Verehrte, wie schön Sie sind! In der Sommersonne glänzt Ihr Haar, als wäre es aus Seide. Das Kleid, das Sie gestern trugen, stand Ihnen ausgezeichnet. Ich denke immer an Sie, meine kleine Dulzinea, bald werden wir uns gegenüberstehen.

Er war mir gestern begegnet! Ich sah auf den Poststempel, vorgestern, korrigierte ich mich. Was hatte ich da gemacht? Am Vormittag war ich in der Uni gewesen, nachmittags in der Bäckerei.

Na super, es könnte jeder sein. Dr. Gabbert war mir kurz in der Bibliothek über den Weg gelaufen, allerdings war er seltsam abwesend gewesen, hatte mich nicht mal richtig gegrüßt, was mir einen Stich versetzt hatte. Vielleicht nur ein Ablenkungsmanöver?

Ich sah mir den Brief genauer an, irgendwas gefiel mir nicht.

Meine kleine Dulzinea.

Als ich in der Uni ankam, hatte ich noch eine viertel Stunde bis zur Reflexionsrunde, wie man das hier nannte. Also raste ich zur Bibliothek und suchte die Regale ab. *Don Quijote* war nicht schwer zu finden, denn die Bibliothek war gut sortiert. Ich setzte mich an einen der Arbeitstische und begann zu lesen.

An einem Orte der Mancha, an dessen Namen ich mich nicht erinnern will, lebte vor nicht langer Zeit ...

Der Text nahm mich sofort gefangen. Obwohl er fast vierhundert Jahre alt war, hatte er nichts von seiner Magie verloren. Die Geschichte war einfach wundervoll. Dieser arme Spinner mit seinen Wahnvorstellungen und dem Gaul Rosinante. Dann fand ich die Stelle, wo der selbsternannte Ritter seinem Knappen von der imaginären Geliebten erzählt.

Dulcinea! Mit c, nicht mit z!

Damit schied Dr. Gabbert aus, der Fehler wäre ihm niemals passiert.

Etwas rutschte ganz tief in meinem Inneren nach unten und fand dort keinerlei Halt. Ich war dermaßen enttäuscht, dass es mich selber verblüffte, blieb einfach sitzen und sah auf meine Hände, die auf dem Buch lagen und völlig unkontrolliert zitterten.

Nach einer Weile straffte ich die Schultern und holte tief Luft.

Was wusste ich denn eigentlich von dem Autor der Briefe? Dass er neutrales Briefpapier benutzte, eine schöne Schrift hatte und sonderbar altmodische Formulierungen verwendete. Mehr nicht. Wieso war ich eigentlich so sicher, dass ich den unbekannten Schreiber mögen würde? Vielleicht hatte er ja selber einen Knall wie sein Ritter von der traurigen Gestalt. Meine Ratio beschloss, die Sache abzuhaken. Wer was von mir wollte, sollte gefälligst mit mir reden. Mein Gefühl hob den Finger zu einem Einspruch, aber ich ignorierte es.

Künftige Briefe würde ich einfach ungeöffnet in den Papierkorb werfen. Fertig!

Doch das musste ich gar nicht, denn es kamen keine weiteren Briefe.

*

Morgen früh werde ich sehr zeitig losfahren, um vor der großen Mittagshitze zu Hause zu sein. Mit meinem alten Polo, von dem ich mich einfach nicht trennen kann, obwohl er in der Großstadt absolut unpraktisch ist, er hat keine Klimaanlage und in den letzten Tagen ist es mörderisch heiß geworden.

Es klingelt. Das muss Markus sein, der Medizinstudent, der während der Ferien hier wohnen wird. Schlüsselübergabe – er ist ganz schön spät dran. Ich drücke auf den Summer im Flur und öffne die Wohnungstür, dann gehe ich zurück in die Küche und stelle den Trollinger auf den Tisch, ein Mitbringsel für Papa, wäre schade, wenn ich den vergessen würde.

Die Wohnungstür fällt ins Schloss.

»Hey, Markus, ich bin in der Küche, komm einfach rein.«

Er antwortet nicht und bleibt im Flur stehen.

»Hier bin ich«, rufe ich noch mal.

Keine Antwort. Merkwürdig. Ich gehe in den Flur. Dort steht ein fremder Mann. Was macht der in meiner Wohnung?

»Sie müssen sich in der Tür geirrt haben«, sage ich und etwas Kaltes kriecht mir den Rücken hinauf. Wieso kommt der einfach in meinen Flur? Und macht die Tür zu!

»Nein, hier bin ich richtig.«

Er ist vielleicht vierzig, klein und hager, Typ ewiger Loser mit fettigen Haaren und einem fusseligen Bart. Außerdem hat er eine pockennarbige Haut, die sein ungepflegtes Erscheinungsbild verstärkt. Seine beige Cordhose erinnert mich an jemanden.

»Ich brauche weder einen neuen Staubsauger noch will ich irgendeine Zeitung abonnieren«, sage ich und lege Genervtheit in meine Stimme, um die Unsicherheit zu übertünchen. Der Kerl ist vielleicht von einer Drückerkolonne.

»Ich habe etwas, das du ganz sicher brauchst.«

Vielleicht ein Versicherungsvertreter, die sind auch immer ziemlich lästig. Wieso duzt der mich eigentlich? Mein Herz beginnt zu rasen, heimlich wische ich mir die feuchten Handflächen an der Hose ab.

»Hören Sie, ich brauche keine Versicherung, keine Telefonflatrate oder was Sie meinen, mir verkaufen zu wollen, also verlassen Sie sofort meine Wohnung.«

Der Typ macht keinerlei Anstalten zu gehen. Panik überfällt mich. Irgendwas stimmt hier ganz und gar nicht.

»Aber du hast doch die ganze Zeit auf mich gewartet.«

Was? Wovon redet der Typ? Wenn nur Markus endlich käme. Es klingelt wieder, das muss er sein! Als ich einen Schritt zur Tür mache, verstellt der Typ mir den Weg, sein Blick macht mir klar, dass er mich nicht vorbeilassen wird. Die Türglocke scheint ihn nicht die Bohne zu stören.

»Raus hier oder ich rufe die Polizei«, sage ich mit dünner Stimme. Angst schnürt meine Kehle zu.

Er sieht mir in die Augen und mir wird klar, dass der Kerl definitiv meschugge ist.

»Was wollen Sie von mir?« Meine Stimme klingt wie die Stimme von Barbie, mein Herz hingegen schlägt gegen meine Brust wie ein Presslufthammer.

»Das weißt du nicht?«

Meine Beine zittern jetzt so heftig, dass ich mich kaum aufrecht halten kann.

Ganz ruhig, du musst cool bleiben.

Markus steht unten und wird sich wundern, dass du ihm nicht öffnest.

Aber würde er auch gleich die Polizei rufen? Wohl eher nicht.

Ein weiteres, ungeduldiges Klingeln.

»Das ist mein Vater, wenn ich nicht aufmache, wird er die Polizei rufen oder gleich die Tür aufbrechen.« Meine Stimme ist nur noch ein Flüstern.

Der Mann lächelt und versucht, meine Wange zu berühren, ich weiche zurück in die Küche bis fast an den Küchentisch, er folgt mir.

»Du bist viel begehrenswerter, als ich gedacht habe. Und so ängstlich, dabei brauchst du vor mir doch keine Angst zu haben.«

Seine Stimme erinnert mich an jemanden, ich komme nicht drauf, an wen. Als er meine Wange berührt, wird mir speiübel. Gleich kippe ich um, denke ich, und suche am Küchentisch nach Halt.

»Nun werden wir uns nie wieder trennen, meine kleine Dulzinea.«

Dulzinea!

Sanft, wie ein vorsichtiger Liebhaber, streicht er über meinen Hals, seine Hand zittert, während sie runter zu meinem Ausschnitt gleitet. Er öffnet einen Knopf meiner Bluse.

Sein Geruch verstärkt meine Übelkeit. Er riecht nach S-Bahn-Schacht. Der Boden unter mir beginnt zu wanken, verzweifelt halte ich mich an der Tischplatte fest, während ich seinem Blick auszuweichen versuche.

Er öffnet den zweiten Blusenknopf, weiterhin lächelnd.

»Wir sind Zwillinge, meine kleine Dulzinea, für immer zusammen. Du ein Teil von mir, ich ein Teil von dir.«

Er wird mich töten! Erst vergewaltigen und dann töten!

»Wollen wir es uns nicht etwas bequemer machen, ich habe unser Schlafzimmer noch gar nicht gesehen.« Seine Stimme hat sich zu einem irren Singsang gesteigert. Norman Bates! Er hat die Stimme von Norman Bates, wenn er in die Rolle seiner toten Mutter schlüpft.

Der Mann dreht sich um und zieht mich mit sich. Ich folge ihm wie eine Marionette.

Ich sehe die Weinflasche auf dem Tisch stehen und denke an meinen Vater. Er wird mich vermissen, genau wie Mama.

Ich darf das nicht einfach so geschehen lassen!

Abrupt bleibe ich stehen. Dann schnappe ich mir blitzschnell die Flasche, registriere die blutrote Farbe des Weines, hebe sie über meinen Kopf und – zögere. Ich kann es einfach nicht tun.

Der Mann dreht sich zu mir um und schaut ehrlich verblüfft erst auf mich und Sekunden später auf die Flasche.

»Aber meine kleine Dulzinea!«

Dulzinea! Er spricht es auch noch falsch aus!

Die Panik, die mich gerade vollständig in ihrem Bann hatte, macht einer Wut Platz, die mich selber überrascht.

Ich hole einmal tief Luft und sehe dem Mann in die Augen. »Du nennst mich nie wieder Dulzinea, Arschloch!«

Dann ziehe ich ihm die Weinflasche mit voller Wucht über den Schädel.

Ungläubig starrt er mich für eine Sekunde an, geht mit einem merkwürdigen Gurgeln zu Boden und bleibt regungslos liegen.

»Dulcinea schreibt man mit c – und so spricht man es auch aus!«

Ilona P. Köhle

Liebe mich

Stuttgart

Emily ließ ihren Blick durch die Hotellobby schweifen. Mit kuscheligen Sofas und tief hängenden Lampen lud der Raum zum Verweilen ein. Auch wenn es ein öffentlicher Ort war, bot er dennoch Schutz vor Neugierigen. Perfekt für das Treffen.

Die Damen saßen bereits an ihren Plätzen auf der langen Ledercouch, die fast die gesamte Seite der Lobby einnahm. Die Tische, die vor ihnen standen, waren gerade groß genug für zwei Personen. Mehr brauchte es ja nicht.

»Gleich geht es los«, sagte Loveangel Karim und zwinkerte den Damen zu.

Alles Blödsinn, dachte Emily und nahm einen großen Schluck Gin Tonic.

Die Männer standen im Pulk um die Bar herum und warfen taxierende Blicke in Richtung der Damen. Sie sahen aus wie ein Rudel, das sich jeden Moment auf seine Beute stürzen möchte.

Dabei waren das doch alles nur graue Mäuschen. Emily schüttelte lächelnd den Kopf.

Die Schiebetür am Hoteleingang öffnete sich mit einem leisen Zischen. Das Rauschen der vorbeifahrenden Autos auf der Heilbronner Straße drang in die Lobby. Und mit dem Lärm Tom.

Endlich.

Emily stockte der Atem. Er trug das braune Jackett, das Emily so liebte. Zusammen mit dem eng anliegenden Hemd betonte es seine große muskulöse Statur. Die Haare, in die sich erstes Grau mischte, hatte er mit Gel leicht verwuschelt.

Heute sah er einfach umwerfend aus! Emily schmunzelte.

Tom trat zur Männerhorde und grüßte in die Runde. An die Bar gelehnt bestellte er etwas zu trinken. Vermutlich ein Pils. Wie üblich.

Es war gar nicht einfach gewesen herauszufinden, an welchem Speed Dating Tom teilnehmen würde. Er war ein Gewohnheitstier und hatte sein Zugangspasswort nie geändert. Glück für Emily. So hatte sie Zugriff auf Toms E-Mail-Account. Noch mehr Dusel hatte Emily bei der Anmeldung für diese Veranstaltung gehabt – sie hatte den letzten freien Damenplatz ergattert.

»Hast du das schon öfter gemacht?« Die Stimme der Frau neben ihr riss Emily aus ihren Gedanken.

»Nein, das ist das erste Mal«, entgegnete Emily knapp und warf einen kurzen Blick auf das durchschnittliche Gesicht der Frau und deren Outfit darunter. Eine rote Hose kombiniert mit einem schwarzen Oberteil. Der Klassiker. Gab es die Hose nicht in deiner Größe, Schätzchen?

»Bei mir auch«, sagte die Frau. »Mal schauen, was uns hier heute erwartet.«

Die Damen starrten Emily an. Auf vielen Gesichtern spiegelte sich Nervosität.

»Ja, das wird sicher spannend.« Die Nebensitzerin zwinkerte Emily zu.

Tom lachte an der Bar über irgendetwas und legte dabei den Kopf in den Nacken.

Ja, Tom, dich finde ich zweifelsohne spannend. Emily musste den Impuls unterdrücken, zu ihm hinüberzugehen. Sie würde ihn so gern riechen, seine tiefe Stimme direkt an ihrem Ohr hören und ...

Karim trat an die Tische und klatschte in die Hände.

»So, Ladies and Gentlemen, das Speed Dating beginnt. Die Damen bleiben an der Wandseite der Tische sitzen, die Männer nehmen an der Stirnseite Platz. Für jedes Gespräch habt ihr sieben Minuten Zeit, wenn der Gong ertönt, gehen die Männer einen Tisch weiter. Bitte verwendet ausschließlich euer hinterlegtes Pseudonym im Gespräch. Vor euch findet ihr einen Flyer und einen Kuli, mit dem ihr euch Notizen machen könnt, um später online die Gesprächsteilnehmer auf unserer Homepage zu bewerten. Wenn zwei von euch angeben, dass sie sich wiedersehen wollen, entsteht ein Match und eure hinterlegten Kontaktdaten werden automatisch ausgetauscht. Außerdem findet ihr im Flyer eine Handvoll Fragen, die euch helfen werden, falls das Gespräch stocken sollte. Und nun viel Spaß!«

Emily warf einen Blick in den Flyer und las die erste Frage. »Hättest du lieber unendlich viel Zeit oder unendlich viel Geld?«

Das war ja eine pseudotiefgründige Frage. Was Emily wollte? Unendlich viel Tom!

Die Männer nahmen an den Tischen Platz, und der erste Gong ertönte. Der Mann, der sich vor Emily hinsetzte, rutschte unruhig auf seinem Stuhl hin und her.

»Hi, ich bin Roadrunner. Wie lautet denn dein Pseudonym?«

Sie hörte Roadrunner zwar reden, ihr Blick war aber auf Tom gerichtet. Er hatte tatsächlich am Nebentisch Platz genommen. Sie musste also nur dieses Gespräch über sich ergehen lassen, bis er endlich bei ihr sein würde.

»Hm, wie ist denn nun dein Name?«, holte sie Roadrunner ins Jetzt zurück.

»Blümle.«

»Bist du das erste Mal bei einem Speed Dating oder machst du das regelmäßig?« Er lachte nervös und drehte ununterbrochen das Weizenbierglas in seinen Händen.

Während das Gespräch vor sich hin tröpfelte, schenkte Emily ihrem bemühten Gesprächspartner kaum Aufmerksamkeit, sie wartete auf den Gong und schielte dabei immer wieder zu Tom.

Als der ersehnte Ton endlich erklang, hatte Emily Roadrunner bereits vergessen. Tom nahm sein Pils und verabschiedete sich von der roten Hose. Er nahm vor Emily Platz und sie schenkte ihm ein strahlendes Lächeln. Seine meerblauen Augen funkelten wie Sterne.

»Hallo, mein Pseudonym lautet Mexiko. Ich war nicht sonderlich kreativ bei der Vergabe des Namens und habe daher einfach mein letztes Urlaubsziel gewählt.« Während Tom lachte, bildeten sich Grübchen auf seinen Wangen. Wie niedlich er damit aussah!

Dank wochenlanger Beobachtung seines Facebook-, Instagram- und XING-Profils wusste Emily, dass Tom in Mexiko gewesen war. Vermutlich gab es nicht viel, was Emily nicht über Tom wusste.

»Ich bin Blümle.« Und du gehörst mir. Für die nächsten sieben Minuten und für immer.

*

Mia brütete über einem Stapel Akten, als ihr Handy klingelte. Die Nummer, die das Display zeigte, war ihr unbekannt. Sie zog eine Augenbraue hoch und nahm das Gespräch an.

»Hallo, hier ist Tom. Ähm ... beziehungsweise Mexiko. Wir hatten einen Match und ich würde mich gerne mit dir treffen.«

Mias Herz machte einen Sprung. Sie unterhielten sich ganze zweiundzwanzig Minuten. Das war nicht nur deutlich mehr Zeit als beim Speed Dating, es endete auch noch in einer Verabredung für den nächsten Tag.

Nachdem sie aufgelegt hatte, starrte sie blind auf die Akten vor sich. Ein breites Grinsen legte sich über ihr Gesicht.

Emily saß auf der Umrandung unter den Kastanienbäumen am Marienplatz und starrte zu dem Paar am hinteren der vollbesetzten Tische des gegenüberliegenden Restaurants. Unter ihrer breiten Sonnenbrille verfinsterte sich ihr Gesicht. Der aufgeschlagenen Zeitung, die sie zur Tarnung auf dem Schoß liegen hatte, schenkte sie keine Beachtung. Wie hypnotisiert fixierte sie das ausgelassene Pärchen.

Tom und die rote Hose! Unglaublich! Dabei hätte sie es sein sollen, die da saß. Hatte sie nicht alles dafür getan?

Sie waren doch füreinander bestimmt! Das war Schicksal! Warum begriff er das denn nicht?

Wut stieg in Emily auf.

Gegen Vorherbestimmtes durfte er sich nicht wehren. So war das und nicht anders, daher würden sie dafür bezahlen müssen!

In dem Moment hörte rote Hose auf zu lachen und ihr Blick blieb an Emily hängen.

Emily packte eilig die Zeitung zusammen, stand auf und lief in Richtung Zahnradbahn davon.

*

Kommissarin Mia Ahrend ließ den Blick langsam über den Tatort schweifen. Stäubchen tanzten im Sonnenlicht. Hinter den bodentiefen Fenstern erstreckten sich die Stuttgarter Weinberge. Der Tote war, nur in Boxershorts gekleidet, mit Isolierband an die Heizung gefesselt. Auf seiner Brust stand »Liebe mich«. Kantige Buchstaben, mit einem Messer in die Haut geritzt. Sein Kinn war auf das Schlüsselbein gesunken. Als sie näher heranging, um das Gesicht zu betrachten, legte sich eine eisige Hand um ihr Herz und drückte gnadenlos zu. Tom! Wie sie beim Betreten der Wohnung befürchtet hatte. Tom! Sie hatte so sehr gehofft, dass es ein anderer sein würde. Irgendjemand, nicht Tom!

Sein Gesicht ... Der schmerzverzerrte Ausdruck war im Augenblick des Todes auf sein Gesicht gemeißelt worden.

Mia hatte das Gefühl, nicht mehr atmen zu können. Dabei brauchte sie dringend Luft, einfach mehr Luft.

»Alles in Ordnung?«

Mia drehte sich zu Leichenbeschauer Stetter um, der ihr über den Brillenrand einen besorgten Blick zuwarf.

Sie wollte, konnte aber nicht antworten. Tom ... Vor Mias innerem Auge tauchten Bilder des vergangenen Samstagabends auf. Sie hatte sich in ihrer roten Hose so unwohl gefühlt. Tom hatte es jedoch mit seiner angenehmen Stimme und der gelassenen Art geschafft, dass sie sich schnell entspannte und das Gespräch genoss.

Die feinen Härchen an ihren Unterarmen stellten sich auf, sie verschränkte die Arme, als fröre sie.

Mia zwang sich zu einem Lächeln und hoffte inständig, dass es echt aussah.

»Ich dachte tatsächlich im ersten Moment, dass ich ihn kenne. War aber ein Irrtum.«

*

Im Präsidium ließ sich Mia kraftlos auf ihren Bürostuhl sinken. Sie blickte durch die Fensterfront auf die in der Sonne glänzende Autokarawane, die sich träge über den Pragsattel quälte, ohne sie wirklich wahrzunehmen. Das Grauen, das sie bei Toms Anblick erfasst hatte, hielt sie noch immer fest im Griff. Am Samstag war er so ausgelassen gewesen, hatte viel gelächelt. Dabei entstanden jedes Mal niedliche Grübchen auf seinen Wangen. Es hatte keinen Hinweis darauf gegeben, dass etwas in dieser Art passieren würde.

Oder war sie zu abgelenkt gewesen, um es zu bemerken?

Sie hatte sich nach dem Speed Dating dieses eine Mal mit Tom getroffen. Nach einem gemütlichen Abend waren sie – etwas beschwipst – bei ihr zu Hause und anschließend im Bett gelandet. Als er plötzlich nicht mehr zurückgeschrieben hatte, mutmaßte Mia, er sei einer von der unverbindlichen Sorte Mann und habe eben das Interesse verloren oder eine andere kennengelernt. Dennoch hatte sie zwei Tage lang unentwegt auf ihr Handy gestarrt in der Hoffnung, es würde endlich eine Nachricht von ihm eintreffen.

Liebe mich. Mia gingen die beiden Wörter nicht aus dem Kopf. Liebe mich. Ja, das hätte sie sich gewünscht – von Tom geliebt zu werden.

Aber ... Sie hätte doch etwas merken müssen, während sie essen waren.

Da fiel sie ihr ein – die andere Teilnehmerin. Sie hatte dem Lokal gegenüber unter den Bäumen gesessen und sie unentwegt angestarrt. Als Mia zu ihr hinübergesehen hatte, war sie hastig aufgestanden – hatte sie jedoch von der Haltestelle der Zahnradbahn aus weiter beobachtet. An jenem Abend hatte sie es für einen Zufall gehalten. Doch jetzt ergab es einen Sinn.

Eile war geboten! Ihre Kollegen würden bald herausfinden, dass sie Tom kannte. Spätestens bei der Überprüfung der Kreditkartenabbuchung. So würden sie auf das Speed Dating kommen und damit auch auf sie. Und nicht zu vergessen, die an sie gesandten Nachrichten auf Toms Handy.

Mia musste schneller sein, wenn sie den Fall lösen wollte.

Sie griff zum Telefon.

»Du musst mir einen Gefallen tun – unter Kollegen –, ich brauche dringend die Freigabe der Teilnehmerdaten einer Speed-Dating-Veranstaltung letzten Samstag. Und Jürgen, bitte noch was: Behandle diese Sache streng vertraulich.«

Nicht auszudenken, was hier im Präsidium los wäre, wenn die Kollegen erfahren würden, dass sie an einem Speed Dating teilgenommen hatte. Wochenlanger Spott und Hohn! Aber was blieb ihr denn anderes übrig? Bei einem Date war das Gespräch meist an dem Punkt beendet, an dem sie ihren Beruf nannte. Männer schienen ein Problem damit zu haben, wenn sich Frauen beruflich als Alphatiere positionierten. Vielleicht sollte sie das nächste Mal einfach sagen, dass sie Tellerwäscherin war.

Das nächste Mal …

Mia seufzte. Tränen stiegen ihr in die Augen. Doch das Bing des E-Mail-Eingangs erregte sofort ihre Aufmerksamkeit. Mia öffnete den Dateianhang der Mail und scrollte sich durch die Bewertungen und persönlichen Daten der Speed-Dating-Teilnehmer. Das Feedback der Teilnehmer hinsichtlich Aussehen, Auftreten, Sympathie, Körpersprache war in Prozent angegeben.

Was war denn bitte 60 Prozent Aussehen?

Mia scrollte weiter, sie versuchte den Pseudonymen die Gesichter von Samstag zuzuordnen. Ihr Blick blieb bei ihrem eigenen Namen und dem Match mit Tom hängen. *Tolles Gespräch. Ich würde dich gerne wiedersehen.* Dazu hatte er nur einmal Gelegenheit gehabt. Lediglich ein Abend war ihnen vergönnt gewesen.

In Mias Kopf tauchte das Bild ihrer Nebensitzerin auf. Als Mia sie angesprochen hatte, hatte die ihr einen geringschätzigen Blick zugeworfen, der an ihrer roten Hose hängen geblieben war. Das war der Moment gewesen, in dem Mia bereut hatte, sie angezogen zu haben. Die Frau hatte sich auf kein Gespräch eingelassen und schien die ganze Zeit abgelenkt gewesen zu sein. Und wie sie Tom an der Bar observiert hatte. Wie ein Wachhund.

Dass die bei dem Date mit Tom beim Restaurant aufgetaucht war, konnte kein Zufall gewesen sein.

Mia ging noch einmal die Teilnehmerinnen durch.

Verflixt, wie war ihr Name? Irgendwas Verniedlichtes.

Na ja, ein sonniges Gemüt hatte die nicht gerade.

Ihr Blick blieb an *Blümle* hängen.

Hab ich dich!

Die persönlichen Daten verrieten ihren Namen. Emily Baumann. Wohnhaft in Bad Cannstatt.

Sie griff zu ihrer Dienstwaffe und verstaute die HK P2000 im Holster, bevor sie aus dem Büro stürmte.

Als Mias alter Opel Corsa mit quietschenden Bremsen im Wohngebiet Seelberg zum Stehen kam, öffneten sich diverse Fenster, Gardinen wurden zur Seite geschoben und Mia mit neugierigen Blicken begrüßt. Sie ging auf das Mehrfamilienhaus in der Reichenhaller Straße zu und ließ ihren Blick über die Fensterreihen schweifen. Sie trat zur Tür, überprüfte die Klingelschilder. Emily Baumann wohnte im dritten Stock.

Die Haustür wurde von innen geöffnet und Mia sah sich einem älteren Herrn gegenüber, der sie irritiert beäugte.

»Grüß Gott«, sagte Mia höflich und schob sich an ihm vorbei ins Treppenhaus. Im dritten Stock angekommen, klingelte sie an der Tür. Keine Reaktion. Mia wartete. Sie klingelte erneut. Nichts! Mia lauschte angestrengt, sie konnte jedoch kein Geräusch in Emilys Wohnung ausmachen.

Wenn sie schon ihren Job aufgrund einer nicht autorisierten Ermittlung verlor, dann wenigstens mit Pauken und Trompeten. Für Tom.

Nach einem schnellen Schulterblick zog sie das Dietrichset aus ihrer Jackentasche, ging in die Hocke und machte sich an der Wohnungstür zu schaffen. Eine Welle erfasste ihren Körper, sie hörte ihr Blut in den Ohren rauschen. Die Tür sprang mit einem leisen Klack auf. Mia betrat die Wohnung, eine Hand am Holster.

»Hallo?« Keine Antwort. Mia spürte ihr Herz am Hals schlagen. Adrenalin durchströmte ihren Körper. Langsam ging sie durch den Flur und betrat das Wohnzimmer. Ihr Blick schweifte über die altmodischen Möbel. Sie sah die Bilder sofort – eine der Wände war über und über mit ihnen tapeziert. Mia trat näher an die Fotos heran. Als sie die Person darauf erkannte, lief ihr ein kalter Schauer über den Rücken. Sie traute ihren Augen nicht. Ungläubig blinzelte sie, doch die Tatsachen ließen sich nicht leugnen.

Tom!

Manche Fotos kannte Mia von seinem Facebookprofil, andere waren unscharf und schienen aus weiter Ferne aufgenommen worden zu sein. Als sie sich selbst auf einigen der Fotos entdeckte, hatte sie das Gefühl, ihr Herz würde aufhören zu schlagen. Die Bilder zeigten sie bei ihrem einzigen Date mit Tom.

Mit unsicherem Schritt ging sie weiter. Schwindelig, ihr war so schwindelig. Das verbesserte sich keineswegs, während sie das Esszimmer betrat. Hier hingen weitere Fotos. Von ihr! Beim Betreten des Präsidiums, beim Verlassen des Supermarktes im Gerberviertel. Gänsehaut breitete sich auf ihrem Körper aus.

Langsam wanderte sie durch die Wohnung und erblickte immer mehr Aufnahmen von Tom und sich. Bis sie an der Küchentür angelangt war, schlug ihr Herz im Stakkato.

Durch ein Geräusch aufgeschreckt, fuhr sie herum. Sie stürmte zur Wohnungstür. Just in dem Moment drehte sich der Schlüssel im Schloss und die Tür wurde geöffnet.

MAREIKE FRÖHLICH

Landleben

Ein Dorf auf der Schwäbischen Alb, das nicht genannt werden will

Ein altes Bauernhaus auf der Schwäbischen Alb – das war schon immer mein Traum gewesen. Weit weg von Feinstaub, Stuttgart-21-Baustellen und der verzweifelten Suche nach einem Parkplatz im Betonmeer.

Freiraum für Kreativität, das war es, wonach ich mich seit vielen Jahren gesehnt hatte.

Plötzlich war er da. Ohne sich irgendwie anzukündigen. Der Erfolg. Der, an den ich schon lange nicht mehr geglaubt hatte. Mein sechstes Buch kam auf die Bestsellerliste, hielt sich wochenlang. Es wurde in 17 Sprachen übersetzt und sogar die Filmrechte wurden verkauft.

Und ich – ich kaufte ein Bauernhaus in einem 800-Seelen-Dorf auf der Schwäbischen Alb. Für mich, meinen Mann, unsere beiden Töchter und Willis, unseren belgischen Schäferhund.

Allerdings begrüßte uns das (von mir liebevoll genannte) Kaff ganz anders als erwartet.

»Fröhlich … Fröhlich … sind Sie etwa *die* Frau Fröhlich?«, wurde ich gefragt. »Die Moppel-Ich-Fröhlich?«

Ich hatte noch nicht mal den Schlüssel ins Haustürschloss gesteckt.

Da hatte wohl irgendjemand mitbekommen, dass eine Familie Fröhlich das Haus gekaufte hatte und dass diese Frau Fröhlich ihr Geld mit der Schriftstellerei verdiente.

»Nein, ich bin nicht DIE Frau Fröhlich, sondern eine andere«, lautete meine Antwort. »*Mareike* Fröhlich ist mein Name.«

Die Leute interessierte mein richtiger Name nicht. Sie hatten mich unter Moppel-Ich abgespeichert – da halfen auch meine kläglichen Erklärungsversuche zum Thema Pseudonym nichts. Die neuen Nachbarn lächelten mich nur milde an.

»Wir verstehen natürlich, dass Sie keinen Rummel haben wollen«, sagte eine von ihnen. »Bei den vielen Romanen, die Sie schreiben, sind Sie hier genau richtig.« Und schon hielt sie mir ein Buch meiner Namenskollegin unter die Nase. »Für Sigrun bitte, zum Geburtstag«, surrte sie.

Eine andere meinte: »Genau. Bei uns ist nichts los. Bei der Ruhe hier kommen Sie mit Ihrem neuen Werk sicher gut voran. Um was geht's denn?«

Doch dabei blieb es bei Weitem nicht. Die Nachricht, dass die Moppel-Fröhlich in den Ort gezogen war, verbreitete sich wie ein Lauffeuer. Ich wurde fotografiert, wenn ich den Müll rausbrachte, wurde in den Dorfladen verfolgt, Leute gingen mit mir und dem Hund spazieren – natürlich immer mit drei Metern Abstand und mit dem Fotoapparat in der Hand. Nicht einmal meine Töchter und mein Mann wurden verschont.

Im örtlichen Käseblatt stand: »Star-Familie führt ein ganz normales Leben.«

Ich machte mir die Mühe, die Zeitung anzurufen und sie über das Missverständnis aufzuklären. Doch auch die interessierte das nicht.

So viel Unverstand konnte in diesem Kaff nicht vorhanden sein! Ich griff zu härteren Methoden und ging mit einem Foto von *der* Frau Fröhlich, die ja nun wirklich komplett anders aussah als ich, von Haus zu Haus und wies noch einmal auf meinen Vornamen hin.

Was ich erntete, war erneutes mildes Lächeln. Meine erste Annahme, dass dies eventuell durch Inzucht von Generation zu Generation weitervererbt worden sein könnte, schien sich zu bewahrheiten.

Gut, sollten sie mich halten, für wen sie wollten. Der Rummel würde sich im Lauf der Zeit legen. Dachte ich. Doch ich täuschte mich.

Meine Nachbarn lauerten mir auf. Sie schauten abends durch unsere Fenster, um herauszufinden, ob ich an meinem neuen Manuskript schrieb. Sie boten sich als Testleser an. Warfen Ausarbeitungen von eigenen Ideen in den Briefkasten, die ich für meine Romane verwenden sollte. Mein Buch über das Aufräumen sei ja klasse gewesen, aber jetzt sei es doch mal Zeit für etwas Frisches. Sie fischten sogar die Post aus unserem Briefkasten, um herauszufinden, ob ein neuer Verlagsvertrag darunter war.

Bis zu jenem Zeitpunkt war ich ein fröhlicher Mensch gewesen – zuvorkommend, hilfsbereit und nett. Ich war stets die Verkörperung meines Nachnamens, der mir nun so viel Ärger einbrachte. Aber auch der zuvorkommendste, hilfsbereiteste und netteste Mensch wird irgendwann sauer.

Es war ein Freitag, als wieder einmal die dicke Frau Besenkamp vor meinem Gartentor auf mich wartete. In einem roséfarbenen Frottee-Morgenmantel und mit einer Kaffeetasse in der Hand.

»Sie, Frau Fröhlich, gestern hat bei Ihnen ja so lange das Licht gebrannt. Da hab ich zu meinem Egon gesagt: Siehste, Egon, die Frau Fröhlich, die schafft was. Nicht umsonst wird man berühmt. Ja, das hab ich gesagt. Ich bin wirklich gespannt auf Ihr nächstes Buch. Sind Sie denn weitergekommen heute Nacht?«

Ich antwortete ihr in meiner gewohnten Art: zuvorkommend, hilfsbereit und nett. »Wissen Sie, Frau Besenkamp, in meinen Büchern sterben Menschen. Damit kenn ich mich gut aus. Trotzdem muss ich da manchmal recherchieren, Tötungsmethoden ausprobieren. Davor quäle ich meine Opfer noch ein bisschen, erfreue mich an ihrer Angst und den Schmerzensschreien. Am schönsten ist es, wenn sie ganz langsam sterben. Dann hab ich mehr davon. Wissen Sie, genau deshalb sind mein Mann und ich aufs Land gezogen. Solche Geräusche aus dem Keller sind in der Stadt schlecht zu verbergen. Zu enge Bebauung. Man hockt geradezu aufeinander.«

Das Lächeln verschwand, ihre Augen wurden immer größer und ihr Kinn bewegte sich abwärts Richtung Schlüsselbein. Frau Besenkamp schien gar nicht zu merken, dass ihr Kaffeebecher schlaff an ihren Fingern hing und die dampfende Brühe auf ihren – ebenfalls roséfarbenen – Plüschhausschuhen landete.

»Wir Krimi- und Thriller-Autoren haben einen Leitspruch«, sagte ich lächelnd. »Genieße den Tag, es könnte dein letzter sein.«

Sie nickte mechanisch.

»Und jetzt entschuldigen Sie mich bitte, Frau Besenkamp, ich muss mit dem Hund Gassi gehen. Dabei kann ich am besten über die nächste Szene meines Buches nachdenken – eine Mordszene. Ich bin mir noch nicht ganz sicher, wie grauenhaft langsam mein nächstes Opfer sterben soll. Was meinen Sie? Häuten oder lieber doch nur traditionell erstechen?«

Damit wandte ich ihr den Rücken zu, pfiff nach Willis und spazierte den Feldweg entlang, der direkt hinter unserem Haus begann. Als ich sicher war, dass die Besenkamp mich nicht mehr hören konnte, lachte ich. Ich lachte, bis mir die Tränen kamen.

»Wo sind die ganzen Leute, die vor unserem Gartentor wohnen?«, fragte mein Mann, als er abends von der Arbeit nach Hause kam.

»Ich habe der Besenkamp von der Mordszene aus meinem Buch erzählt. Anscheinend hat das gereicht. Du hättest mal ihr Gesicht sehen sollen.«

Er schüttelte nur den Kopf. »Du bist unmöglich. Du weißt doch, dass die Leute mit so etwas nicht umgehen können.«

»Ich bin nicht unmöglich, ich bin kreativ.«

Zur Feier des Tages durften sich meine Töchter etwas wünschen. Sie waren sich sofort einig – Eis essen und eine Übernachtung bei Oma. Natürlich im Zelt, das sie in Omas Garten aufbauen wollten. Meine Mutter war auch einverstanden. Perfekt!

»Wir beide machen heute Abend die beste Flasche Wein auf, die wir im Keller haben«, flüsterte ich meinem Mann zu, bevor ich die Kinder und das Gepäck ins Auto lud.

»Was ist denn Besonderes heute?«, fragte mich meine achtjährige Tochter.

Mein Mann lachte und sagte: »Eure Mutter hat mal wieder von toten Menschen erzählt.«

»Ach so, die toten Menschen aus deinem Buch, wo dann die Polizei kommt?«, fragte sie.

»Richtig, mein Schatz«, sagte ich und gab ihr einen Kuss auf die Stirn.

Die Polizei kam tatsächlich. Als ich von meiner Mutter zurückkehrte, standen vor unserem Haus gleich mehrere Polizeiwagen mit Blaulicht.

»Oh Gott.« Unfall! Unfall im Haushalt. »Jörn!«

Ich ließ das Auto mitten auf der Straße stehen, stieg aus und rannte. Da war kein Krankenwagen. Bitte lass ihn schon abgefahren sein. Bitte lass keinen Leichenwagen auftauchen. Bitte!

Überfall, war der nächste Gedanke. Vielleicht war es einfach nur ein Überfall. Irgendeiner von den bescheuerten Dorfbewohnern hatte es auf mein Manuskript abgesehen.

Ich drängte mich durch die bereits versammelten Schaulustigen zu meinem Haus. Das vertraute Blitzlicht flammte auf. Die Presse war also auch schon anwesend.

Im Flur entdeckte ich Jörn. Er war blass, wirkte verstört und redete auf einen Polizisten ein. Der Mann machte sich eifrig Notizen auf dem kleinen Block, den er in der Hand hielt.

Als mein Mann den Kopf hob, flüsterte er meinen Namen, und ich sah die Verzweiflung in seinen Augen.

Sofort drehte sich der Polizist um, hielt mich mit seinem Blick gefangen. Dieser Ausdruck in seinen Augen ... Ich versuchte, ihn zu deuten, verstand ihn aber einfach nicht.

Dann ging alles schnell. Von hinten griff jemand meine Arme und drehte sie mir auf den Rücken. Der Schmerz durchströmte meinen Körper. Ich stöhnte. Warum? Ich suchte in meiner Erinnerung, doch meine Gedanken waren wie gelähmt.

»Sind Sie Mareike Fröhlich?«, fragte der Polizist mit dem Block.

Hoffnung durchflutete mich. Der erste Mensch, dem ich in diesem blöden Dorf begegnete, der meinen richtigen Namen kannte.

»Ja.«

»Ich nehme Sie fest. Sie stehen unter dem dringenden Tatverdacht, Helmut Wengler getötet zu haben.«

Wengler? Ich kannte keinen Wengler!

»Aber ...« Zu mehr kam ich nicht. Ich wurde aus dem Haus und in den Polizeiwagen geschoben.

Dort saß ich, starrte durch die Scheiben nach draußen, während die Dorf-Gaffer nach drinnen starrten. Das war ein ganz schlechter Film. Das Drehbuch war der Witz. Einfach nur hundsmiserabel.

Wer zum Himmel war Hartmut ... Hermann ... Herbert ... Wie war der Name?

Dann kam mir die Besenkamp in den Sinn. Allerdings interessierte die Polizisten des Streifenwagens meine Erklärungen, dass ich mir mit der Besenkamp nur einen

Scherz erlaubt hatte, herzlich wenig. Sie brachten mich aufs Revier. In die Großstadt. Zurück zu Feinstaub, Baustellen und Parkplatznot.

Im Vernehmungszimmer ließen sie mich sitzen. Ewig. Ich bekam einen kleinen Plastikbecher mit Wasser. Das war's. Keine Erklärung, wie es weitergehen würde. Nichts. Nur das Surren der blöden Neonröhre.

Alles Taktik! Klar. Was sonst? Ich kannte die Tricks der Jungs in Uniform. Hatte ich ja alles recherchiert für meine Krimis. Nicht mit mir, Kollegen!

Die erste Überheblichkeit meinerseits wich nach zwei Stunden. Die Zweifel wurden mit jeder Minute größer. Vielleicht hatte ich falsch recherchiert. So etwas konnte ja mal passieren.

Was würde nun kommen? Untersuchungshaft? Mit dem gesamten Prozedere – nackt ausziehen, Körperöffnungsüberprüfung und eine 5-mal-2-Meter-Zelle?

Kurz bevor ich dabei war durchzudrehen, kam der Polizist, der schon in unserem Haus gewesen war. Er war nicht allein, er hatte eine Kollegin dabei. Natürlich, musste so sein. Zumindest nach meinen Erhebungen. Falls diese überhaupt jemals gestimmt hatten.

Bevor er etwas sagen konnte, sprang ich auf. »Das ist alles nur ein Missverständnis. Ich wollte die Besenkamp nur ein bisschen erschrecken, damit sie mich und meine Familie endlich in Ruhe lässt.«

Die Reaktion war anders als erwartet, denn ich schaute in den Lauf einer Pistole.

»Setzen Sie sich sofort wieder hin«, sagte die Polizistin scharf.

»Aber ...«

»Hinsetzen!«

Da die Frau nicht aussah, als würde sie gerne einen Kaffee mit mir trinken, ließ ich mich auf den Stuhl plumpsen.

Kaum saß ich, wurde die Tür erneut geöffnet und mein Anwalt kam herein. Besser gesagt, der Polizist sagte mir, dass das mein Anwalt sei. Ich hatte den Herrn noch nie gesehen.

»Ihr Mann hat mich verständigt«, sagte mein neuer bester Freund.

Es folgte eine stundenlange Vernehmung. Immer die gleichen Fragen. Helmut Wengler – wann sind Sie ihm das erste Mal begegnet? Wann haben Sie ihn entführt? War Wengler Ihr erstes Opfer?

Mein Gehirn fabrizierte nur eine Antwort: Missverständnis. Diesem Mann war ich nie begegnet.

Die Situation saugte alle vorhandene Energie aus mir heraus. Ich war am Ende.

Kurz bevor sich mein Wille durchzuhalten vollkommen verabschieden konnte, fiel es mir ein. Wengler, Barbara Wengler. Das Haus. Wir hatten es von einer Immobilienfirma gekauft. Aber im Auftrag von einer Frau Barbara Wengler. Ich war wieder voll da.

Mir war der Name nicht sofort eingefallen, da mein Mann sich um den Hauskauf gekümmert hatte. Ich war zu der Zeit mit meinem Abgabetermin für das neue Buch beschäftigt gewesen. Was einige Vorbereitungen mit sich gezogen hatte.

»Jetzt weiß ich, woher ich den Namen kenne. Das Haus!«

Doch die Reaktion fiel erneut anders als erwartet aus.

»Sie haben Helmut Wengler getötet, weil Sie das Haus haben wollten?«, mutmaßte der Polizist.

»Sie wussten, dass Frau Wengler das große Haus nicht allein halten konnte«, grätschte die Beamtin ein. »Ohne das Gehalt ihres Mannes musste sie verkaufen. Und zwar recht schnell.« Sie schürzte die Lippen. »Sehr berechnend!«

Ich schüttelte den Kopf. Die Polizei konnte nicht ernsthaft glauben, dass ich einen Menschen töten würde, um an dessen Haus zu kommen! An ein Haus! Lächerlich! Selbstverständlich beschäftigte sich mein Krimihirn mit Tötungsmethoden. Welche bringt einen am schnellsten zum Ziel, welche ist die sauberste und und und. Ich war nun mal Schriftstellerin, Punkt!

Die Polizistin redete weiter auf mich ein, aber ich hörte nicht mehr zu. Sie zeigte mir Fotos vom Fundort und von der verstümmelten Leiche.

Das fünfte Bild war eins zu viel. Der Kuchen meiner Mutter, den ich auf dem Weg nach Hause im Auto gegessen hatte, rumorte in meinem Magen und bahnte sich seinen Weg ins Freie. Ich übergab mich. Einfach so.

Leider traf ich die Beamten nicht. Stattdessen kotzte ich auf den Tisch.

Mein Erbrechen (nicht Verbrechen) änderte leider gar nichts. Na ja, irgendwie schon. Die Befragung wurde beendet, Fingerabdrücke und eine DNA-Probe genommen und ich tatsächlich in Untersuchungshaft gesteckt.

In der Nacht schlief ich keine Minute. Ich dachte immer wieder darüber nach, wer schon alles in dieser Zelle gesessen hatte. Im Alkoholrausch. Vollgekotzt. Ob hier richtig geputzt wurde? Desinfiziert?

Am nächsten Morgen folgte nach einem spärlichen Mahl eine weitere Befragung. Mein Anwalt redete auf mich ein, die Polizei redete auf mich ein. Ich war mir sicher, am Abend würde ich ein Fall für die Klapse sein. Ich hätte mich gerne noch einmal erbrochen. Dafür hatte ich allerdings einfach zu wenig in meinem Magen. Es würde nur für ein kleines Häufchen und ganz sicher nicht für den ganzen Weg bis zu den Beamten reichen.

Immer wieder die gleichen Fragen. Helmut Wengler. Wie haben Sie es gemacht? Wo haben Sie die Tatwaffe versteckt?

Zermürben. Ja, sie wollten mich zermürben. Ein Geständnis erzwingen. Klar, Frauen gestanden viel schneller als Männer.

Aber ich nicht.

Als ich der Meinung war, dass ein kleines Häufchen Frühstück mit Galle doch reichen würde – zumindest kurzfristig –, sagte Hauptkommissar Trechner: »Sie können gehen!«

»Was?«, fragte ich fassungslos.

»Sie haben mich schon richtig verstanden! Sie können gehen!«

»Warum?«

»Ihre DNA stimmt nicht mit der auf der Leiche überein. Fühlen Sie sich nicht zu sicher. Ich werde Sie im Auge behalten.«

Meine Gefühle spielten verrückt. Freude, Schock, Glücksgefühl, Angst. Doch die wichen bald wieder. Zurück blieb Wut. Denn natürlich interessierte niemand, wie ich vom Revier nach Hause kommen sollte. Von der Stadt aufs Land.

»Wir haben hier nur einen Abhol-, keinen Zurückbring-Service«, sagte der Beamte am Empfang und zwinkerte mir zu. Sehr witzig! Auch mein neuer Freund, der Anwalt, hatte sich sofort aus dem Staub gemacht.

Jörn holte mich fünfundfünfzig Minuten später ab, und wir fuhren zurück ins Kaff auf die Schwäbische Alb.

»Schatz?«

»Hm«, machte ich. Für mehr hatte ich keine Kraft mehr.

»Es tut mir wirklich leid. Ich wollte es einmal allein machen. Ich dachte, ich wäre so weit. Ich hätte dich einweihen sollen.«

Wärme breitete sich in mir aus. Hach, wie ich diesen Mann liebte!

»Säure«, sagte er. »Vielleicht sollten wir es mal mit Säure versuchen. Da gibt es keine Leichen mehr. Und vielleicht kann ich es dann allein versuchen, ohne dass einer von uns verhaftet wird.«

Darüber musste ich nachdenken. Auch wenn ich ihn unendlich liebte. Denn irgendwie war das doch mein Job, meine Kreativität. Hilfe war gut, Konkurrenz allerdings ...

Die Presse belagerte noch immer unser Haus. Das Haus, das einst Helmut Wengler gehört hatte. An diesem Tag war mir der Medienrummel egal. Ich konnte schon die Schlagzeile sehen: Autorin testet Tötungsmethoden.

Sollten sie! Mir egal.

Doch das Wengler-Haus ... War es wirklich noch unser Zuhause? Das bezweifelte ich. Und meine Familie ebenfalls.

Wenige Monate später zogen wir in die Anonymität der Stadt zurück. Die Baustellen waren eigentlich gar nicht so schlimm. Feinstaub, ach, völlig überbewertet, und wir fanden auch sofort einen Parkplatz.

Bei dem neuen Haus legten wir sehr viel Wert auf die Ausstattung und scheuten für die Schallisolierung des Kellers keine Kosten und Mühe. Der Installateur beriet uns ausführlich und schöpfte keinerlei Verdacht. In der Stadt war es heutzutage wohl nicht mehr ungewöhnlich, den kompletten Kellerboden mit HDPE auszulegen. High Density Polyetylen. Säurebeständig. Es war nichts Außergewöhnliches, eine große Wanne aus eben diesem Material aufzustellen. Mit einem Hund als Haustier. Hunde waren nun mal Dreckschleudern.

Das Leben in der Stadt hatte aber noch einen anderen Vorteil: Hier fiel es einfach nicht gleich auf, wenn ein Mensch verschwand.

RUTH EDELMANN-AMRHEIN

Der Hypochonder

Aichtal – Nürtingen

Mit triumphierendem Blick hörte Karl Schätzle die Haustür hinter sich ins Schloss fallen. Bereits jetzt, auf dem Weg zur Bushaltestelle, bebte er vor Freude, denn heute würde ihm der Beweis gelingen, ein kranker Mann zu sein. Danach würde er von seiner Frau Adelheid endlich ernst genommen werden. Wie hatte er gelitten in den vergangenen Wochen, seit er zum letzten Mal bei seinem Hausarzt gewesen war. Gerne nahm er die Fahrt mit dem Bus nach Nürtingen in Kauf. Dr. Vögeles Praxis war neuerdings mit den modernsten diagnostischen Geräten ausgestattet, was ihn sehr beruhigte, denn seine Leiden waren von vielfältiger Natur. Der Lärm, den die Nachbarn beim Rasenmähen verursachten, löste Migräneattacken bei ihm aus, ebenso das Geräusch, das Adelheid fabrizierte, wenn sie mit dem Staubsauger durch die Wohnung jagte.

»Jetzt stell dich ned so an!«, schimpfte sie, wenn er wieder einmal wimmernd auf dem Sofa lag und die Vorhänge zuzog. Lärm schadete ihm, Licht ebenfalls und Lärm bei Licht brachte ihn fast um den Verstand. Doch von Adelheid konnte er keinen Trost erwarten. Sie hatte kein Verständnis für ihn, selbst dann nicht, wenn sich sein Reizdarm meldete.

»Mit dir kann man ja nirgends hingehen!«, hatte sie erst kürzlich lautstark geäußert, als er bei Aldi an der Kasse angesichts der auf dem Band liegenden Naturalien einen ausgeprägten Krampf in sich aufkommen fühlte. Wie war ihm das peinlich gewesen, erst recht, nachdem sich eine attraktive junge Frau, die vor ihm stand, umgedreht und ihn besorgt angeblickt hatte.

Wenn er aufgrund der Hausstaubmilben seinen trockenen Hals bekam oder das Pfeifen in seinen Ohren unerträglich wurde, verließ Adelheid nur kopfschüttelnd das Zimmer. Ob er es wahrhaben wollte oder nicht, Adelheid war nicht einfühlsam, nein, gar nicht. Das bisschen Zucker, das sie hatte, war nichts im Vergleich zu seinen Leiden.

»Stell dich ned so an, des is schließlich kein Todesurteil«, hatte er zu ihr gesagt, als sie weinend von ihrem Arzt, einem niedergelassenen Internisten in Grötzingen, zurückgekommen war.

»Heutzutag ko mr des Insulin millilitergenau dosiera«, hatte er sie aufgemuntert. Sie war im Schlafzimmer verschwunden und hatte die Tür zugeknallt, was ihm sofort einen Migräneanfall beschert hatte.

Doch heute würde sie sich wundern. Er war krank! Er wusste es und Herr Dr. Vögele würde es herausfinden!

Mit geröteten Wangen und einem nicht zu übersehenden Glanz in den Augen betrat Karl die Praxis Dr. Rudolf Vögeles. Was war das? Es war erst halb acht am Morgen, trotzdem hatte sich schon eine beachtliche Schlange kranker Menschen vor der Anmeldung versammelt. Als Krönung, wie konnte es auch anders sein, mal wieder die alte Kächele. Karl wusste, das war Gift für seinen Blutdruck! Widerwillig stellte er sich hinter die alte Frau, die sich heute besonders schwer auf ihren schwarz lackierten Gehstock stützte.

Mit einem warmherzigen Lächeln fragte Sprechstundenhilfe Bärbel Frau Kächele, als diese nun an der Reihe war: »Hend Sie Ihr Kärdle dabei?«

»Was hend Sie gsagt?«, fragte sie unsicher und beugte sich mit dem Oberkörper weit über den Tresen.

»Ob Sie Ihr Kärdle dabei hend.«

»Warted Sie, i hab's glei.« Umständlich kramte Frau Kächele in ihrem Portemonnaie. Karl begann von einem

Bein auf das andere zu treten. Immerhin stand er nun bereits seit achteinhalb Minuten hier herum.

»Do, gugged Sie selber nach, die muass drbei sei.«

»Noi, des isch die Kard für die Peibäckpunkte beim de-em. Aber do, nebendran, zwischa Ihre Tembodaschadiacher, do schdeckts dren!«

Karl hüstelte, zunächst leise, dann lauter, dies wurde ignoriert. Schließlich machte er seinem Ärger Luft. »Saged Sie mol, gohts denn heut gar ned vorwärts? Ha des isch jo a Zumudung!« Nachdem er nun auch noch einen giftigen Blick von Bärbel geerntet hatte, empörte er sich weiter: »Ha, froga wird mr jo wohl no dürfa, öder? Es isch immer des Gleiche mit der alda Schachtl!«

Frau Kächeles Kopf fuhr herum. Ihre Blicke trafen sich. Karl fühlte einen aufkommenden Druck in der Magengegend, doch er wurde schnell abgelenkt, denn sein Blick fiel auf einen Herrn mittleren Alters, der mit einem Becher gelblich trüben Inhalts aus der Toilette trat.

»Ja om Hemmels Willa«, rief Bärbel an Karl vorbei dem Herrn entgegen. »Hend Sie denn des Kläpple im Klo ned gsää? Do kenned Sie Ihren Becher nei stella, dann nehmed mir des von der andra Seite aus raus!«

Verwirrt kehrte der Herr samt Becher um und verschwand in der Toilette.

Nun bellte Karl über den Tresen: »Jetzt mached Sie aber dalli, dalli! I ben an kranker Mann ond i will jetzt endlich auch dro komma!«

»Sie, Herr Schätzle, Sie nemmed jetzt erschd amol im Wartezimmer Platz!«, schnaubte Bärbel.

»Arms Mädle«, flüsterte Frau Kächele und tätschelte der Sprechstundenhilfe mitleidig den Oberarm.

»Wenn des mei Alder wär, na, den Seggl hedd i scho längschd vergiftet«, erwiderte Bärbel und Frau Kächele nickte zustimmend.

Im Reihenmittelhaus auf der Aichtaler Rudolfshöhe schmiedete Adelheid Schätzle weiter an ihrem Plan. Seit sie vor einigen Wochen im dritten Programm einen Bericht über ungeklärte Todesfälle gesehen hatte, war sie von der Idee besessen, Karl zu beseitigen. Man könne einen Menschen mit Insulin ins Jenseits befördern, sofern er kein Diabetiker sei, so hatten die Mediziner im Fernsehen berichtet. Sie hatte innerlich gejubelt, als sie das hörte. »Es isch immer älles für ebbes guat«, war der Lieblingsspruch ihrer verstorbenen Mutter gewesen. Wie recht sie hatte – zumindest in dem Fall. Sie, Adelheid, war zuckerkrank, doch diese Tatsache würde sie von Karl befreien. Dafür nahm sie ihren Diabetes gern in Kauf. Seit fast vierzig Jahren war sie nun schon mit diesem Jammerlappen der Extraklasse gesegnet.

»Nimm den, dann hoschd a gsichertes Eikomma«, hatte ihre Mutter ihr geraten und sie hatte ihren Rat befolgt. Karl war beim Einwohnermeldeamt, hatte also eine sichere Stelle, doch weiter als bis zum Verwalter des Sterberegisters hatte er es in all der Zeit nicht gebracht. Früher hatte er ja ganz gut ausgesehen mit seinen schwarzen Locken, an die heute nichts mehr erinnerte. Längst trug Karl polierte Platte, die er jedoch ab Oktober unter einer Wollmütze verbarg, aus Angst, sich seine Ohren zu erkälten. Seit wie vielen Jahren er sie schon mit seinen Krankheiten quälte, von denen er keine je besessen hatte, konnte sie nicht sagen. Viel zu lange auf jeden Fall und nun sollte er sein Leiden bekommen. Zunächst würde ihm schwindlig werden, taumelnd würde er durchs Wohnzimmer gehen, sich den großen Zeh am Fuß des Couchtisches anstoßen, mit dem Kopf gegen die Schrankwand schlagen. Mit seiner in solchen Momenten brüchigen Leidensstimme würde er Adelheid rufen. Sie würde es nicht hören. Unmittelbar darauf würde ein aufgebrachtes »Aaaaadelheid« folgen. Auch das würde sie nicht vernehmen. Wenn es stimmte, was die Ärzte im Fernsehen gesagt hatten, würde er dann zu schwitzen beginnen. Im Geiste sah sie bereits seine glitzernde Glatze und die feuchten Flecken unter seinen Achseln vor sich. Ganz sicher würde er zu zittern beginnen, röcheln würde er ebenfalls, denn zu dem Zeitpunkt würde er bereits auf den Boden gestürzt sein. Er würde sie anflehen, den Notarzt zu verständigen, und genau das würde sie nicht tun. Karl Schätzle, der Kotzbrocken, Karl, der sie und seine Umwelt seit Jahren schikanierte, dieser Karl würde heute sterben. Vermutlich, wenn sie es richtig anstellte, an einem plötzlichen Herzstillstand. Sie würde ihm dabei zusehen, geduldig, jedoch ohne seine Hand zu halten.

Plötzlich und unerwartet hat mich mein aufrichtig geliebter Mann Karl Schätzle verlassen. Wir hatten noch so viel Schönes gemeinsam vor. So würde sie in der Todesanzeige unter Dürers gefalteten Händen formulieren. Ein Blick zur Uhr riss Adelheid aus ihren Träumen. Es war kurz vor elf. Zur Stunde ging Karl den Menschen in Dr. Vögeles Praxis auf die Nerven. Sie jedoch würde sich nun daranmachen, ihm sein Lieblingsessen zuzubereiten.

»Milchreis, i koch dir einen Milchreis«, flüsterte Adelheid und lächelte schief. »Ond dann no a Birn mit Wanillsoß ond drüber viel Zimt. Arg siaß, wie du es mogschd, bloß, dass en derra Birn no ebbes anders dren isch.«

Andächtig legte Adelheid die Birne vor sich auf den Küchentisch, betrachtete sie mit Respekt, zog ihre Insulinspritze auf und stach hingebungsvoll in das hilflose Obst. Wie hatte Karl vor wenigen Tagen erst zu ihr gesagt: »Heutzutag ko mr doch des Insulin millilitergenau dosiera.«

Zur selben Zeit hatte sich Karl im Wartezimmer der Praxis von Dr. Vögele niedergelassen. Er liebte den Austausch mit den anderen Patienten, denn Karl wusste alles. Schließlich gab es kaum eine Krankheit, die er nicht kannte, ja, die er nicht selbst schon einmal durchlitten hatte. Genau genommen war sowieso keiner der hier Anwesenden so krank wie er. Dort drüben saß eine Mutter mit einem kleinen Kind.

»Was hot's denn, des Kloine?«, fragte Karl.

»Wie bitte? Ach, Sie meinen, was meinem Kind fehlt? Paula klagt seit gestern über Bauchschmerzen. Übergeben hat sie sich auch und nun ist noch Fieber hinzugekommen.«

»Oh, des kenn i au. Dees kenned bloß Salmonella sei. Send mir schon em Kendergaarda?«

Leicht irritiert blickte die junge Mutter auf Karl. In seiner grünen Breitcordhose und seinem rotweiß karierten Hemd erinnerte er an einen Mann aus einer bayrischen Käsewerbung.

»Ob Sie im Kindergarten sind, weiß ich nicht, Paula ist jedenfalls in der Kita in der Achalmstraße«, antwortete die Mutter spitz.

»Vielleicht hab i des au«, klagte Frau Kächele. »Deswäga ben i do. Mier fährts seid a baar Daag so em Bauch rom, ond dees, obwohl i gar nemme viel essa koh.«

»Oh, des koh ja bloß a Gallaschdoi sei!« Karl kam in Fahrt. »Des hon i au scho ghet. Aber wo i beim Doktor war, hot der gsagt, er kennd koin fenda. I hed bloß a Magaverstimmung oder zu viel Schnäpsla nonder kippt. Ha, do lach i, hon i dem gsagt. Wenn Sie mein Gallaschdoi ned fendet, no miaset Sie sich a nuis Ultraschallgerät zulega, Ihrs isch jo a recht alds Deng!«

Die Tür zum Wartezimmer öffnete sich. Der Herr von vorhin trat ein und nahm Platz. Offenbar hatte er nun seine Urinprobe abgegeben.

»Sie hends aber ned an de Niera, gell«, sagte Karl mitfühlend.

131

Der Herr errötete.

»Nein, ich fürchte, ich habe einen Harnwegsinfekt«, antwortete er befremdet.

»Noi, noi, noi! So wie Ihr Wässerle ausgsäa hot, hend Sies beschdimmt an der Broschdada, glaubed Sies mir. Ich wois, von was i schwätz.«

»Ach, meinen Sie?«, sagte der Herr leise. »Kennen Sie sich aus?«

»Ha, des kenned Sie annehma. Ich fress jo scho seit Jahren so an Haufa Kürbiskern. Na, do dädet dia Affa en dr Stuttgarter Wilhelma mindeschdens a Johr satt werda dovo!«

Wieder ging die Tür auf und herein trat eine übergewichtige, stark schwitzende Frau. Karl betrachtete sie mit Interesse. Offensichtlich litt sie unter Atemnot. Wie gut er das kannte!

»Soll i s Fenschder a bissle uffmacha?«, tastete er sich an sie heran.

Die Frau antwortete nicht.

»Mechded Sie vielleicht a Glas Wasser?«

»Jetzt lassed Sie endlich dia Frau zufrieda! Sähed Sie denn eigentlich ned, dass dia ihr Rua hon will ond sonschd nix?«

»Ha, ha, Frau Kächele, i darf Sie scho bitten, gell! Wer hod Sie denn ebbes gfrogt? Was misched Sie sich denn eigentlich ei? I werd doch der Dame no an Rat gäba dürfa, oder? Schließlich dädad Knoblauch, Weißdorn ond Mischdla hälfa bei so oiner Herzinsuffizienz, des wois i aus oigener Erfahrung!«

»Ha!« Frau Kächele stampfte mit ihrem schwarz lackierten Stock hart auf den Parkettboden des Wartezimmers.

»Kennen Sie eigentlich Molière?«, fragte sie und verfiel auf einmal ins Hochdeutsche.

»Moliär? Noi, worom, was soll des fier a Krankheit sei?«

»Das dachte ich mir, dass so ein ungehobelter Knopf wie Sie damit nichts anfangen kann! Molière war ein französischer Dichter. Er schrieb ein Theaterstück über einen Menschen wie Sie, über einen eingebildeten Kranken nämlich.«

Schlimmer hätte Frau Kächele Karl nicht treffen können. Schwankend erhob er sich von seinem Stuhl.

»Sie alda Kachl«, geiferte er und sprühte kleine Speichelbläschen in die Luft. »Ha, Sie hädd i am liebschda scho vor zehn Johr en meim Sterberegischder vermerkt. Ha, so ald derf mr doch gar ned ohgschdroft werda, wenn mr nemme wois, was mr duat ond was mr rausschwätzt.«

»Herr Schätzle bidde!«, rief es aus der Richtung, in der Dr. Vögeles Sprechzimmer lag. Aufrecht schritt Karl aus dem Wartezimmer. Herr Dr. Vögele begrüßte ihn freundlich mit Handschlag und bat ihn, Platz zu nehmen.

Karls Puls beschleunigte sich. Nun war sie gekommen, seine große Stunde. Noch blickte Dr. Vögele auf die zahlreichen Befunde, die vor ihm auf dem Schreibtisch ausgebreitet lagen. Gleich würde er ihn über die Schwere seiner Erkrankung informieren und dann, ja dann würde sich Adelheid wundern. Er würde es nicht mehr länger hinnehmen, dass die Nachbarn einen derart ohrenbetäubenden Lärm mit ihrem Rasenmäher veranstalteten. Er würde sofort die Polizei wegen Lärmbelästigung verständigen. Adelheid würde sich umstellen müssen, was die Ernährung betraf. Mit seinem Reizdarm würde er nicht mehr alles essen dürfen, ja möglicherweise lautete einer der Befunde sogar Laktoseintoleranz oder Glutenunverträglichkeit. Auch was seine Migräne betraf, würde er mit Adelheid andere Saiten aufziehen. Staubwischen und saugen würde er nur noch an Tagen gestatten, an denen er sich hundertprozentig wohlfühlte. Karl holte tief Luft, als Dr. Vögele ihm direkt in die Augen sah.

»Also«, hörte er den Arzt sagen, »Herr Schätzle, ich habe Ihnen eine erfreuliche Mitteilung zu machen.« Karl wurde übel. Wie aus weiter Ferne drang die Stimme Dr. Vögeles zu ihm durch. »Ihre Blutwerte sind bestens. Sie haben ebenso wenig eine Blutarmut, wie Sie einen Nierenstein, ein Gallenleiden oder ein Magengeschwür haben. Sogar Ihre Leberwerte sind in einem guten Bereich und das, obwohl Sie nicht gerne auf ihr Verdauungsschnäpsle verzichten, wie Sie mir selbst einmal gestanden haben. Selbst die Darmspiegelung von letzter Woche hat außer ein paar beachtlichen Hämorrhoiden nichts ergeben. Ich darf Ihnen also gratulieren. Für einen Menschen in Ihrem fortgeschrittenen Alter ist es gar keine Selbstverständlichkeit, so gesund zu sein.«

Dr. Vögele erhob sich und reichte Karl die Hand.

»Also auf Wiedersehen, Herr Schätzle, bis zum nächsten Mal und wenn Sie keine Beschwerden haben, reicht es, wenn Sie einmal jährlich unsere Praxis aufsuchen. Fünfzehn Mal muss es nun wirklich nicht sein.«

Karls Augen weiteten sich. Das konnte es ja jetzt nicht gewesen sein. So eine Unverschämtheit. Vielleicht sollte er sich doch einen anderen Arzt suchen, schließlich hatten sie in Aichtal vier. Wieso musste er auch unbedingt nach Nürtingen zu so einem ahnungslosen Quacksalber gehen?

Karl wurde blass, was Dr. Vögele nicht entging. Er fragte besorgt: »Herr Schätzle, ist Ihnen nicht gut?«

»Noi, noi, 's goht grad no«, brachte Karl barsch hervor, dann verließ er die Praxis.

Im Treppenhaus traf er auf Frau Kächele, die sich, auf der obersten Treppenstufe stehend, schwer auf ihren schwarz lackierten Stock stützte.

»Was mached Sie denn scho wieder do, Herrgottsack, als ob i heut ned scho gnuag gschdroft bin!«

»So a bleede Frog, was soll i do macha? Kenned Sie ned lesa? Uff der Aufzugstür steht defekt!«

»Selber defekt. Wieso denn des? Heute morga hot der doch no funktioniert ond jetzt isch der defekt? Ganged Sie mir aus dem Weg!« Wütend schubste er Frau Kächele zur Seite. Als er seinen Fuß auf die Treppenstufe setzte, schnellte von rechts ein schwarz lackierter Stock hervor. Karl stolperte über ihn. Er verlor das Gleichgewicht. Die Arme ausgestreckt, versuchte er nach dem Geländer zu fassen, doch seine Hände griffen ins Leere. Eine Luftpirouette drehend stürzte er polternd in die Tiefe. Bis zum zweiten Stockwerk hörte Frau Kächele ihn noch fluchen, danach herrschte Stille.

Auf Zehenspitzen begab sich Frau Kächele nach unten. Da lag Herr Schätzle seltsam verkrümmt auf dem Rücken. Seine Augen starrten sie ungläubig an. Um seinen Kopf herum hatte sich bereits ein tiefroter See gebildet. Frau Kächele nahm ihren Stock fester in die Hand und drückte die Spitze tief hinein in Karls Bauch, doch er reagierte nicht mehr.

»Des isch fier dui defekte, alde Schachtel, die nemme wois, was se sagt ond was se duat«, flüsterte Frau Kächele und grinste.

Dann holte sie tief Luft und öffnete den Mund.

Ein gellender Schrei zerriss die Stille im Treppenhaus.

In Aichtal auf der Rudolfshöhe wartete eine Birne in Vanillesauce vergeblich auf ihren Einsatz.

EPILOG

An einem Nachmittag zwei Wochen später hatte es sich Adelheid Schätzle auf dem bequemen kleinen Ledersofa in der Bäckerei Stückle in Aichtal gemütlich gemacht.

Karl war vor wenigen Tagen beigesetzt worden. Der unglückliche Sturz im Treppenhaus des Ärztehauses in Nürtingen war Stadtgespräch gewesen. Die arme Frau Kächele hatte beinahe einen Nervenzusammenbruch erlitten, als sie den toten Karl gefunden hatte. Wie gut, dass Dr. Vögele gleich vor Ort gewesen war. Niemand hätte je gedacht, dass Herrn Schätzle ein so plötzlicher Tod ereilen würde.

Heute wollte sie nun hier ungestört ihren Cappuccino und ihre Butterbrezel genießen.

»Dia mached die beschde Brezla ond die beschde Laugawegga zwischa Aich ond Amschderdam«, hatte Karl immer gesagt und recht hatte er!

Sie hatte gerade damit begonnen, in der Apotheken Umschau einen Artikel über Makuladegeneration zu lesen, da begannen zwei Damen, die sie nicht kannte, sich am Tresen aufgeregt zu unterhalten:

»Also den Sendungen im dritten Programm kann man heutzutage offensichtlich nicht mehr glauben!«

»Wieso, was wollen Sie damit sagen?«

»Na, haben Sie es denn nicht in der Nürtinger Zeitung gelesen? In Neckartenzlingen wurde eine Frau verhaftet, die versucht haben soll, ihren Mann zu vergiften. Die Frau ist Diabetikerin, ihr Mann jedoch nicht. Sie hat ihm ihr Insulin in die Suppe gespritzt, aber dem ist nur der Kreislauf zusammengebrochen, mehr ist nicht passiert. Er muss ein rechtes Ekelpaket gewesen sein, die haben sich immerzu gestritten. Die ganze Nachbarschaft wusste davon, darum ist ihr die Polizei auch so schnell auf die Schliche gekommen.«

»Und was hat das mit der Sendung im Dritten zu tun?«

»Ach, vergessen Sie's. Ich muss dann auch weiter. Schönen Nachmittag zusammen.«

Adelheid faltete die Apotheken Umschau zusammen.

»Fräulein Erika«, rief sie der Bäckersfrau zu.

»Was isch, Frau Schätzle? Darf's no ebbes sei?«

»Bitte bringed Sie mir noch einen Cappuccino. Noi, halt, bringed Sie mir einen Piccolo!«

Und leise fügte sie hinzu: »Auf dich, Karl Schätzle, es war halt doch für ebbes guat, dass du an dem Tag zum Dr. Vögele ganga bisch.«

Maribel Añibarro

Auf Messers Schneide

Stuttgart

Ich bin scharf, sehr scharf – und ich warte.

In gerade diesem Moment befinde ich mich im Schatten eines feudalen Hauseingangs und ziere die dritte von fünf steinernen ausgetretenen Treppenstufen, die zur doppelflügeligen Haustür führen. Die Hitze des Tages fließt durch meine Materie hindurch, bis sie auf den kühlen Stein trifft und in diesen hineinsickert. Eigentlich genieße ich die Spielchen meiner Materie, doch heute fühlt es sich an wie Regen ohne Wasser oder besser gesagt wie Fleisch ohne Blut. Mir ist langweilig und ich beschließe, auf mich aufmerksam zu machen.

Wie auf Bestellung bleibt eine junge Frau vor der Treppe stehen. Sie hat die herausgerissene Seite einer Zeitung in der Hand, deren Inhalt sie mit den Informationen am Hauseingang vergleicht. Mit einer geschickten Handbewegung rückt sie zunächst ihre dunkelblaue taillierte Jacke zurecht, um im Anschluss ihren engen Rock straff zu ziehen. Dabei entdeckt sie mich. Sie kann gar nicht anderes, denn ich blinke sie an. Aus ihrem staunenden Blick wird ein fragender, dann ein suchender. Sie sieht sich um, wendet sich erst nach rechts, dann nach links, zum Schluss fixiert sie wieder mich. Ja, ich bin noch immer da und niemand scheint Anspruch auf mich zu erheben.

Ein helles Lachen von der gegenüberliegenden Straßenseite konkurriert mit meinem verheißungsvollen und verführerischen Blinken. Sie wendet sich tatsächlich von mir ab, dreht sich um ihre eigene Achse und beobachtet die Kinder, die kreischend und lachend mit – primitiven – Holzschwertern bewaffnet aufeinander losgehen. Ich überlege, auch die Kinder anzublinken.

Aber meine auserkorene junge Frau lässt mir keine Gelegenheit dazu. Entschlossen hebt sie mich auf und steckt mich in das Außenfach ihrer Handtasche, in das ich nicht ganz hineinpasse, sodass ich zu meinem Wohlgefallen alles sehen kann, was sie sieht.

Und mir gefällt, was ich sehe, sobald uns die Wohnungstür im vierten Stock von innen geöffnet wird. Damit meine ich nicht den vor Schweiß triefenden Mann, sondern die Harmonie aus reflektiertem Sonnenlicht, das zwischen den hohen stuckverzierten Decken und den weißen Wänden hin und her pendelt und dem elastischen, uns willkommen heißenden Knarzen des Parkettbodens, als wir über die Schwelle ins Innere treten.

»Na, junge Frau, wo ist denn Ihr Mann?«

»Kern. Mein Name ist Judith Kern. Ich habe vor, hier allein einzuziehen. Wenn Sie so nett sind, mir die Wohnung zu zeigen, damit ich entscheiden kann, ob sie die richtige für mich ist.«

Durch das Leder der an ihren Körper gepressten Tasche spüre ich ihren davongaloppierenden Herzschlag, der nach Beistand ruft. Nun, ich bin hier. Ich bin bereit.

Der Triefmann schaut auf seine Uhr, öffnet nochmals die Wohnungstür, blickt in das Treppenhaus und schüttelt den Kopf. »Ich hätte eigentlich mit mehr Bewerbern gerechnet. Ich lass mal die Tür offen, für den Fall, dass noch jemand kommt.«

Wir folgen ihm von Zimmer zu Zimmer, wobei Judiths Herzschlag von Hilferuf auf Entzücken umschwenkt.

»Sehr schön«, sagt sie nach der Besichtigung des letzten Zimmers, »ich nehme die Wohnung. Wo muss ich unterschreiben?«

»Na, na, na, junge Frau. Jetzt mal nicht so eilig. Erst mal brauche ich von Ihnen …«

»Meinen Personalausweis, die SCHUFA-Auskunft, die Mietschuldenfreiheitsbescheinigung und meine letzten drei Gehaltsabrechnungen. Ich habe alles dabei. Und mein Name ist Kern. Frau Kern.«

Der Triefmann misst Judith mit seinen Blicken von oben nach unten und von unten nach oben. Er nimmt ihr die Unterlagen aus der Hand, fährt mit seinem Finger unter jeder Zeile der Papiere entlang, kratzt sich an der Kante seines – mit einem scharfen Messer gestutzten – kurzen Bartes und endlich, endlich kramt er in seiner Tasche und holt ein offiziell aussehendes Schriftstück heraus. Wir sind begeistert.

Sie ahnen, was kommt?

Genau. Judith setzt gerade den Stift zur Unterschrift an, da hören wir Schritte im Hausflur, mit der Folge, dass uns der Vertrag unter dem Stift weggezogen wird.

»Dieb!«, kreischt das Parkett mit jedem seiner unerlaubten Schritte auf. Das Gesicht des Eindringlings sagt: »Meins, alles meins!« Und das des Triefmanns: »Gott sei Dank!«

Unsere Anwesenheit wird pulverisiert, wir sind plötzlich weniger als Luft, ein an die Wand gedrücktes Nichts.

Die winzigen Stofffasern des Hemdes, das sich über dem Rücken des Schurken spannt, starren uns spitz aufgestellt an. Aus ihren Enden strömt uns der in Testosteron getränkte Sieg entgegen, während Judiths Protest davon abprallt und zu uns zurückgeschleudert wird.

»... Gehaltsabrechnungen«, gehört zu den ersten Worten, die ihren Weg durch den Wall unserer Ohnmacht finden. »Es ist eine wahre Freude, mit Ihnen ins Geschäft zu kommen.«

»Wie ärgerlich«, sagt der Dieb, »meine Sekretärin hat vergessen, sie mir zu den Unterlagen zu legen. Aber ich versichere Ihnen von Ehrenmann zu Ehrenmann, ich verdiene 8.500 Euro im Monat. Netto natürlich. Da ist eine Miete von 700 Euro selbstverständlich kein Problem.«

Was für ein lieblicher Duft nach Adrenalin weht zu uns herüber. Auch die gerade noch wie Soldaten strammstehenden Gewebefasern seines Hemdes welken vor sich hin wie vertrocknete Grashalme.

»Tja, das möchte ich Ihnen schon gern glauben. Nur, Sie wissen ja, wie das ist mit den Vorschriften. Ich kann meiner Chefin keinen Mietvertrag ohne die vollständigen Unterlagen vorlegen. Ich habe leider gleich eine weitere Besichtigung am anderen Ende der Stadt. Was halten Sie davon, wenn wir uns morgen zur gleichen Zeit hier treffen und Sie geben mir die Nachweise? Dann bringen wir alles unter Dach und Fach.«

Judiths Herz nimmt wieder Fahrt auf. Es klingt wie: Pfeif auf die verlorene Schlacht, auf in den Krieg! Sie tritt aus dem Schatten des Diebes, postiert sich von Angesicht zu Angesicht gegenüber den Schurken und sagt: »Meine Unterlagen sind vollständig. Sie können sich eine nochmalige Fahrt hierher sparen. Ich kann den Mietvertrag sofort unterschreiben.«

Doch ihre Worte werden unter der Abmachung der beiden Männer, sich morgen zur gleichen Zeit wieder hier einzufinden, begraben. Judith wirft noch einen Blick auf die Unterlagen des Diebes, wendet sich ab und verlässt unser einstiges neues Zuhause.

»Ich bin so ein verdammter Pechvogel«, jammert Judith in den Apparat, den sie sich ans Ohr hält. »Dabei sah alles nach einer Glückssträhne aus. Ich dachte, ich sehe nicht richtig. Da steht die Annonce für meine absolute Traumwohnung in der Rubrik *Suche* anstatt *Biete*. Das war meine Chance. Endlich mal keine Massenbesichtigung – ich war die Einzige. Aber dann musste dieser Typ kommen, in seinem Boss-Outfit, mit Chef-Gehabe, sogar zu blöd, seine astronomische Gehaltsabrechnung dabeizuhaben. Zwei Sekunden, dann hätte ich meine

Unterschrift auf dem Vertrag gehabt. Nur zwei Sekunden.«

Pause.

»Nein! Ich will keine andere. Ich will diese Wohnung. Du hast sie ja nicht gesehen, sie ist perfekt.«

Pause.

»Nein, sie treffen sich morgen noch mal in der Wohnung.«

Pause.

»Ja, daran habe ich auch schon gedacht. Nur wie wahrscheinlich ist es, dass der Typ morgen nicht kommt? Bei meiner Pechsträhne, die an mir klebt wie eine dicke Schicht Teer.«

Pause.

»Ja, okay«, sagt sie. »Danke. Bis später.«

Und mir kommt eine Idee.

Die Fahrt dauert ein wenig, da wir mehrmals umsteigen müssen. Endlich stehen wir vor einem Haus, das aussieht, als wären Würfel nach dem Zufallsprinzip aufeinandergesetzt worden. Wir schlängeln uns an einem grünen Auto vorbei, das zwischen zwei schmiedeeisernen Toren steht und auf dessen Vorderseite eine Raubkatze befestigt ist. Ich kann mein Glück kaum fassen, als uns tatsächlich der Dieb höchstpersönlich auf unser Klingeln die Tür öffnet.

»Ja?«, fragt er.

»Mein Name ist Judith Kern, wir waren vorhin bei …«

»Ich weiß, wer Sie sind. Was machen Sie hier?« Er streckt seinen Kopf zur Tür hinaus und sieht sich um.

»Ich möchte mit Ihnen über die Wohnung …«

»Kommen Sie rein, hier draußen ist es ja viel zu heiß. Woher haben Sie eigentlich meine Adresse? Ach so, die Unterlagen, na klar.«

Judith zögert, sie umklammert ihre Handtasche fester, schiebt sie wie einen schützenden Schild vor die Brust und bleibt mit ihren Fingern am Außenfach hängen. Das ist der Augenblick, an dem wir uns berühren. Wir treten ein.

Wieder ist da dieser Blick, der Judith von oben nach unten und von unten nach oben mustert. Nur Judiths Herz spricht Bände über ihre Wut, die sie versucht zu kaschieren, indem sie sich in der Eingangshalle umsieht.

»Sie brauchen die Wohnung doch gar nicht. Sie haben so ein riesiges Haus.« Mit einer ausladenden Geste unterstreicht Judith das Gesagte. Als ihre Hand auf die Tasche zurückfindet, ruht sie zu meinem unermesslichen Bedauern meilenweit von mir entfernt.

»Was ich brauche oder nicht brauche, das geht Sie wohl kaum etwas an. Suchen Sie sich eine andere Wohnung. Wenn ich sie haben will, dann bekomme ich sie auch. Und ich will diese Wohnung.«

»Aber warum denn? Sie passt gar nicht zu Ihnen. Sie leben hier inmitten von kaltem Marmor und sterilen Krankenhausmöbeln, was wollen Sie mit knarzendem Parkett und schiefen Wänden?«

Das Leder bietet Judiths feuchter Hand keinen Halt mehr, sodass die Finger nach und nach in die richtige Richtung rutschen: auf mich zu. Noch ein winziges Stückchen, und wir halten uns wieder in den Händen.

»Wie gesagt, es geht Sie nichts an, für *wen* die Wohnung ist. Suchen Sie sich eine andere.«

»Ach, die Wohnung ist also gar nicht für Sie? Oh, ich verstehe. Die Wohnung ist wohl für Ihre – Nichte? Ihre blutjunge, wunderschöne Nichte?«

Endlich. Sie hat mich in der Hand. Oder besser gesagt, ab jetzt habe ich sie in der Hand.

»Das reicht. Sie verlassen jetzt auf der Stelle mein Haus.«

»Weiß Ihre Frau von der Wohnung, die Sie extra für Ihre Nichte anmieten wollen?«

Plötzlich schnellen die Diebeshände wie zwei Raubvögel im Sturzflug auf Judiths Kehle zu. Aber ich bin schneller, habe deshalb jede Menge Zeit, kann sehen, wie sein Oberkörper sich zu uns hinabbeugt, wie seine Daumen sich strecken, in freudiger Erwartung, gleich in das knorpelige Gewebe von Judiths Luftröhre einzudringen, wie sein Gleichgewicht sich zu uns verlagert, wie er seinen Fehler erkennt, sobald er sieht, was Judith in der Hand hält. Das ist der Moment, in dem ich eine Entscheidung treffen muss. Eine kleine Kursänderung um wenige Grad, ein kleiner Schwenk nach unten, und der Dieb bekäme meine Schärfe nicht zu spüren, meine Klinge würde sein Fleisch nicht durchdringen. Dafür aber erhielte er unser neues Zuhause und wer weiß, was seine Hände anzurichten bereit sind mit Judiths Luftzufuhr. Keinen einzigen Grad gebe ich nach.

Es ist der Tag danach und wir sind bereit.

Wir stehen genau wie gestern vor der Wohnungstür im vierten Stock. Judith mit dunklen Augenringen, ich fein säuberlich geputzt in meiner angestammten Tasche. Dabei sah es die Nacht über nicht so aus, als hätte Judith mein rettendes Eingreifen in Dankbarkeit entgegengenommen. Selbst ihr erbittertster Feind hätte keine verheerenderen Tiraden über sie ergießen können, wie sie es in ihren nächtlichen Selbstgesprächen tat. Sogar mich bezog sie in ihre Vorwürfe mit ein, dabei handelte ich nur meiner Natur gemäß. Doch dann, der Morgen brach bereits an, der Weinvorrat war leer, wurden ihre Töne versöhnlicher, ihre Blicke weicher und ihr Verstand klarer. Sie dankte mir, wusch mich und steckte mich zur Belohnung in das Außenfach ihrer Handtasche.

»Sie?«, fragt der Triefmann und mir ist, als würden die Ausdünstungen seiner Schweißtropfen ihn umschwirren wie eine Wolke aus Eintagsfliegen.

»Ja, ich«, sagt Judith und schiebt sich durch den Türspalt. »Ist Herr ich-weiß-gar-nicht-wie-er-heißt schon da? Ich bin nämlich gekommen für den Fall der Fälle, dass er es sich anders überlegt haben sollte.«

»Lassen Sie es sich von mir gesagt sein, gute Frau, er wird schon noch kommen. Ganz bestimmt.«

»Sicher haben Sie nichts dagegen, wenn ich mir die Wohnung so lange noch mal in Ruhe ansehe.«

Er sieht uns mit einem Gesichtsausdruck hinterher, in dem die Lippen so schmal sind, als wären sie mit einer Klinge ins Gesicht geritzt worden, während wir, begleitet von wohlwollenden Lauten des Parketts, von Zimmer zu Zimmer gehen und diese mit unserem Hab und Gut imaginär bestücken.

»Tja, er scheint wohl nicht mehr zu kommen«, sagt Judith ein paar selige Minuten später zum Triefmann und hält ihm ihre Unterlagen hin. »Lassen Sie mich unterschreiben. Die Wohnung ist bei mir in guten Händen.«

Ein letztes Mal bäumt der Triefende sich auf, indem er auf seine Uhr sieht, den Kopf zur Wohnungstür dreht, kurz wartet, horcht, noch mal auf die Uhr sieht und erst dann unsere Unterlagen aus Judiths Händen entgegennimmt.

»Von mir aus. Ich habe heute schließlich auch noch was anderes zu tun.«

Endlich. Es ist getan. Der unterschriebene Mietvertrag steckt in unserer Tasche, der Schlüssel liegt eingebettet in Judiths Hand.

Alles könnte gut sein, wenn uns der Triefmann nicht einige Tage später an der Ecke vor unserem neuen Zuhause im Dunkeln auflauern würde.

»Na, junge Frau, so spät am Abend noch unterwegs?«, fragt er und stellt sich uns in den Weg.

An dieser Stelle muss ich Judiths Instinkt in höchstem Maße loben, denn ihre rechte Hand sucht zielstrebig nach mir und meinem Beistand.

»Wenn Sie mir bitte aus dem Weg gehen würden«, sagt sie in einem Tonfall, der so hart ist, dass er selbst Beton zum Zerbröseln brächte.

»Das geht leider nicht, Süße«, sagt er. »Ich möchte mir erst meine Belohnung abholen. Ich hatte nämlich Besuch von der Polizei. Sie haben mir ein Phantombild gezeigt und darauf habe ich dich erkannt. Aber keine Sorge, ich bin ein ganz Lieber, ich habe nichts gesagt. Noch nicht. Walter, hab ich mir gesagt, die Kleine wird dir sicher eine Gefälligkeit zugestehen. Ist doch so, oder?«

»Sie gehen mir jetzt sofort aus dem Weg«, sagt Judith und ich bin stolz auf ihren strengen Blick.

Da packt er sie, schlingt seinen Arm um ihre Taille, presst sich an sie, schiebt sein Gesicht ganz nah vor ihres, haucht ihr mit stinkendem Atem ins Ohr: »Sonst *was?*«

Wieder ist der Moment gekommen, in dem ich mich entscheiden muss. Eine Neigung um einige Grad oder nicht? Auch jetzt gebe ich keinen einzigen Grad nach.

Einen Tag später führt mich mein Schicksal abermals auf die Stufen eines Hauseingangs – diesmal abgelegt von Judith. Dort warte ich jetzt. Auf dich.

Spurlos verschwunden

Ostfildern

Er war weg. Spurlos verschwunden. Entführt, vielleicht sogar ins Ausland verschleppt? Waltraud hätte alles, wirklich alles dafür getan, ihn wieder an ihrer Seite zu haben. Sie fühlte sich so hilflos und einsam dazu. Drei Tage war es nun her! Drei Tage voller Verzweiflung, Wut und tiefer Trauer. Drei Tage ohne Rolf.

Bisher hatte sich der Entführer nicht bei ihr gemeldet. Dabei wollte der doch sicherlich ein Lösegeld. Vielleicht waren es auch gleich mehrere Verbrecher! Eine ganze Bande?

Natürlich war Waltraud nach Rolfs Verschwinden gleich zur Polizei gegangen. Sie wäre gerannt – aber das machte ihre Hüfte nicht mehr mit. Und ihr Gehstock war beim Rennen auch keine große Hilfe. Sie war nun mal nicht mehr die Flotteste.

Der Polizist war zwar sehr freundlich gewesen, hatte ihr jedoch mehrfach erklärt, dass Personen erst nach 24 Stunden als vermisst gemeldet werden können. Diese Zeit war noch nicht vergangen gewesen.

»Reget Sie sich ned uff. Vielleicht isch Ihr Rolf schon wieder dahoim!« Mit diesen Worten hatte er Waltraud beruhigen wollen.

»So an Granadadaggl!«, schimpfte Waltraud vor sich hin, während sie an die Worte des Beamten zurückdachte. Sie hätte ihm ja geglaubt, wenn er nicht vielleicht gesagt hätte. 24 Stunden! Da könnte Rolf schon überallhin verschleppt worden sein. Womöglich nach Australien.

Ihr Herz zog sich schmerzhaft zusammen. Auch wenn es ihr schwerfiel, raffte sie sich auf. Schließlich war Samstag und man durfte trotz allen Kummers die Pflichten nicht vernachlässigen. Was würden die Nachbarn denken, wenn sie ihre Kehrwoche nicht machte? Ihr Häusle und das Grundstück waren schließlich in all den Jahren immer sauber und ordentlich gewesen – und so würde das bleiben.

Kaum hatte sie den Besen in der Hand, kam Frau Stempfle vom Haus gegenüber zu ihr geeilt. Auch wenn sie gemeinsam mit Waltraud die letzte Alteingesessene in der ganzen Straße war und man deshalb zusammenhalten musste, konnte sie mehr als anstrengend sein. Natürlich hatte sie von Rolfs Verschwinden gehört und erkundigte sich nun, ob er denn wieder zurück sei.

Waltraud schnürte es sofort die Kehle zu. »Noi«, presste sie hervor. Frau Stempfle verzog den Mund zu einer Grimasse. Sie wollte wohl betroffen aussehen.

Blede Schachtel, dachte Waltraud. Trotzdem versuchte sie zu lächeln – wegen der guten Nachbarschaft.

»Des isch ja schrecklich!«, sagte die Stempfle. »Aber wissed se, Frau Maier, vielleicht hat Ihr Rolf oifach mal ebbes Neues braucht? A bissle Abwechslung.« Sie schaute dabei dermaßen scheinheilig, dass Waltraud ihr am liebsten eins mit dem Besen übergezogen hätte.

»Habet Sie denn scho a Suchanzeige g'macht?«, ergänzte nun Frau Stempfle ihre Dreistigkeit. »So a Plakätle, des ma im Ort uffhänga ka.«

Vielleicht war die Stempfle doch für etwas gut, überlegte Waltraud. Die Idee mit dem Vermisst-Zettel war nicht schlecht. Außerdem hatte sie das Foto ganz vergessen! Sie ließ die verdutzte Frau stehen und eilte ins Haus zurück. Sofort wählte sie Jürgens Nummer.

»Was ist los, Mutter?«, fragte dieser genervt, ohne sich mit Namen zu melden. Dabei hatte sie ihm als Kind beigebracht, wie man sich ordentlich am Telefon meldete.

»Jürgen, i brauch a Foto vom Rolf und zwar schnell. Du hasch vor Kurzem welche von uns beide gmacht. Des muaß i no dr Bolizei brenga.« Waltraud konnte gar nicht so schnell reden, wie ihre Gedanken es verlangten. »Und dätsch du Plakätle für mi macha? Die will i dann im ganze Flegga aufhänga. I däd des ja selber macha, aber ohne Computer sieht des doch unbrofessionell aus.«

Jürgen atmete hörbar aus.

»Was isch denn jetzt, Bub?«, fragte Waltraud ungeduldig nach.

Er antwortete nicht.

Sie plädierte an sein Gewissen: »Du könnsch doch deiner Mudder au amol en Gfalle do! Schließlich mach ich dir die ganze Wäsch!«

»Jaja, das ist auch toll, dass ich nicht waschen und bügeln muss, und ich bin dir dafür sehr dankbar, aber meinst du wirklich, dass ein Plakat etwas bringt?«

»I will älles brobiere und I vermiss den Rolf halt so arg.« Waltrauds Stimme versagte und die Tränen flossen.

»Also gut«, lenkte Jürgen ein, »morgen komme ich vorbei. Ich habe sowieso fast nichts Anziehbares mehr im Schrank.«

»Bisch halt mei Büble. Dank dir schee!«, schniefte Waltraud erleichtert und legte auf.

Mit einem Hoffnungsschimmer und neuen Kräften ausgestattet, ging Waltraud zurück zu ihrem Besen. Dieser lehnte noch am Garagentor. Ein Blick die Straße rauf und runter bestätigte, dass Frau Stempfle nicht mehr da war. Erleichtert machte sich Waltraud an die Arbeit und hatte Zeit, ihren Gedanken nachzuhängen.

Warum meinte es das Schicksal schon wieder so böse mit ihr? Im November vor acht Jahren hatte es zum ersten Mal zugeschlagen. Sie hatte ihren Horst nach 49 glücklichen, na ja, fast immer glücklichen Ehejahren verloren. Die goldene Hochzeit war ihnen nicht mehr vergönnt, dabei wollten sie richtig groß feiern.

»Mir Maiers send doch ned geizig«, betonte Horst und reservierte den Nebenraum im Vereinsheim. Den mit dem schönen Blick auf den Fußballplatz.

Lange Zeit dachte sie, nie mehr glücklich werden zu können. Am ersten einsamen Weihnachtsfest überlegte sie, eine Kontaktanzeige aufzugeben. Dummerweise fragte sie Jürgen, ob er ihr bei den Formalitäten helfen würde. Den Text hatte sie bereits formuliert: *Schwäbin im besten Alter sucht rüstigen Herrn +/- 70, für gemeinsame Unternehmungen. Auto erwünscht, keine blauen Augen.*

Als Waltraud die Anzeige ihrem Sohn vorlas, brach dieser in schallendes Gelächter aus.

»In deinem Alter? Was glaubst du, wer sich da melden wird? Nur Erbschleicher. Lass bloß die Finger davon! Warum eigentlich keine blauen Augen?«

»Weil mi die sonscht emmer an dein Vadder erinnern würden.« Sie versuchte nicht einmal, ihre Enttäuschung über Jürgens Reaktion zu verbergen. Aber das hätte sie sich sparen können – Jürgen bemerkte es überhaupt nicht. Die sowieso kaum vorhandene Weihnachtsstimmung war ganz dahin.

Beim Kehren der Treppe vor der Haustür musste Waltraud wieder an Rolf denken. Er mochte saubere, ebene Wege. Keine Treppen – die waren ihm zu mühsam. Knapp ein Jahr war es her, dass Rolf in ihr Leben getreten war. Kurz bevor Waltraud die Hoffnung aufgegeben hatte, durfte sie erfahren, dass es sie noch gab, die bedingungslose Liebe. Seit dem ersten Treffen waren sie unzertrennlich und Rolf war Hals über Kopf bei ihr eingezogen. Die Nachbarn, allen voran Frau Stempfle, zerrissen sich die Mäuler, aber sie konnte darüberstehen. Ja, sie stand vom ersten Tag an zu diesem Prachtexemplar. Die Stempfle, die alte Schachtel, war doch nur neidisch.

Die hatte nämlich keinen, der so hinter ihr stand, keinen, der an ihrer Seite den Alltag mit seinen Höhen und Tiefen bewältigte.

Waltraud musste an ihren zweiten Besuch bei der örtlichen Polizeidienststelle denken. Zum Glück war derselbe Beamte im Dienst gewesen und wusste sofort Bescheid.

»Die 24 Stunden sind jetzt vorbei. Wie lautet der Name des Vermissten?«

»Mayer, Rolf«, gab Waltraud Auskunft. »Mayer mit a-y, also fascht wie i. Mei Name isch Waltraud Maier, allerdings mit a-i. Des war ja von Anfang an so schee, dass mir de gleiche Nachname habet, also fascht.«

»Wohnhaft?«

»Ha, in dr Hauptstroß 26 – hier im Örtle.«

»Hat Ihr Lebensgefährte besondere Kennzeichen?«

»Dr Rolf isch a dunkler Typ, a bissle kaschdig, aber oifach schee.«

»Wo haben Sie ihn zuletzt gesehen?«, fragte der Polizist weiter.

»Des letschde Mol hab i ihn geschdern um zehne rum im Bus 131 Richtung Kemnat gsehe. Mir waren zsamme in Ruit beim Drogeriemarkt eikaufe und send dann miteinander eigstiega. Dr Rolf isch hinten im Eigangsbereich standa blieba, weil er des emmer so macht. Und i hab mi weiter nach vorne Richtung Fahrer nagesetzt. Als i an unserer Haltestelle mit dem Rolf aussteige wollte, da …«, Waltraud schossen bei der Erinnerung die Tränen in die Augen, »war er weg. Oifach spurlos verschwunde!«

»Haben Sie ein Foto von ihrem Partner mitgebracht?«, wollte der Beamte wissen, nachdem er alles notiert hatte.

»Ach du liebes Bissle. Des han i ganz vergesse. I han gar koi akduelles Bildle, aber mei Sohn, dr Jürgen, der hat mit seim moderne Handy welche von uns beide gmacht. Den muss i froga.«

Der Polizist meinte, sie solle baldmöglichst ein Foto nachreichen, und versprach ihr, sich umgehend bei ihr zu melden, wenn es Neuigkeiten gaebe.

Bis jetzt hatte er allerdings nicht angerufen und Rolf war auch nicht von allein zurückgekommen. Bestimmt war er irgendwo eingesperrt und konnte sich nicht befreien. Wenn sie nur wüsste, wo sie nach ihm suchen sollte.

Ohne es zu merken, war Waltraud mit der gesamten Kehrwoche fertig. Zufrieden mit ihrer Arbeit räumte sie Besen, Kehrwisch und Kudderschaufel auf, gönnte sich eine Tasse Kaffee und ein paar Kekse. Eigentlich könnte sie einen Kuchen machen. Sie hatte noch so viele Äpfel von ihrer Streuobstwiese im Keller und die Boskop waren hervorragend zum Backen geeignet. Jetzt, wo sie allein war, lohnte sich das jedoch nicht.

In der Nacht schlief Waltraud, wie bereits in den letzten beiden Nächten, sehr schlecht. Immer wieder schreckte sie hoch, tastete das Bett ab und fiel dann traurig in die Kissen zurück. Nein, da war keiner. Sie war allein. Erlösung brachten die ersten Sonnenstrahlen. Sie stand auf, ging ins Bad und richtete sich her. Für wen eigentlich? Es war sowieso keiner da. Aber vielleicht kam er heute zurück? Bei diesem Gedanken trug Waltraud ein bisschen mehr Creme auf und sprühte sich sogar ein wenig von dem edlen Parfüm an den Hals, das sie jedes Jahr von Jürgen zum Geburtstag bekam.

Gerade als sie in der Küche zu werkeln anfangen wollte, klingelte es an der Tür. Sofort schlug Waltraud das Herz bis zum Hals. Wenn das nun die Polizei war oder Rolf? Das ordentliche Anziehen hatte sich also gelohnt. Sie eilte, so schnell es die Hüfte zuließ, zur Haustür und riss sie auf. Jürgen stand vor ihr.

»Guten Morgen, Mutter!«

Ein wenig enttäuscht bat sie ihn in die Küche.

»'s Frühstück isch glei ferdig«, sagte Waltraud. »Ach, hosch du die Plakätle scho g'macht?«

»Ich habe es noch nicht geschafft«, entgegnete Jürgen. »Ich wollte nur kurz meine Wäsche holen. Und Frühstück hört sich gut an.«

Undankbarer Lump, dachte sie. Er kam zu sehr nach seinem Vater.

»Der Korb stoht in der Waschküch.«

Wortlos stand Jürgen auf, holte den Wäschekorb aus dem Keller und brachte ihn in sein Auto. Sprachlos starrte sie ihrem Sohn hinterher. Er hätte wenigstens Danke sagen können. Sie hatte sich solche Mühe gegeben, ihn gescheit zu erziehen. Da war wohl etwas schiefgegangen.

Kaffee! Den brauchte sie jetzt ganz dringend für ihre Nerven. Während der Kaffee durch die Maschine lief, deckte sie den Frühstückstisch.

»Du, ich habe noch eine Überraschung.« Jürgen stand plötzlich hinter ihr. Sie hatte ihn gar nicht zurückkommen hören. Wahrscheinlich war sie zu sehr mit ihren Gedanken beschäftigt gewesen. Sie schaute auf und ihr Herzschlag setzte aus. Das war doch nicht etwa … das konnte nicht sein …

»Ich habe ihn gefunden! Mir ist nämlich eingefallen, dass du bestimmt nicht im Fundbüro vom Bus in Esslingen angerufen hast. Und stell dir vor, dort war er die ganze Zeit!« Jürgen lächelte. »Dein Rolf.«

»Rolf«, flüsterte Waltraud unter Freudentränen. Stürmisch umarmte sie ihren Einkaufstrolley. Den Rolf von der Firma Mayer.

»Was isch denn bloß bassiert?« Sie sah Rolf genau an und suchte nach Macken, aber zum Glück hatte er keine abbekommen. Dafür war ein Zettel an der Tasche befestigt.

Liebe Besitzerin, am Donnerstag, 5. April bin ich gegen 10 Uhr mit dem Bus 131 Richtung Kemnat gefahren. Als

ich aussteigen wollte, half ich einer Dame beim Heraus-
tragen ihres Einkaufstrolleys. Erst nachdem der Bus ab-
gefahren war, stellten wir fest, dass dieser weder ihr noch
mir gehörte. Leider konnte ich keine Kennzeichnung fin-
den, wer der Eigentümer des Trolleys ist. Deshalb habe
ich ihn beim Fundbüro abgegeben. Ich hoffe, Sie bekom-
men ihn samt der Einkäufe zurück. Ich möchte mich in
aller Form bei Ihnen entschuldigen. Es wäre schön, wenn
Sie sich bei mir melden. Karl-Heinz Illi, Ruit, Telefon:
0711/ 41 72 93

Waltraud war überglücklich. Ihr Leben hatte wieder einen Sinn. Rolf war wieder da!

Waltraud schaute noch einmal auf den Zettel. Karl-
Heinz. Aus Ruit. Ein arg netter Kerle. Wie der sich um den
Rolf gekümmert hatte! Da konnten der Rolf und sie ja
mit dem Bus hinfahren. Um sich zu bedanken. Beim Karl-
Heinz.

DOROTHEA BÖHME

Ich habe den Kosmos gefragt und er mag dich nicht

Stuttgart

Glauben Sie an Horoskope? Daran, dass Ihr Sternzeichen Ihren Charakter verrät?

Also ich schon. Seit zwei Wochen.

Ich bin Waage.

Die Waage gilt als ausgeglichen, harmoniebedürftig und diplomatisch. Sie ist ausgesprochen friedfertig und charmant.

Da kann ich nur sagen: eindeutig. Sowas von friedfertig. Und charmant erst!

Die Waage weiß sich elegant und stilvoll zu kleiden.

Also bitte. Wie kann man nicht an Horoskope glauben?

Jeder darf sich glücklich schätzen, eine Waage zur Partnerin zu haben.

Ha. Sage ich. Ha!

Weshalb ich an Sternzeichen glaube? Und das seit zwei Wochen? Also, das kam so:

Ich bin die Traum-Zielgruppe für Lebensphilosophie-Verkäufer und Ratgeberliteratur. Ein bisschen orientierungslos, ein bisschen über 30 *hust*, ein bisschen Single und ziemlich leichtgläubig.

Angefangen hat es mit *Sauberzauber: Wie Sie in Ihrem Leben richtig aufräumen.* Die Buchhändlerin meines Vertrauens hat es mir aufgeschwatzt und eigentlich fand ich's auch ganz gut.

Sauberzauber, das klingt nach Magie.

Ich stelle mir vor, wie ich meinen Zauberstab schwinge und »Schmutz evapora« sage. Oder mit einem Schwert vor dem dreckigen Geschirr: »Es kann nur einen geben!«

Wie auch immer.

Ich war in der Schule schon eine Streberin und mein Lebensglück nehme ich mindestens so ernst wie den Zug von Erfurt, der mit 80 Stundenkilometern auf den Zug von Eisenach treffen wird.

Ich habe also aufgeräumt und weggeworfen. So richtig.

Jetzt hallt es etwas in meiner Wohnung.

Außerdem ist es ziemlich langweilig, nur rumzusitzen und an die Wand zu gucken.

Ich entscheide mich dazu, doch wieder etwas in die Wohnung zu stellen. Einen Mann vielleicht.

Ratgeberbücher zum Thema Liebe gibt es ja mehr als Männer selbst. *Wie finde ich den Mann fürs Leben* – an sich nicht schlecht, aber eigentlich reicht mir erstmal einer für die nächsten drei Wochen. Für immer, das ist ja doch ein bisschen Furcht einflößend.

Vielleicht sollte ich mir da mal einen Ratgeber zulegen.

Ich finde hilfreiche Tipps eines echten, zertifizierten Frauenzeitungs-Psychologen.

»Es muss nicht immer kribbeln beim Richtigen«, sagt er, und na gut, ich hab eh kein Bett mehr.

Weil gleich beim ersten Date mit Andreas wirklich rein gar nichts kribbelt bei mir, scheint er wohl der Richtige zu sein.

Anton – oder wie hieß er gleich? – zieht bei mir ein. So ganz glücklich bin ich allerdings immer noch nicht.

Liegt's an Anderson? Der Wohnung? Meinem Job? Ich gehe also zurück zur Buchhändlerin meines Vertrauens und frage sie nach einem Ratgeber für »nicht so richtig glücklich, aber auch jetzt kein konkretes Problem, weil Leben aufgeräumt und den richtigen Mann zumindest so für drei Wochen gefunden, aber brauche wohl Hilfe«.

Gibt's nicht. Sagt sie.

»Aber wie wäre es mit etwas kosmischer Unterstützung?«, fragt sie dann.

»Nee«, sag ich. Dem Universum habe ich meine Wünsche schon mitgeteilt. Ich wollte ein Haustier und bekam eine Ameisenstraße.

»Keine Wünsche«, sagt sie, »nur Lebenshilfe.«

Die kann ich gebrauchen.

Für An...atol nehme ich noch *Frauen verstehen – das große Handbuch* mit, dann begebe ich mich mit meinem neuen Kauf *Leben nach den Sternzeichen* in eine leere Zimmerecke.

Da erfahre ich das erste Mal, was für eine wundervolle Person so eine Waage ist. Hätt ich ja gar nicht gedacht.

Waagen haben übrigens auch einen ausgeprägten Sinn für Ästhetik, da hätten wir also schon mal einen Grund, weshalb Answald mich nicht glücklich macht.

Wie löse ich nun mein Problem?

Erstmal Horoskope lesen.

31. Januar 2018: Heute ist ein guter Tag, um aktiv zu werden. Sehen Sie Ihren Problemen ins Auge und packen Sie sie an. Sie werden sehen, wenn Sie die Wurzel allen Übels beseitigt haben, werden Sie sich glücklicher fühlen.

»Gehst du mal einkaufen?«, fragt die Wurzel allen Übels in diesem Augenblick und kratzt sich am Bauch. Anaklet trägt noch das T-Shirt und die Boxershorts von gestern. »Hol mir aber vorher noch die Chips aus der Küche.«

Hm.

»Beseitigen«, wie ist das jetzt gemeint?

Aber ich war ja schon in der Schule eine Streberin. Mit den Chips und dem großen Küchenmesser kehre ich zu Anastasius ins Schlafzimmer zurück.

Als ich eine halbe Stunde später den Fußboden schrubbe, fühle ich mich tatsächlich glücklich und auch wieder sehr friedfertig, wie es sich für eine Waage gehört.

Mmhh, denk ich. Mit den Horoskopen und mir, das könnte Zukunft haben. Zumindest mehr als das mit Anthimus und mir.

Ich muss ihn nur noch loswerden. Ungünstig, dass ich keine Teppiche mehr besitze.

Schließlich bekomme ich Ansfried in eine Ikea-Tasche, ja, ich muss ein wenig quetschen, aber es geht, und mache einen ausgedehnten Spaziergang im Wald. Am Bärenschlössle war ich ohnehin schon lange nicht mehr. Glücklicherweise ist das Wetter schlecht und nicht viel los, sodass mich niemand sieht.

Auf dem Rückweg tun mir die Arme weh, aber zum Glück muss ich da nur noch den Spaten tragen.

Jetzt, wo ich sozusagen Blut geleckt habe, frage ich mich, welche anderen Bereiche meines Lebens durch den Kosmos verbessert werden können?

Vielleicht gibt es ja berufliche Tipps.

3. Februar 2018: Scheint Ihnen der heutige Tag beschwerlich? Sie werden auf ein größeres Hindernis stoßen, das Sie mühsam aus dem Weg räumen müssen. Wenn Sie Ihre ganze Energie für Ihre Ziele einsetzen, bleibt jedoch auch der Erfolg nicht aus.

»Wir können für Deutsch als Fremdsprache kein höheres Honorar zahlen und Festanstellungen vergeben wir grundsätzlich nicht. Wenn Sie Geld verdienen wollen, hätten Sie was Vernünftiges studieren sollen.«

Da hat das größere Hindernis recht. Der Rat kommt allerdings ein paar Jahre zu spät.

Glücklicherweise ist er starker Raucher und muss jede Stunde auf den Balkon. Der Schubser über die Brüstung ist mühsam, aber der Erfolg bleibt tatsächlich nicht aus.

Die Bewerbung für seinen Posten lege ich der Chefin auf den Schreibtisch, die mich noch am Abend zurückruft. Sie mag die charmante und diplomatische Waage.

Das klappt ja wie am Schnürchen. Viel fehlt nicht mehr zu meinem Lebensglück.

7. Februar 2018: Die physische Anziehungskraft des anderen Geschlechts ist geweckt. Sie wollen und sollen sich des Lebens erfreuen. Die spontane, impulsive und gleichzeitig liebenswürdige Note, die heute Ihrem Wesen anhaftet, hilft Ihnen, den richtigen Partner fürs Leben zu finden.

»Entschuldigen Sie, dürfte ich mich vorstellen?«

Die Anziehungskraft des anderen Geschlechts entfaltet seine volle Wirkung in blauen Augen, dunklem Haar und breiten Schultern. Jetzt verstehe ich das mit dem ästhetischen Empfinden der Waage erst richtig.

»Aber immer«, hauche ich.

Der richtige Partner fürs Leben hat Lachfalten um den Mund und einen Dreitagebart. »Schmidt, Kriminalpolizei. Ich hätte da ein paar Fragen an Sie.«

Herrje, jetzt ist schnelles Handeln angesagt.

Zum Glück habe ich noch den Ratgeber *Lügen wie ein Profi* zu Hause stehen.

Für den Moment habe ich mich rausreden können. Ich überlege mir trotzdem, vorsichtshalber das Buch *Leben im Knast – ein Erfahrungsbericht* zu bestellen.

Als Erstes werde ich mich bei der Buchhändlerin meines Vertrauens beschweren. Weiß sie eigentlich, was ihr Ratschlag in meinem Leben angerichtet hat?

Aber bevor ich noch ein Wort über die Lippen bringen kann, schüttelt sie besorgt den Kopf und sagt: »Sie sehen gestresst aus. Ich hätte da was für Sie.«

Empört will ich jeglichen weiteren Vorschlag zurückweisen, aber dann lese ich den Titel und denke, vielleicht, ja, vielleicht kann das meine neue Lebensphilosophie werden: *Am Arsch vorbei geht auch ein Weg.*

MARTINA UHL

Weiße Lilien

Stuttgart

Als ich ihn mit seinem geschniegelten Trenchcoat und den spitzen Wildlederschuhen über den Waldfriedhof auf das Grab meiner Mutter zugehen sah, ahnte ich, dass es mit diesem Mann Ärger geben würde. Wie er den protzigen Strauß aus weißen Lilien direkt neben meinen Kranz legte. Mein Kranz aus rosafarbenen Nelken – das war dezent und das Billigste, was noch halbwegs gut aussah. Ein bisschen klein ist er vielleicht geraten, aber wenn der Fremde nicht den riesigen Strauß danebengelegt hätte, wäre es niemandem aufgefallen.

Doch das war ihm nicht genug. Er zupfte tatsächlich eine Lilie aus dem Strauß, warf sie mit ausladender Geste in das offene Grab und tat so, als würde er sich eine Träne aus dem Augenwinkel wischen. Zugegeben, bei ihm sah es verdammt realistisch aus. Realistischer als bei mir.

Nach der Beerdigung – den Leichenschmaus hatte ich mit der Begründung abgesagt, dass sich meine Mutter ein Begräbnis in Stille gewünscht hatte – fuhr ich mit der Seilbahn, der sogenannten Erbschleicherbahn, in die Stadt hinunter und bemühte mich, diesen eigenartigen Mann aus dem Gedächtnis zu verbannen.

Die Vorahnung wollte nicht verschwinden und am nächsten Tag klingelte es schon an der Tür.

»Entschuldigen Sie bitte, dass ich Sie störe«, sagte er mit einem scheinheiligen Lächeln. »Ich habe ein etwas ungewöhnliches Ansinnen. Darf ich reinkommen?«

Ich blieb an der Tür stehen, bewegte mich nicht einen Zentimeter. »Um was geht es denn?«, entgegnete ich schroff. »Ich habe nicht viel Zeit.«

»Nun, wenn es nicht anders geht, müssen wir es eben zwischen Tür und Angel besprechen. Ich bin Ihr Bruder. Genauer gesagt, Ihr älterer Halbbruder. Ihre Mutter war auch meine Mutter.«

Ich hätte gerne gelacht, aber ich konnte nicht. Jegliche Art der Entgegnung blieb mir im Hals stecken. Stattdessen schlug ich ihm die Tür vor der Nase zu. Hätte ich zumindest getan, wenn er nicht wohlweislich seinen Fuß in den Türrahmen gestellt hätte. Seinen ordentlich geputzten Wildlederschuhen ist das genauso schlecht bekommen wie seine Worte mir. Aber selbst wenn es geklappt hätte, ihn und die Welt auszuschließen, hätte ich das Gesagte nicht mehr ungesagt machen können. Die Worte standen zwischen mir und meinem Erbe und meiner Zukunft. Vielleicht war es doch besser, mir diese abstruse Geschichte erst einmal anzuhören.

Ich bat ihn widerwillig herein und nahm den Stapel Reiseprospekte für Kreuzfahrten, die ich vor der Beerdigung im Reisebüro geholt hatte, vom Sessel, damit er sich setzen konnte. Wenn es stimmte, was er mir da erzählte, war er der Sohn meiner Mutter, den sie ledig bekommen und, um ihre Chancen auf dem Heiratsmarkt nicht zu schmälern, gleich nach der Geburt weggegeben hatte. Damals ging das noch einfacher, ohne viel Papierkram.

Nie hatte mir meine Mutter von einem Bruder erzählt, dafür war sie es nicht leid geworden, mir zu predigen, wie wichtig es sei, auf seinen Ruf zu achten, um eine richtig gute Partie machen zu können. Wie stolz sie doch auf sich selbst war, dass sie respektabel geheiratet hatte. Liebe vergeht, Stückle besteht, war ihr Wahlspruch gewesen.

Auch meinen angeblichen Bruder schien das mit der Respektabilität, beziehungsweise deren Wert in barer

Münze, sehr zu interessieren. Zumindest ließ er den Blick prüfend über die antiken Möbelstücke meiner Mutter gleiten. Inzwischen meine Möbelstücke. Die Dollarzeichen waren ihm quasi ins Gesicht geschrieben. Allerdings hatte er sich gut im Griff und sprach von Familie und dass er so froh sei, nun eine Schwester zu haben.

Wieder hätte ich gerne gelacht, er gab mir allerdings keine Zeit dafür, sondern redete einfach weiter.

Er sei unendlich traurig, weil er sich nicht früher getraut habe, meine Mutter aufzusuchen, und nun sei es zu spät. Aber jetzt wolle er sich ganz und gar zu ihr bekennen und die Verwandtschaftsbeziehung anerkennen.

An dieser Stelle wurde es mir zu bunt. »Ein Erbschleicher, das sind Sie! Da könnte ja jeder kommen und mir die Geschichte vom Pferd erzählen! Gehen Sie schön dahin zurück, wo Sie herkommen, und lassen Sie mich in Ruhe! Ich habe keine Zeit für so einen Quatsch!« Mit diesen Worten schielte ich zu den Prospekten, die ich auf dem Fensterbrett zwischengeparkt hatte.

»Es macht mich sehr traurig, dass mir meine neu gefundene Schwester nicht glaubt.« Er sah wirklich betrübt aus. »Aber ich kann unseren Verwandtschaftsgrad beweisen.«

»Na, das möchte ich sehen«, schnaubte ich.

»Natürlich! Sehr gerne. Passt es Ihnen morgen Vormittag? Dann komme ich mit den entsprechenden Unterlagen wieder.«

Mit diesen Worten stand er auf, strich sorgfältig die Bügelfalten seiner Hose glatt und ging zur Tür. Er drehte sich noch einmal um. »Wir können morgen gleich beginnen zu überlegen, wie wir beim Aufteilen des Erbes unsere geschwisterliche Beziehung entwickeln wollen.«

Nachdem der Erbschleicher weg war, lief ich ziellos durch die Wohnung, räumte die Küche auf, trug Blumenvasen von einem Zimmer ins nächste und stoppte plötzlich vor den Reiseprospekten. Seit Jahren träumte ich von einer Weltreise auf dem Kreuzfahrtschiff. Endlich frei sein. Ich wollte einfach weg. Für mehrere Monate auf Reisen gehen, weiße Sandstrände in der Karibik, Sonnenuntergänge in Kapstadt und vieles mehr. Ich hatte mir etwas ganz Besonderes ausgesucht. Fünf Monate würde ich auf See sein. Zugegeben, teuer war es schon, aber ich hatte es mir wirklich mehr als verdient. Wer hatte die alte Schachtel jahrelang gepflegt? Wer hatte sich jeden Wunsch versagt und zu allem Ja und Amen gesagt? Wenn wieder mal jemand erwähnte, er bewundere mich, weil ich mich aufopferungsvoll um meine Mutter kümmerte, neigte ich nur bescheiden den Kopf. Es konnte ja keiner wissen, dass mir die sofortige Enterbung gedroht hätte, wenn ich die Pflege auch nur für ein paar Tage jemand anderem überlassen hätte. Meine Mutter sagte sowas nicht einfach nur, die zog das gnadenlos durch. Das wusste ich noch aus der Zeit, in der sie mich stundenlang in den Kohlenkeller eingeschlossen hatte oder mich auf Holzscheiten hatte knien lassen, bis ich zusammengebrochen war.

Jetzt sollte ich endlich die Belohnung für meine Leiden bekommen. Leisten konnte ich es mir nun wirklich. Außer der Villa mit den Mieteinnahmen aus der Erdgeschosswohnung besaß meine Mutter ein stattliches Vermögen, von dem sie zu Lebzeiten keinen Pfennig herausgerückt hatte. Ich hatte bis zum Schluss das Haushaltsgeld abrechnen und mich für jeden aus ihrer Sicht überflüssigen Cent rechtfertigen müssen. Jetzt war endlich Schluss mit der Knauserei, jetzt begann das wahre Leben.

Ich setzte mich in den Sessel, um den Reiseprospekt zum wiederholten Mal anzuschauen. Die Kreuzfahrt begann ganz unspektakulär in Hamburg und steigerte sich langsam über Madeira und die Karibik bis zur Südsee. Auf Australien und Japan freute ich mich unbeschreiblich. Mein verklärter Blick blieb am Couchtisch hängen. Hatte dieser Erbschleicher, mein angeblicher Bruder, doch tatsächlich die Frechheit besessen, mir seine Visitenkarte hinzulegen? Ein Doktor aus Hamburg war er also. Doktor im Ergaunern von Geld – das war er! Dem würde ich die Tür bestimmt nicht noch einmal öffnen. Mit einem verächtlichen Schnauben knüllte ich die Visitenkarte zusammen und wollte sie gerade in den Mülleimer werfen – natürlich ordentlich in den Papiermüll –, als mich ein leiser Zweifel ergriff. Wenn tatsächlich irgendwas dran war? Wenn die Beweise stichhaltig waren und er wirklich der Sohn meiner Mutter war? Dann, dann, dann … ich musste mir ans Herz fassen, weil ein stechender Schmerz mir plötzlich den Atem raubte. Dann hatte er vermutlich Anspruch auf die Hälfte des Erbes. Des Erbes, das ich mir im Schweiße meines Angesichts erarbeitet hatte. Für das ich gekämpft und mein eigenes Leben komplett zurückgestellt hatte. Für das ich mich von der bösartigen alten Krähe hatte demütigen und herumkommandieren lassen müssen. Was hatte er dafür getan? Nichts. Außer hier aufzutauchen und sich fett ins gemachte Nest zu setzen. Das ging gar nicht!

Um mich abzulenken, fing ich an, das Schlafzimmer meiner Mutter aufzuräumen. Besser gesagt, ich fing an, ihre Sachen in den Müll zu werfen. Der Gedanke ging mir nicht mehr aus dem Kopf. Wenn er wirklich mein Halbbruder war und Anspruch hatte auf einen Teil meines Erbes, hätte ich zwar noch ein Auskommen, aber ich könnte meine doch recht teuren Pläne von der halbjährigen Kreuzfahrt und meine anderen Reiseideen für die nächsten Jahre komplett vergessen. Das hieße

Oberstaufen statt Bora Bora und Pfronten statt der Malediven.

Vorsichtshalber und mit der leisen Hoffnung, mich zu beruhigen, zog ich mein neues Smartphone aus der Hosentasche, meine erste Anschaffung vom Geld meiner Mutter, und googelte das Erbrecht unehelicher Kinder. Wenn er offiziell von jemandem adoptiert worden wäre, wäre ich aus dem Schneider, dann hätte er keine Ansprüche. Wenn das nicht der Fall wäre, würde er wirklich die Hälfte ... Mir wurde ganz schlecht. Er würde die Hälfte des Erbes bekommen. Nicht genug, dass meine Mutter mich jahrelang mit der Aussicht auf das Erbe an dieses Haus und an sich selbst gekettet hatte, sie hatte auch kein Testament gemacht, was mir in so einem Fall zumindest den Großteil des Vermögens zugesichert hätte. Jetzt konnte ich nur hoffen, dass sich der windige Typ tatsächlich als Erbschleicher herausstellte und keine Beweise für seine Geschichte hatte.

Ablenken! Ich räumte das Nachtschränkchen meiner Mutter auf. Ihre Brille flog in den großen Müllsack, die Klatschzeitungen und das Gebiss hinterher. Dann der riesige Berg an Medikamenten. Manchmal hatte ich gedacht, sie ernähre sich nur von Pillen. Was sollte ich nur wegen des Erbes tun? Nachdenklich blickte ich auf die Schachtel in meiner Hand. Die Morphium-Tabletten. Der Arzt hatte mich ausdrücklich davor gewarnt, meiner Mutter zu viel davon zu geben. Sie landeten im Müllsack. Auf gar keinen Fall sollte ich sie mit den Schlafmitteln kombinieren. Tödlich! Hatte er gemeint! Wie ein elektrischer Schlag durchzuckte es mich und ich begann hektisch im Müllsack nach den gerade weggeworfenen Tabletten zu suchen.

Als am nächsten Nachmittag der Erbschleicher-Bruder wieder an meiner Türe klingelte, ließ ich ihn herein. Ich servierte ihm sogar ein paar Brezeln. Die hatte ich extra beim Bäcker in der Epplestrasse besorgt, der dafür bekannt war, dass er besonders viel Salz draufstreute. Er nahm sich gleich eine und biss gierig hinein.

Meine Hoffnung, dass sich seine Behauptungen als reine Luftnummer erweisen würden, erfüllte sich leider nicht. Er hatte tatsächlich das Original einer notariell beglaubigten Erklärung dabei, in der meine Mutter bestätigte, dass sie einen Sohn geboren habe und das Sorgerecht an die Tante des Kindsvaters abgebe, die keine Kinder bekommen konnte. Die Unterschrift auf dem Dokument sah zwar etwas ungelenker aus, als ich sie kannte, war aber ohne Zweifel die Unterschrift meiner Mutter. Da gab es nicht viel zu leugnen.

Er erzählte mir ausführlich die Geschichte, wie die Tante seines Vaters ihn aufgenommen habe, allerdings nicht offiziell habe adoptieren können, weil das aufgrund ihres fortgeschrittenen Alters nicht mehr möglich gewesen sei. Er selbst habe erst nach dem Tod der Tante dieses Dokument gefunden und seinen Vater nicht mehr fragen können, da dieser ebenfalls bereits verstorben gewesen sei.

»Umso schöner, dass ich jetzt so unterwartet eine Schwester bekommen habe.« Er lächelte mich fröhlich an. »Es geht nichts über eine Familie – auch wenn man sie erst spät im Leben kennenlernt. Ich habe mir überlegt, ob ich nicht eine Zeit lang ins Schwabenland ziehe. Das Haus unserer Mutter ist ja groß genug, es ist ausreichend Platz für uns beide. Wir könnten dann in Ruhe alles regeln und uns dabei näher kennenlernen.«

»Bevor wir ans Praktische denken, sollten wir erst einmal auf unsere Verwandtschaft anstoßen«, sagte ich und ging in die Küche, sehr bemüht, mir mein Zittern in den Beinen nicht anmerken zu lassen. Ich füllte die beiden Sektgläser, die ich für den Fall der Fälle bereitgestellt hatte, warf einen kurzen Blick auf den Reiseprospekt, der inzwischen auf dem Küchentisch lag, straffte die Schultern und ging zurück ins Wohnzimmer. Mühsam lächelnd überreichte ich dem Erbschleicher sein Glas.

»Kessler Jägergrün! Zu so einem Anlass braucht es halt etwas ganz Besonderes.« Mit diesen Worten stieß ich mit ihm an und beobachtete noch immer lächelnd, wie er gierig das Glas leertrank. Da sollte die Europäische Union sagen, was sie wollte – es ging doch nichts über salzige Brezeln, von denen man einen ordentlichen Durst bekam.

Schwitzend wischte ich mir die Hände an der geblümten Kittelschürze ab und beäugte skeptisch mein Werk. Das neue Blumenbeet hinter dem Haus. Weiße Lilien hatte ich gepflanzt. Ausgerechnet die waren im Sonderangebot gewesen. Vielleicht wäre etwas Langlebigeres besser gewesen, aber ich hatte mich schon geärgert, dass ich überhaupt Geld für eine Bepflanzung ausgeben musste. Das Billigste war gerade gut genug.

Ich verstaute Spaten und Hacke in der Gartenhütte und freute mich darauf, endlich meine Kreuzfahrt zu buchen. Rund um die Welt. Fünf Monate unterwegs und das Rückflugticket Open End. Cocktails und Palmen am weißen Strand, solange ich wollte. Jetzt bekam ich endlich meine Belohnung für das jahrelange Stillhalten und die Pflege der bösartigen alten Schachtel.

Auf dem Weg zurück ins Haus blieb ich kurz stehen, um mein Beet zu begutachten. Es sah sehr gediegen aus, genauso wie es sich für einen respektablen Garten gehörte.

Zurück in meiner Wohnung genehmigte ich mir auf die Anstrengung ein Gläschen Sekt, den Rest des Kessler Jägergrün – man sollte ja nichts verkommen lassen. Ich ließ mich auf dem Sofa nieder und nahm den Reieprospekt in die Hand, wollte noch einmal die Details durchlesen, bevor ich nachher einen Knopf dranmachen und endlich buchen würde. Als ich ein paar Minuten später geistig unter Palmen schwelgte, klingelte es an der Tür. Ich öffnete. Die Mieter aus dem Erdgeschoss fragten, ob sie kurz reinkommen könnten. Sie wollten etwas mit mir besprechen. Schon hatte ich wieder Besuch auf dem Sofa sitzen.

»Wir haben eine Bitte. Meine Schwester hat einen wunderhübschen Whirlpool übrig. Wir haben überlegt, ob wir ihn nicht hinten im Garten einbauen. Die Ecke am Zaun, wo niemand hinschauen kann, wäre ideal. Sie ist eigentlich auch die einzige Möglichkeit im Garten.«

Ich starrte die beiden an und dachte, ich hörte nicht recht. Aber bevor ich zu einer Erwiderung ansetzen konnte, redeten sie schon weiter.

»Jetzt haben Sie sich die Mühe gemacht, dort das schöne Lilienbeet anzulegen. Wir würden selbstverständlich das Beet genauso, wie es Ihnen gefällt, an eine andere Stelle verpflanzen und der Whirlpool würde Sie ganz bestimmt nicht stören.«

»In mein Lilienbeet kommt garantiert kein Whirlpool. Auf gar keinen Fall. Das können Sie vergessen.« Die beiden schauten ganz verwirrt, wahrscheinlich, weil sie nicht erwartet hatten, dass ich so barsch reagierte.

»Denken Sie einfach darüber nach. Vielleicht überlegen Sie es sich. Wir fragen in ein paar Tagen noch mal.«

Mit diesen Worten verließen sie meine Wohnung und ließen mich schnaubend zurück. Das kam mir gar nicht in die Tüte. Zum Glück hatte ich das den beiden unmissverständlich klar gemacht. Ich nahm mein Sektglas, nippte daran und widmete mich wieder meinem Reiseprospekt. Dann fiel mir ein, dass ich den beiden genauso unmissverständlich klargemacht hatte, dass sie die Wände in ihrer Wohnung nicht farbig streichen durften und das Auto nicht in der Einfahrt geparkt werden durfte. Die Wände waren jetzt kunterbunt und jedes Mal, wenn sie dachten, ich sei nicht da, stand das Auto mitten in der Einfahrt. Wenn ich sie zur Rede stellte, war nicht einmal der Hauch eines schlechten Gewissens erkennbar. Meine Vorfreude war dahin. Ich kippte den Sekt ins Spülbecken und warf den Prospekt wutentbrannt in die Ecke.

Zwei Monate später fuhr ich wie jede Woche mit der Erbschleicherbahn zum Waldfriedhof hinauf und stand am Grab meiner Mutter. Keiner sollte sagen können, dass ich mich nicht um das Grab kümmerte. Ich wickelte ein paar Blumen, inzwischen wieder Nelken, die Lilien im Garten waren alle verblüht, aus dem Einwickelpapier. Es war das letzte Blatt des Reiseprospektes. Ich ließ es einfach fallen und legte die Blumen auf das Grab. Eine Windböe riss das Papier vom Boden hoch und es flog davon. Ich sah ihm wehmütig nach. Wieder war ich nicht frei. Dieses Mal, weil ich das Lilienbeet bewachen musste. Damit nicht eines Tages ein Whirlpool dort stand. Ich seufzte. Sogar im Tod hatte es mir Mutter nicht gegönnt, frei zu sein.

BIRGIT ADAM

Hole-in-one

Bad Herrenalb

Der Golfplatz glitzerte im Tau des frühen Morgens. Ein Windhauch streifte über die silbrig glänzenden Grasspitzen, die sich sanft bewegten. Es war still, nur ein Graureiher schwang sich über das kleine Wäldchen und den Bach, der die erste Bahn eingrenzte. Vor dem Sand-Bunker tummelten sich ein paar Amseln im Gras und pickten nach den dicksten Würmern. Über diese schier unzerstörbare friedliche Idylle spannte sich ein Himmel tief, blau, weit und mit puffigen, flauschigen Wölkchen, die ich schon als Schulkind gerne beobachtet hatte. Bildeten sie zuerst fliehende Pferde, waren sie im nächsten Moment Einhörner oder gar Blumenvasen, Eierbecher, Kaffeetassen, Gesichter.

Genau in solch einem verträumten Augenblick war ich in Manfreds Arme gelaufen.

Ich war achtzehn, gerade mit der Lehre zur Haarstylistin fertig und er schon neunundvierzig und Automobilverkäufer. Seine Leidenschaft war das Golfspiel und er liebte es, andere zu belehren. Den Gefallen tat ich ihm. Mit großen Augen und offenem Mund klatschte ich Beifall, wenn er einen Ball abschlug. Ich nickte eifrig, wenn er mir die Etikette auf dem Platz erklärte. Am liebsten trug er zu braun karierten Bundfalthosen ein gelbes Polo-shirt, auch dazu nickte ich. So gekleidet und mit der protzenden Rolex am Handgelenk grüßte er überschwänglich die Nachbarn. Manfred zeigte mir die Welt. Er war überzeugt und überzeugte. Er fragte, ich sagte einfach Ja. Damals, vor zehn Jahren.

»Träumst du wieder von Einhörnern, Schätzchen?«

Manfred berührte meine Schulter, ich erschrak. Seine Hand glitt in meinen Nacken und streichelte sanft meine Haut.

Ich verzog meinen Mund zu einem Lächeln.

»Es ist unglaublich friedlich hier, so früh am Morgen und wenn noch niemand da ist. Sieh nur, dieser Postkartenhimmel oder der funkelnde Tau im Gras. Es gibt nichts Schöneres. Hier mit dir auf dem Golfplatz.«

Ich hatte ins Schwarze getroffen, Manfred platzte vor Stolz. Geradeso als hätte er persönlich die Landschaft gestaltet. Der Kuss auf meiner Nackenhaut war nass und klebrig. Ich seufzte, zog ein Seidentuch aus meiner Jackentasche und band es mir um. Es gab mir ein sauberes Gefühl und verhinderte die Wiederholung.

Manfred wandte sich zur Schlägertasche, wählte den größten Schläger und zog ihn heraus. Während er zum Abschlag ging, griff er in den Hosenbund und sortierte sein Gemächt. Nachdem er zufrieden war, zog er die Hand zurück und roch an seinen Fingern. Das machte er jedes Mal.

Er maß die Länge vom Ball zum Loch und die Windrichtung. Und schlug ab. Der Ball landete einen Meter vor dem Grün. Ein toller Schlag. Ja, er beherrschte, was er tat.

»Willst du auch mal, Püppchen?«

Ich stolperte auf dem Abschlagplatz in seine Arme und machte: »Huch.« Ich wusste, das mochte er. Er knabberte an meinem Ohr und flüsterte widerliche Anspielungen. Er war schon immer der Meinung, es gefalle mir. Manfred stellte sich hinter mich, umfasste meine Arme, nahm meine Hände und zeigte mir zum wiederholten Male den korrekten Schlägergriff. Es folgte ein Vortrag zur Lage der Nation. Als er damit fertig war, schaute er mir mit kritischen Augen zu, wie ich abschlug. Ich traf den Ball sauber, er flog lang und gerade Richtung Grün, landete einen Meter hinter seinem Ball. Manfred zog die Augenbrauen nach oben, würdigte mich aber keines Blickes, sondern warf sein Golfbag über die Schulter und lief Richtung Ball davon.

Ich packte meine Schläger in aller Ruhe ein und folgte ihm.

Manfred war schon dabei, die Länge zum Loch zu berechnen, taxieren, justieren, als ich eintraf.

»Ein annehmbarer Schlag war das, Moppelchen«, lobte er und schlug mir auf den Hintern wie auf einen Pferdearsch. Ich flog einige Schritte nach vorn, die Stelle brannte unter dem Hosenstoff. Ich lächelte ihn mit Wimperngeklimpere an und raunzte zuckersüß: »Nur ein Glückstreffer. Ich lerne noch. Bei dem Besten.« Hahaha, dachte ich, ihm ist jede Bestätigung recht. Auch eine gelogene.

Den zweiten Schlag setzte ich aufs Grün, fünf Meter neben das Loch. Manfreds Schlag war besser. Er gewann das Loch – natürlich – und eilte bereits zur nächsten Bahn.

Ich blickte zum Himmel und verweilte bei den Wölkchen. Sie formierten sich zu Engeln, Armeen von Engeln, und stoben wieder auseinander. Es war ein herrliches Schauspiel, anmutig wie ein Tanz. Ich erinnerte mich an Marc und unseren gemeinsamen Tanz beim Präsidentenball. Wie Bronze hatte seine Haut in der spärlichen Beleuchtung des separaten Tanzraums geschimmert. Seine warmen, braunen Augen hatten in mein Innerstes geblickt, meine Seele erkannt. Er hatte mich vor dem Ertrinken in Wertlosigkeit gerettet.

»Du träumst wieder«, sagte Manfred. »Komm endlich, du bist langsam wie eine alte Tucke. Entsetzlich.« Ich dackelte hinter ihm her.

Er hatte bereits abgeschlagen. Der Ball landete präzise auf dem Grün. Nun musste er warten, bis ich fertig war.

Sonst würde er Gefahr laufen, durch meinen Ball getroffen zu werden. Ungeduldig trat er von einem Bein auf das andere und stieß einen genervten Seufzer aus.

Ich ging mit Ball und Schläger zum Abschlag und er kramte in seinem Bag. Ich bückte mich und presste das Holztee, die Erhöhung für den Ball, in die Erde. Als ich zu Manfred aufsah, stocherte er mit einem ausgefransten Zahnstocher in seinen Zähnen herum und spuckte gelblich-weiße Bröckchen auf die Grashalme. Dann wedelte er ungeduldig mit der Hand. Ob ich den richtigen Griff bereits vergessen hätte. Die Beine stünden bitte schön parallel zu den Schultern, so müsse es sein und nicht anders. Ob ich es überhaupt noch lernen würde oder zu dämlich dafür sei, wollte er wissen.

Mein Schlag war erneut sauber, lang und präzise. Der Ball landete einige Zentimeter neben dem von Manfred auf dem Grün. Diesmal nickte er, bevor er sein Bag aufnahm und sich zum Grün aufmachte.

Als wir nebeneinander vor den Bällen standen, schubste er mich barsch zur Seite. »Schwing mal deinen fetten Hintern zur Seite, Mädchen. Damit ich zum Sieg einputten kann.«

Sein Schweißgeruch stach mir in die Nase, sauer und muffig. Die Nässe bildete unter seinen Achseln große Ringe. Ich beobachtete eine Schweißperle hinter seinem rechten Ohrläppchen, die sich auf den Weg über den Hals bis zum Hemdkragen machte. Sie verschwand darunter. Ich konnte sie nicht mehr sehen. Aber ihr Ziel kannte ich: der ausgefranste, dunkle Fleck, den schon andere Tropfen gebildet hatten, der aussah wie das Einschussloch einer Pistolenkugel. Oder die schwarze Mitte einer Zielscheibe.

Manfred wedelte mit dem Handschuh vor meinen Augen herum und winkte mich hinter sich her – er war schon auf dem Weg zum nächsten Loch. Er hatte erneut gewonnen, ich hob meinen Ball einfach auf.

Zum nächsten Abschlag führte ein lang gezogener, geschotterter Pfad, ich träumte mich in Marcs Arme zurück.

Du bist eine schöne und einfühlsame Frau, hatte er mir ins Ohr geflüstert, dort auf der Tanzfläche. Wir hatten uns langsam und aneinandergeschmiegt zu einem Lied von Julio Iglesias gewiegt. Dein Herz ist voller Güte und Wärme, hatte er gesagt und zärtlich über meinen Rücken gestrichen. Ich hatte mich unsterblich und wie eine Königin gefühlt.

Wieder hatte Manfred abgeschlagen und wartete zusehends ungeduldiger auf mich. Er lief neben dem Abschlag auf und ab wie ein Zinnsoldat und die Zornesfalte auf der Stirn war so tief wie der St.-Andreas-Graben. »Du Trampel, geht es nicht schneller?«

Gleiches Procedere wie zuvor: Vortrag angehört, abgeschlagen, genickt und davongelaufen.

Ich blieb stehen. Etwas in mir zerbrach in tausend kleine Stücke.

Ich wartete auf dem Abschlagplatz, bis er die Mitte des Fairways erreichte, drückte einen Tee ins Gras und legte einen Ball darauf. Ich hatte es satt. Genug Belehrungen und genug karierte Hosen. Es wurde auf einmal seltsam still, nicht ein einziger Vogel zwitscherte mehr. Meine Augen fokussierten das schwarze Loch auf Manfreds Rücken. Automatisch umfassten meine Hände den Schläger, ich nahm Maß und schwang das Eisen über die Schulter. Und zog durch. Der Ball flog – sauber, lang und präzise. Er traf. Mitten ins Schwarze.

Manfred stoppte, machte eine halbe Drehung in meine Richtung, schaute mich mit großen überraschten Augen an und japste nach Luft. Er fiel um wie eine tote Fliege, gegen den einzigen Baum, der auf der Par-4-Bahn stand. Er blieb an den Stamm gelehnt sitzen.

Ich betrachtete den dicken, alten, schweißnassen Mann am Baum in braun karierten, hässlichen Bundfaltenhosen und dem popelgelben Hemd. Ein Speichelfaden tropfte aus dem offenen Mund und gesellte sich zu dem stinkenden Schweißsee auf dem Hemd. Ich hörte, dass er etwas murmelte. Es klang so ähnlich wie: »Du dusselige Kuh.«

Ich wusste es, auf Manfred war Verlass. Einen Besseren ertrug er nicht. Schon gar nicht mich. Ich war gut geworden – hatte vom Besten gelernt.

Schau mal, Liebster, die Kür. Ich nahm Maß.

Der Ball traf sein Ziel. Das linke Auge von Manfred. Ein Hole-in-one, welch eine Freude. Das hatte ich noch nie geschafft. Besser hätte es nicht laufen können, meine Zeit war gekommen.

BIANCA HEIDELBERG

Eintagsfliegen

Karlsruhe

Ich dachte immer, der erste Auftrag sei der schwerste. Aber das stimmt nicht. Es ist der letzte Auftrag, an dem man zerbricht.

Der erste Auftrag

Alles begann vor einem Jahr mit einem Überraschungsbesuch meines Bruders. Er kam sonst nie vorbei, ohne dass wir verabredet waren.

»Frank! Komm doch rein.« Ich hielt ihm die Tür auf und wir gingen in die Küche. Sobald wir am Tisch saßen, sah ich ihn erwartungsvoll an.

»Ist Sarah zu Hause?«, fragte er und blickte sich um.

»Nein, sie ist bei Isabelle«, erwiderte ich. Sie war jeden Mittwoch dort. Frank wusste das.

Er nickte. »Kann ich einen Kaffee haben?«

»Natürlich.« Ich stand auf und kochte Kaffee für uns beide. Die Maschine gab ein brodelndes Geräusch von sich, während Frank schweigend dasaß und sich umschaute, als hätte er meine Küche noch nie zuvor gesehen. Ich stellte zwei Tassen auf den Tisch und setzte mich wieder hin.

»Also, was ist los?«

»Ich, äh, wie geht es euch, dir und Sarah?«, fragte er.

»Wie es uns geht? Gut. Ja, es geht uns gut.«

»Und finanziell?«

Ich seufzte. »Wir kommen über die Runden.« Mit der Hand fuhr ich mir über die Augen. »Mit einer Teilzeitstelle wird man nicht unbedingt reich.«

Frank nickte und knetete seine Hände. »Ich dachte nur, du hast vielleicht einen guten Puffer vom Erbe unserer Eltern«, murmelte er.

Ich sah ihn scharf an. »Das meiste ist dafür draufgegangen, dich auszuzahlen, damit Sarah und ich die Doppelhaushälfte bekommen. Und der Rest ...« Ich machte eine wegwerfende Handbewegung. »Du weißt ja, dass Thomas seit der Scheidung einen auf Hartz-IV macht. Von dem sehe ich keinen Cent. Ich muss alles allein bezahlen. Erst den Kindergarten, jetzt die Schule, Klamotten und so weiter. Was ich mit meiner Teilzeitstelle verdiene, reicht gerade für den Monat. Und wie du weißt, ist letztes Jahr mein Auto kaputtgegangen und ich brauchte ein neues.« Ich trank einen Schluck von meinem Kaffee. Als meine Eltern starben und Frank mir angeboten hatte, ihn auszubezahlen, war ich froh darüber gewesen. Mein Anteil am Barvermögen meiner Eltern reichte für seine Hälfte am Haus und ich musste mir keine Gedanken mehr darüber machen, wie ich die Miete bezahlen sollte. Zu Lebzeiten hatten mich meine Eltern unterstützt, wenn es nötig war, doch durch ihren plötzlichen Tod wurde mir diese Hilfe entzogen. Der Autounfall hatte alles verändert.

Frank schluckte. Ich sah seinen Adamsapfel hüpfen. Er fuhr sich mit den Händen durch die Haare, sodass sie wild abstanden.

»Katharina, ich ... Ich habe Mist gebaut!«

Mein Herzschlag beschleunigte sich, aber ich zwang mich, ruhig zu bleiben. In unserer kleinen Familie war ich der Fels in der Brandung – ich musste es sein. Ich streckte meine Hände aus und er legte seine hinein. »Erzähl es mir«, sagte ich aufmunternd. »So schlimm kann es doch nicht sein.«

Eine Weile schaute er wieder ziellos durch die Küche, dann holte er tief Luft. »Also gut. Seit Mama und Papa gestorben sind, gehe ich ab und zu in Spielcasinos. Das hat mich abgelenkt.«

Vor meinem inneren Auge sah ich ihn einsam am Spieltisch sitzen. Ich streichelte über seine Hand. »Es tut mir leid, Frank«, sagte ich. »Ich war zu sehr mit Sarah beschäftigt und damit, die Beerdigung und alles andere zu organisieren.«

Frank schüttelte den Kopf. »Ich mache dir keinen Vorwurf. Du hast dich um alles gekümmert. Wie immer.« Er seufzte. »Du warst die Erwachsene und ich der kleine dumme Bruder. Ich habe mich so nutzlos gefühlt.«

Meine Augen füllten sich mit Tränen. Ich hatte gedacht, es wäre leichter für ihn, wenn ich die Formalitäten regelte. Ich war fünf Jahre älter. Ich war auf ewig die große Schwester. Ich hatte mich verantwortlich gefühlt, ihm jede Sorge abnehmen wollen. Dabei hatte ich selbst mehr als genug zu tragen gehabt. Nach dem Tod meiner Eltern war ich fast unter der Belastung zerbrochen, beinahe in die Sucht abgerutscht. Seitdem gab es in meinem Haushalt keinen Alkohol mehr.

»Manchmal habe ich gewonnen«, fuhr er fort, »aber häufiger habe ich verloren. Es hat mich gepackt, ich konnte nicht damit aufhören. Katharina, ich habe mein gesamtes Geld verspielt, das ganze Erbe.«

Ich keuchte. »Alles? Frank, das waren ...«

»Ich weiß«, sagte er und sah auf unsere Hände hinab. »Es ist alles weg, schon lange. Ich hatte immer noch dieses Verlangen zu spielen, es wurde größer und größer. Ich lieh mir Geld. Erst von Freunden und Bekannten, aber bald gab es niemanden mehr, bei dem ich keine Schulden hatte. Dann habe ich Geld von den falschen Leuten geliehen.« Er stockte. »Gestern waren sie bei mir. Sie hatten Pistolen. Ich hatte solche Angst.« Er sah mich an, bettelte mit seinen Augen um Verständnis.

Mir wurde schwindelig. Meine Hände zitterten ebenso sehr wie seine.

»Ich habe dich als Bürgen angegeben«, flüsterte er und senkte seinen Blick.

Ich erstarrte. Meine Hand ließ die seine los. »Du hast was?«

»Sie kommen morgen hierher. Es tut mir leid!«

Ich starrte ihn minutenlang an. Kein Wort kam über meine Lippen. Den Blick hielt er gesenkt. »Sarah sollte morgen nicht hier sein«, sagte er, stand auf und ging.

Sobald er weg war, nahm ich das Telefon und rief Isabelles Mutter an, um eine Verabredung für meine Tochter auszumachen.

Am nächsten Tag stand ich am Küchenfenster und wartete. Ein schwarzes Auto mit ausländischem Kennzeichen fuhr vor und eine schlanke, attraktive Frau mit schwarzem Bob stieg aus. Begleitet von zwei breitschultrigen Männern kam sie auf das Haus zu. Ich atmete einmal tief durch und eilte zur Tür. Bevor sie klingeln konnte, öffnete ich und die Frau stolzierte zielstrebig an mir vorbei. Die Männer blieben rauchend vor dem Eingang stehen. Als ich ins Wohnzimmer kam, betrachtete die Frau die Bilder von Sarah, die an der Wand hingen. Schlagartig wurde mir heiß.

»Ich mag alleinerziehende Mütter.« Sie sprach mit russischem Akzent. »Sie haben gelernt zu priorisieren. Sie müssen skrupellos sein.« Sie drehte sich um und sah mir direkt in die Augen. »Ich weiß, dass du die Schulden deines Bruders nicht bezahlen kannst. Doch du hast andere Qualitäten. Du kannst sie abarbeiten.«

Vor Schreck verschluckte ich mich und hustete. »Ich glaube nicht, dass ich für Ihr Etablissement geeignet bin.«

Sie warf den Kopf in den Nacken und lachte, dann musterte sie mich von oben bis unten. »Ich gebe zu, du siehst gut aus für dein Alter. Allerdings wollen meine Männer Mädchen, keine gestandenen Frauen.« Sie streckte mir etwas entgegen.

Zögerlich griff ich danach. Es war das Foto eines Mannes in den Vierzigern. Blondes, leicht schütteres Haar, wässrig-blaue Augen, Schnurrbart. Ich runzelte die Stirn und sah die Russin fragend an.

»Dein erster Auftrag«, sagte sie in einem Tonfall, als redete sie über das Wetter.

»Aber ... ich ...«

Sie blickte mich mit hochgezogener Augenbraue an. »Falls es dich beruhigt: Er hat gestreckte Ware an eins meiner Mädchen verkauft. Es ist tot.« Sie stolzierte zur Haustür. Ich folgte ihr wie hypnotisiert. »Von Andrej erhältst du die wichtigsten Informationen und deine Ausrüstung«, sagte sie im Hinausgehen. Sie nickte ihren Männern zu, worauf einer von ihnen seine Zigarette austrat und mit einem Koffer in der Hand in meine Wohnung spazierte.

Ich saß in schwarzer Spitzenunterwäsche auf dem Bett und beobachtete, wie er sich aus seiner zu engen Hose schälte. Das Hemd spannte über seinem Bauch. Als er seine Krawatte lockerte, sprang ich auf, stellte mich vor ihn und begann, sein Hemd aufzuknöpfen. Meine Hände strichen über seine behaarte Brust und zogen den Hemdkragen unter der Krawatte hervor.

»Lass sie an«, sagte ich mit heiserer Stimme. Er blickte gierig auf meine Brüste. Sein Atem beschleunigte sich und er krallte seine Finger in meinen Hintern. Ich widerstand dem Impuls, ihm eine zu scheuern.

»Komm mit!« Ich zog ihn an der Krawatte hinter mir her zum Bett und drückte ihn an den Schultern hinunter. Wie eine Katze bewegte ich mich über das Bett, bis ich hinter ihm saß. Dabei ließ ich meine Hand über seinen Schritt gleiten. Unter der weißen Feinripp-Unterhose spürte ich seine Erektion. Die Krawatte hing in seinem Schoß und kitzelte meine Hand. Ich drehte sie um, sodass sie auf seinem Rücken herabhing, und massierte ihn. Er schnaufte jetzt wie eine Dampflok kurz vor dem Exitus. Meine Hände glitten an seinem dicken Bauch entlang nach oben, streiften Brust und Schultern. Ich ergriff die Krawatte und überkreuzte sie in seinem Nacken. Mit einem Ruck zog ich zu. Ich stemmte meine Knie mit aller Kraft gegen seinen Rücken und zog an der Krawatte, so fest ich konnte. Er griff sich an den Hals, versuchte, seine dicken Finger unter den Stoff zu schieben. Ich dachte daran, wie viele Menschen an den Drogen, die er verkaufte, gestorben waren. Wie eine Wahnsinnige zerrte ich an der Krawatte, riss sie nach rechts und links. Er zuckte wie ein Fisch auf dem Trockenen. Ich hörte ihn röcheln. Nur noch ein bisschen! Meine Arme schmerzten, aber mit einem Ruck zog ich fester. Als er sich nicht mehr bewegte, behielt ich die Umklammerung bei, bis ich keuchend und mit tauben Fingern rückwärts umfiel. Meine Arme zitterten. Wie ein Sack fiel sein Oberkörper auf meine Beine.

Hektisch befreite ich mich von seinem Gewicht. Ich zwang mich, ihn ein letztes Mal anzufassen und am Hals nach einem Puls zu suchen. Nichts. Mit einem erleichterten Seufzer rückte ich die blonde Perücke zurecht und zog mich an. Dann eilte ich aus dem Zimmer.

Der letzte Auftrag

Ein Dreivierteljahr später lief ich bei strahlendem Sonnenschein durch den Stadtpark. Vögel trällerten über meinem Kopf ihre Lieder. In Gedanken ließ ich meinen Auftrag von vergangener Nacht Revue passieren. Das war zu leicht, dachte ich. Er war Mitte 50 gewesen, wenige Haare auf dem Kopf, dafür umso mehr im Gesicht. Sein Atem hatte nach Alkohol gerochen. Ich hatte ihm schöne Augen gemacht, war mit ihm auf ein Zimmer gegangen und hatte ihn mit seiner eigenen Krawatte erwürgt. Die Nummer funktionierte fast immer. Andrej war ein guter Lehrer und ich eine Musterschülerin. Bei dem Gedanken erschauderte ich vor mir selbst. Mein zehnter Auftrag, und mit jedem Mal fiel es mir leichter. Ich dachte an die vielen Verbrechen, die diese Menschen begangen hatten, und redete mir ein, dass die Welt ohne sie besser dran wäre.

»Katharina«, rief Frank schon von Weitem und winkte mir zu. Ich schob meine Sonnenbrille auf den Kopf und lief zu ihm und Sarah auf die Terrasse des Cafés.

»Endlich«, sagte Sarah, als ich bei ihnen war, »ich bin am Verhungern.«

»Hallo, Schatz!« Ich drückte Sarah so schnell einen Kuss auf die Wange, dass sie nicht rechtzeitig zurückweichen konnte. Sie verzog das Gesicht. Ich setzte mich. »Na, wie war es?«

»Gut natürlich, wie immer.« Er lachte. »Wir haben tonnenweise Eis gegessen und Filme geschaut, bis unsere Augen zugefallen sind.«

»Na, das hört sich ja nach Spaß an«, sagte ich in ironischem Tonfall. Sarah strahlte.

»Wie war dein Date?«, fragte Frank.

»Ganz nett.« Ich winkte die Bedienung heran. Ich hasste diese Gespräche, denn sie machten mich wütend. Er hatte nie gefragt, was ich tun musste, um seine Schulden zu tilgen. Nach wie vor war er der kleine Junge, der die Hilfe seiner großen Schwester ganz selbstverständlich annahm. Naiv genug, um meine angeblichen Dates nicht mit dieser Sache in Verbindung zu bringen.

»Ganz nett«, ahmte Frank mich nach und verdrehte die Augen. »Das sagst du jedes Mal. Wieso bekommen wir nicht mal eines deiner Dates zu Gesicht?«

»Weil es bis jetzt nur Eintagsfliegen waren.«

Frank seufzte. »Du bist zu hart, Katharina. Gib den Männern eine Chance.«

»Jeder hatte seine Chance im Leben.« Ich presste meine Lippen zusammen. Manche sogar mehrere, fügte ich im Stillen hinzu.

Einen Monat später klingelte sie an meiner Haustür. Durch das Küchenfenster beobachtete ich, wie sie aus dem schwarzen Auto ausstieg und ihre Sonnenbrille aufsetzte. Wie bei jedem ihrer Besuche trug sie ein enges schwarzes Kostüm. Ich zwang meine Füße vorwärts, einen Schritt nach dem anderen. Dann stand ich an der Tür meiner Doppelhaushälfte und atmete tief durch, ehe ich öffnete. Ich kam mir vor wie ein Kaninchen, das sich unter den Blicken des Habichts niederkauert. Sie lief zielstrebig ins Wohnzimmer, während Andrej und der zweite Bodyguard vor der Tür stehenblieben.

Ihre Schuhe verursachten ein lautes Klacken auf dem Boden. Als ich das Wohnzimmer betrat, strichen ihre rot lackierten Finger über einen Bilderrahmen, der an der Wand hing. Ich blickte auf das Foto. Mein Herzschlag beschleunigte sich innerhalb einer Sekunde auf das dreifache Tempo. Sarah und ich grinsten mir vergnügt entgegen. Wir sahen aus wie Zwillinge mit 25 Jahren Altersunterschied. Die gleichen braunen, kinnlangen Haare und jadegrünen Augen. Frank hatte das Foto vor zwei Jahren im Zoo geschossen. Eine kurze unbeschwerte Zeitspanne nach meiner Scheidung und dem Unfalltod meiner Eltern. Bevor ich *sie* kennenlernte.

»Du warst fleißig, Katja«, sagte sie mit ihrem russischen Akzent und betrachtete weiterhin das Foto.

Ich hasste es, wenn sie mich Katja nannte. Es gab nur einen Menschen, der mich so nennen durfte. Ich setzte zu einer Antwort an, aber sie gab mir durch ein Zeichen zu verstehen, dass ich schweigen sollte.

Sie drehte ihren Kopf schwungvoll zu mir, sodass ihr schwarzer Bob wippte. »Du hast seine Schulden fast komplett abgearbeitet. Ich wollte dich bald in den Ruhestand schicken. Allerdings gibt es da ein paar kleine ... Schwierigkeiten.« Ich hielt die Luft an, während sie fortfuhr. »Wusstest du, dass dein Bruder inzwischen Drogen verkauft?« Sie sah mich prüfend an. »Das wäre mir eigentlich egal, allerdings ist er in mein Revier eingedrungen.«

Das Zimmer begann, sich um mich herum zu drehen. Du blödes Arschloch, sagte ich in Gedanken zu meinem Bruder und verschränkte die Hände, damit sie das Zittern nicht sah. Ich räusperte mich, doch wieder gebot mir ihre Hand zu schweigen.

»Mir ist klar, dass du für ihn weitermachen würdest. Aber so läuft das nicht. Er hat eine der Todsünden begangen.«

Ich konnte mir ein bitteres Lachen gerade noch verkneifen. Ausgerechnet sie sprach von Todsünden.

Ihre Augen durchbohrten mich. »Außerdem muss man dafür sorgen, immer frisches Werkzeug zu haben, wenn du verstehst, was ich meine.« Sie lachte und fuhr fort. »Du«, sie zeigte mit dem Finger auf mich, »wirst durch jemand anderen ersetzt. Es hat Spaß gemacht, zu sehen, wie du zur Mörderin geworden bist, jedoch habe ich jetzt genug davon.«

Ich nickte langsam. »Was ist mit meinem Bruder?«, fragte ich vorsichtig.

Sie lächelte mich an. »Das ist natürlich ein Problem.«

Regungslos starrte ich sie an. Bloß keine Angst zeigen! Meine Finger klammerten sich so fest aneinander, dass es schmerzte. Sie blickte gelassen zurück. Nach einer Weile nickte sie anerkennend.

»Mit deinem letzten Auftrag tilgst du die restlichen Schulden, die dein Bruder noch bei mir hat. Danach bist du frei.« Sie lächelte kalt, holte ein Foto aus der Tasche ihres Blazers und hielt es mir entgegen. Ich starrte das Foto an. Bevor ich nachdenken konnte, ging ich einen Schritt auf sie zu, die Fäuste erhoben, doch abrupt hielt ich inne. Sie sah mich mit hochgezogenen Augenbrauen an. Wartete. Eisern hielt ich meine Fäuste an meine Oberschenkel gepresst. Mein ganzer Körper zitterte.

»Ich könnte natürlich jemand anderen auf ihn ansetzen. Aber ich möchte dir die Chance geben, deine Familie vor weiterem Unglück zu bewahren.« Sie nahm das Foto von Sarah und mir von der Wand. »So ein hübsches Kind«, sagte sie und reichte mir das Bild. Wütend riss ich es an mich und drückte es an meine Brust. Das Rauschen in meinen Ohren dämpfte das Klacken ihrer Absätze und den dumpfen Knall, als die Tür ins Schloss fiel.

Am nächsten Tag kam Sarah mit blauen Flecken von der Schule. Nichts allzu Auffälliges. Dennoch eine eindeutige Botschaft.

»Meine Güte, was ist denn mit dir passiert?«, fragte ich und starrte sie an. Ihre Haare standen wirr ab, ihre Wange war zerkratzt und schmutzig, der Ellbogen aufgeschürft, die Augen verheult.

»Nichts«, nuschelte sie. »Nur fast. Fast hätte mich einer überfahren.«

»Was sagst du?« Ich stellte Kartoffelsalat und Würstchen auf den Tisch und sah zu, wie sie verbissen ihren Teller füllte und meinen Blick mied.

»Na, fast hätte mich einer mit dem Auto überfahren«, wiederholte sie, als hätte sie es mit einem geistig zurückgebliebenen Menschen zu tun.

Ich setzte mich zu ihr an den Tisch. »Ja, das habe ich verstanden. Erzähl! Was ist passiert?«

Sarah schaufelte sich Kartoffelsalat in den Mund. »Was soll ich da denn noch erzählen?« Typisch Elfjährige. Für sie war alles gesagt. »Der Typ kam plötzlich angerast und fuhr über den Gehweg. So nah an mir vorbei.« Sie zeigte mit den Fingern den Abstand an. Eine heiße Welle durchfuhr mich. »Ich bin hingefallen, aber der ist einfach weitergefahren.« Sie zog ihre Nase hoch. Dann endlich blickte sie auf.

»Was?«, fragte Sarah patzig.

»Nichts, alles okay.« Ich stand auf und ging ins Badezimmer, um mir kaltes Wasser ins Gesicht zu spritzen. Als ich aufblickte, starrte mein Spiegelbild mir entschlossen entgegen. Ich nickte. Die Sache musste morgen erledigt sein.

Ich stehe im Vorgarten und blicke zu dem Mehrfamilienhaus empor. Ein Kirschlorbeer versteckt mich vor dem Lichtkegel der Straßenlaterne. Seine Äste greifen nach meinen Haaren und verfangen sich darin. Ich stecke meine behandschuhte Hand in die Innentasche meines Mantels und taste nach der Pistole.

Im Treppenhaus geht das Licht an. Ich schaue in den dritten Stock. Mein Blick folgt seiner Silhouette, die die Treppen nach unten huscht. Zweiter Stock. Erster Stock. Erdgeschoss. Er tritt ins Freie und sieht sich suchend um. Ich bewege mich einen Schritt aus dem Busch heraus.

»Andrej«, flüstere ich.

Sein Blick fixiert mich, er kommt auf mich zu. »Katja.« Er umfasst mein Gesicht und drückt einen kurzen Kuss auf meine Lippen. »Komm!« Wir steigen in sein Auto und fahren los.

Nach einer Stunde erreichen wir eine abgelegene Villa, die von hohen Mauern umgeben ist. Andrej nickt mir zu und ich ducke mich in den Fußbereich. Am Tor kurbelt er sein Fenster hinunter und hält seinen Daumen an einen Sensor. Ich höre das leise Geräusch des sich öffnenden Tores, dann fährt das Auto weiter. In einem kleinen Parkhaus, in dem protzige schwarze Autos stehen, steigen wir aus.

Das Geräusch einer zufallenden Tür lässt mich herumfahren. Der zweite Bodyguard steht mit grimmiger Miene hinter den Autos und lässt einen russischen Wortschwall auf Andrej los. Verdammt! Was nun? Bevor ich einen klaren Gedanken fassen kann, steht Andrej schon bei seinem Kollegen. Ein Schlag mit der Pistole und der Mann sackt in sich zusammen. Andrej zieht sein Messer und schneidet ihm die Kehle durch. Ich wende mich ab. Ich ziehe es vor, unblutig zu töten.

Ich folge Andrej durch das Haus. Dank ihm weiß ich, dass das Anwesen nun menschenleer ist. Bis auf sie. Zielstrebig und geräuschlos bewegen wir uns durch die Zimmer und Flure. Vor einer der Türen bleibt Andrej stehen und gibt mir ein Zeichen. Mein Herz hämmert, als hätte ich einen Marathon hinter mir. Ich greife nach meiner Pistole, schiebe mich an ihm vorbei und öffne die Tür.

In der Mitte des Zimmers steht ein großes schwarzes Bett. Sie sitzt daneben an ihrem Schminktisch und schaut mich über den Spiegel an. Betont langsam dreht sie sich zu mir um. Mein Blick streift ihren schwarzen Pyjama aus Satin. In ihrem Schoß liegt eine kleine, elegante Pistole.

»Schön, dich zu sehen, Katja.« Ihr Lächeln könnte Ozeane zufrieren lassen. »Du bist sicher nicht gekommen, um mir mitzuteilen, dass du deinen Auftrag erledigt hast.«

Ich höre, wie Andrej hinter mir den Raum betritt. Sie schleudert ihm ein einziges russisches Wort entgegen. Zum ersten Mal sehe ich Angst in ihrem Blick.

Ich verziehe meine Lippen zu einem Lächeln. »Hast du wirklich geglaubt, ich wüsste keinen Ausweg?« Die Zeit scheint stillzustehen, während wir uns anstarren.

Ich sehe das Aufflackern in ihrem Blick, bevor sie die Waffe nach oben reißt. Ich lasse mich auf den Boden fallen, höre den Schuss. Blitzschnell richte ich mich wieder auf und schieße. Ihre Waffe fällt zu Boden, ihre Hände legen sich auf den roten Fleck auf ihrer Brust. Ungläubig schaut sie auf ihre blutigen Hände. Dann fällt sie auf die Knie.

Ich stecke meine Pistole ein und gehe um das Bett. Wie von selbst hebt sich mein Fuß und stößt sie um. »Suka!« Ich spucke ihr ins Gesicht. Dann greife ich nach ihrer Waffe, drehe mich zu Andrej um und richte die Pistole auf ihn.

Er weicht zurück und hebt die Hände. »Katja!«

Meine Hände zittern so sehr, dass die Pistole hinunterzufallen droht. Verbissen umklammere ich sie fester. »Weißt du noch, was du zu mir gesagt hast, als du das erste Mal allein zu mir gekommen bist?«

Er nickt. »Du bist eine Löwin. Löwinnen tun alles für ihre Familie.«

Ich lächle ihn traurig an. »Ich vertraue dir. Im Moment. Aber ich bin eine geschiedene Frau. Ich weiß, dass nur Blutsbande ewig halten.«

»Katja! Ich werde dich nie verraten! Komm mit mir!« Andrej breitet seine Arme aus und macht einen Schritt in meine Richtung. Sein Blick ist voller Hoffnung. Ich weiß, dass dieser Blick mich ins Grab begleiten wird. Andrej beginnt, vor meinen Augen zu verschwimmen. Scheiße!

»Sie hast du auch verraten«, sage ich leise. Ich schließe die Augen und drücke ab. Höre den Aufprall seines Körpers auf den Boden. Zitternd atme ich tief ein und aus, bevor ich die kleine Pistole zurück in ihre Hand lege. Danach knie ich neben Andrej nieder und lege meine Waffe in seine Hand, schließe seine Finger darum. Ich vermeide den Blick in sein Gesicht. Mit seiner Waffe und seinen Autoschlüsseln verlasse ich die Villa.

Am nächsten Morgen betrete ich unser Stammcafé. Ich schaue mich um. Da sitzen sie. Während ich mich zu ihnen setze, zwinge ich ein Lächeln in mein Gesicht.

»Dein Date muss ja lange gedauert haben, so übernächtigt, wie du aussiehst«, sagt Frank und zwinkert mir zu.

Sarah gibt ein Grunzen von sich und rührt ihren Kakao um.

»Jetzt erzähl schon«, sagt Frank und schiebt eine Tasse Kaffee zu mir herüber. »Wie war es?«

»Eintagsfliege!« Das Wort kommt langsam über meine Lippen. Ich fühle mich unendlich müde. Nicht einmal die Hitze meines Kaffees kann den eisigen Klumpen in meiner Brust erwärmen. Ich blinzle die Tränen weg, die in meine Augen treten, und räuspere mich. »Ich habe beschlossen, nie wieder ein Date zu haben. Ich ertrage keine weitere Eintagsfliege. Nicht eine einzige!«

Der Teufel zu Schiltach

Schwarzwald 1533

Paul schreckte aus dem Schlaf. Ein dumpfes Pfeifen raunte durch das Gebälk des alten Wirtshauses, des »Weyßen Rößle«. War ein Sturm aufgekommen? Er stand auf, um die Fensterläden zu schließen. Im Flur hörte er Schritte. Plötzlich ein Wimmern. Er fühlte kalte Gänsehaut im Nacken. Stürme wimmerten nicht.

Ein Ächzen, hastende Schritte, dann Poltern. Paul zögerte. Sollte er sich bewaffnen? Er sah sich um, nahm den Kerzenhalter vom Nachttisch, hielt nochmals an der Tür inne, ehe er sie mit Schwung aufriss. Der Vater lag auf dem Fußboden und hielt sich den Knöchel, die Mutter kniete mit einer Kerze neben ihm, beide im Nachtgewand.

Der Alte sah ihn an. »Herrschaften, wo steckst du? Jemand ist im Haus und der Herr Sohn ruht sanft.«

Paul erstarrte. »Ich bin doch hier«, wehrte er sich.

»Zu spät, wie immer. Nimm dir ein Beispiel an deinem Bruder.«

Paul folgte dem Blick des Vaters zur Treppe, auf der Wilhelm mit dem Hausknecht heraufkam, ebenfalls im Nachtkleid.

»Hier ist niemand, Vater«, sagte Wilhelm.

»Da muss jemand sein!«, bellte der alte Jakob.

»Wir haben alles ausgeleuchtet, auch den Hof und Stall. Nichts.«

Das Weibsgesinde, die Köchin und die beiden Mägde, stand ängstlich im Hintergrund.

»Wo steckt die Ahne?«, knurrte der Hausvater unheilvoll, hinkte auf ihre Zimmertür zu und ging hinein.

Paul vernahm lautes Schimpfen. Sie war vom gleichen Schlag wie Jakob und ließ sich nichts von ihm bieten. »Spuk« und »Gespenster« hörte Paul immer wieder aus ihrem hohen Gekreische heraus. Seit dem großen Brand vor 22 Jahren, der sie fast das Leben gekostet hatte, war sie nicht mehr ganz bei Sinnen, doch neuerdings redete sie obendrein von Geistern.

Sein Blick fiel auf Katrin, die jüngere der Mägde, die sich einen roten Umhang über das dünne Nachtkleid gelegt hatte, jedoch so, dass er den Blick auf nackte Haut darunter freigab. Er fühlte Begehren. Die Mutter schien das zu bemerken, denn sie sah missbilligend von Katrin zu ihm und wieder zurück.

»Ab in die Betten!«, sagte sie. »Morgen wartet die Arbeit.« Zu Katrin gewandt: »Du zieh ein anständiges Nachthemd an! Das ziemt sich nicht für eine Dirn!«

Katrin wurde rot und verschwand.

Dass im »Weyßen Rößle« nachts Gespenster umgingen, hatte sich schnell in Schiltach herumgesprochen, sogar in den Nachbarorten. Die Schaustellertruppe, die einige Tage vor dem Ort lagerte und nicht nur Zerstreuungen, sondern auch Nachrichten mitbrachte, nahm die Geschichte bereits in ihre Lieder auf: *Warum ist die Übernachtung so teuer? Der Tanz mit dem Hausgeist ist im Preis schon drin.*

Die Geistergeschichte war zwar gut für das Geschäft am Abend, doch niemand wollte ohne Not eine unruhige Nacht in einer Geisterherberge verbringen.

Einige Tage später, Paul war eben dabei, wie üblich die Krüge mit Getränken aus dem Keller zu holen.

»Lass den Most im Keller!«

Paul sah den Bruder verwundert an. »Aber ...«, begann er.

»Wein gibt's heut, nicht Most. Kriegst wieder nichts mit, gell.« Wilhelm ging ohne Erklärung hinaus und ließ Paul stehen. Was hatte er gemeint, was war Besonderes heute?

Katrin, die hinter dem Tresen Gläser polierte und einräumte, warf ihm einen mitleidigen Blick zu. Langsam strich sie sich eine blonde Strähne aus der Stirn und zog die Schultern zurück. Sie war wirklich eine blitzsaubere Maid, dachte Paul, obwohl gut zehn Jahre älter als er. Wie sollte er das Interesse eines solchen Weibes wecken?

»Sind die Vaganten wieder zurück?«, fragte er. Vielleicht verlängerte die Schaustellertruppe ihre Vorstellung im Ort und die Leute zechten anschließend im Gasthaus.

»Dummheit!«, mischte sich Berta ein, die die Tische schrubbte. »Der Wein ist für die feinen Leut. Heut kommt nämlich eine Gesandtschaft von der Kirch, der Pfaff und weiß nicht, wer.« Sie stellte den Eimer weg und rieb die Hand an der üppigen Hüfte trocken. Er schaute fragend, doch sie schwieg.

»Warum?«

»Die Gespenster natürlich. Immer dieser Spuk. Das war jetzt schon die dritte Nacht hintereinander. Die Herrschaften sollen untersuchen, was hier nicht mit rechten Dingen zugeht und ob der Teufel die Hand im Spiel hat.«

Berta drehte sich um zu der Jüngeren bei den Gläsern. »Katrin, kennst dich da aus, stimmt's?«

Die fuhr herum: »Was meinst du damit?«

»Na ja, früher, als du in Oberndorf gewohnt hast, gab's nicht schon sowas?«

Katrin rammte einen Krug ins Regal. »Ich weiß nicht, was du meinst.«

»Soso.« Bertas Gesicht verzog sich zu einem bösen Lächeln.

»Bist wohl kundig in solchen Dingen«, gab Katrin zurück.

Der Wirt kam herein, ließ den Blick durch die Stube gleiten. »Weiber, was redet ihr? Auf geht's, gschafft wird, wenn heute die feinen Herrn kommen.«

»Stimmt das, die kommen wegen dem Spuk?«, wandte sich Paul an den Vater.

»Ja, das muss ein End haben. Ich will wissen, was dahintersteckt.«

»Aber vielleicht ist es nichts Böses. Vielleicht macht sich der Lauermüller einen dummen Streich, weil du ihm den Wein noch nicht bezahlt hast. Oder«, er machte eine Pause, »vielleicht ist der Gustl zurückgekommen.«

Der älteste Sohn Gustl war vor einem Jahr spurlos verschwunden und man hatte nichts mehr von ihm gehört.

»Bub, schwätz nicht! Ich will nichts hören vom Gustl. Geh raus und räum den Hof auf! Die Herrschaften werden sich überall umschauen wollen, wenn sie den Geist suchen.«

Paul biss sich auf die Unterlippe, als er trotz seiner zwanzig Jahre abermals wie ein kleines Kind behandelt wurde, und das ausgerechnet vor Katrin, die ihn wieder mitleidig ansah. Dabei wünschte er sich andere Gefühle von ihr. Er hätte es gut verstehen können, wenn der Gustl damals einfach weggelaufen wäre, weg von der Fuchtel des Alten.

An der Tür drehte er sich nochmals um und sah, wie der Vater hinter Katrin stand und sie, als er um sie herum ein Glas griff, mit beiden Armen festhielt. Sie versuchte, sich ihm zu entziehen.

»Vater!«, sagte er schnell. »Die Mudder wollt noch was mit dir reden.«

»Was, die Mudder?«, bellte der Wirt und ließ die Magd los. Katrin sah dankbar zu Paul, der die Stube verließ.

Am Abend saßen sie zu fünft um den Tisch, außer dem Hausvater der Dorfpfarrer, der Schultheiß, der Doktor und ein Geistlicher aus dem Dominikanerkloster, wo man sich mit teuflischen Umtrieben auskannte.

Die Stube des sonst lebhaften Hauses lag im Halbdunkel, außer einigen Kerzen auf dem Tresen war nur der Tisch beleuchtet mit einem Talglicht.

Die Mutter hielt sich im Hintergrund, um die Herren zu versorgen, wie sie sagte, doch jeder wusste, dass sie die Neugierde umtrieb. Katrin arbeitete am Tresen, und auch Paul und Wilhelm konnten nicht umhin, sich immer wieder in der Nähe des Tisches aufzuhalten, um nichts zu verpassen.

Nach einem üppigen Vesper – der Wirt hatte es sich nicht nehmen lassen, den besten Speck aufzutischen – hob der Pfarrer den Wein und kam auf das Problem zu sprechen.

»Drei Nächte, sagst du. Ist das nicht ein bisschen wenig, um gleich nach einer Untersuchung zu rufen?«

»Aber Euer Ehren, wenn es einfach nicht aufhört ...!«

»Die Ahne hat es schon früher gehört«, mischte sich die Mutter ein.

»Hmm. Habt ihr geguckt, ob es nicht Katzen waren?«

»Die Katzen kommen nicht ins Haus.«

»Marder«, fiel dem Schultheiß ein.

»Fledermäuse«, gab der Doktor seinen Beitrag.

»Die Buben können es bezeugen, die haben alles abgesucht.« Der Wirt sah suchend in den Raum. Als sein Blick auf Paul fiel, entfuhr ihm jedoch nur ein abschätziges Grunzen.

»Wilhelm, wo bist du?«

Der löste sich aus dem Dunkel.

»Es stimmt, ich hab mit dem Martin, dem Knecht, alles abgesucht, vom Keller bis zum Dach, sogar Hof und Ställe. Da war nichts.«

Mit dem Knecht, dachte Paul, nicht mit ihm.

»Habt ihr irgendwelche Leute gesehen?«, fragte der Doktor bedächtig.

»Was Leut?«, bellte der Wirt. »Wer soll das gewesen sein?«

»Vielleicht will dir einer übel? Hast du jemanden verärgert?«

»Ich nicht. Mit mir ist jeder im Reinen.«

Die Mutter hustete.

»Wie ist das denn mit deinem Ältesten? Der soll doch verschwunden sein.«

»Der ist und bleibt wegen mir weg. Für mich ist der gestorben.«

»Vater, versündige dich nicht.« Die Mutter bekreuzigte sich.

»Wer in meinem Haus an meinem Tisch sitzt, dem habe ich das Sagen. Wem das nicht passt, der kann gehen.«

Kann gehen, hallte es in Pauls Kopf nach.

»Schon recht. Also du meinst, der Spuk könne Teufelswerk sein. Da wollen wir mal sehen.«

Der Pfarrer holte aus seiner Tasche die Bibel, ein Holzkruzifix, einen Rosenkranz sowie ein Fläschchen Weihwasser, legte alles sorgfältig vor sich hin, nahm dann das Kreuz in die gefalteten Hände, schloss die Augen und begann murmelnd ein Gebet. Die Anwesenden senkten folgsam die Köpfe.

Nach einigen Minuten stand der Pfarrer auf, schritt den Raum ab und besprengte die Wände und Ecken mit Weihwasser.

Die anderen beobachteten ihn stumm und respektvoll.

»Brauchen Sie Knoblauch?«, bot die Mutter schüchtern an.

Der Geistliche hielt es nicht für nötig, darauf zu antworten. Er setzte sich wieder an den Tisch und sagte:

»Wir werden sehen, ob wir das ganze Haus mit Weihwasser besprengen müssen.«

Er hielt dem Wirt das Glas hin, der gehorsam Wein nachschenkte. Die anderen Herren hielten sich nicht zurück, folgten dem Beispiel des Pfarrers, der jetzt, nach getanem Werk, begann, Spukgeschichten aus anderen Gemeinden zu erzählen.

Die Zeit schritt voran und die Gruppe wurde immer lebhafter.

Plötzlich, mitten in einer schönen Anekdote, flog die Tür auf. Ein Luftzug blies die Kerzen aus, nur das Talglicht brannte weiter.

Lautes Heulen und Pfeifen hob an wie das eines Sturmes, und die Anwesenden verstummten betroffen.

Der Wirt erhob sich langsam, um die Tür zu schließen, da flogen die Läden von außen krachend gegen die Fenster. Die Frauen kreischten und drückten sich ängstlich an die Wände. Alle sahen den Pfarrer und seinen geistlichen Helfer an.

»Paul, schau nach!«, befahl der, doch Paul rührte sich nicht.

Der Pfarrer stand auf, erhob die Arme, in der einen Hand die Bibel, in der anderen das Kruzifix, und rezitierte mit lauter Stimme Worte auf Latein. Als er verstummte, ertönte ein grausiges Wimmern, das nach Sekunden in ein hässliches Lachen überging.

»Vermaledeiter! Bist du das, der hier die armen Christenmenschen quält, oder bist du nur ein böser Geist?«

Meckerndes Lachen und ein undeutliches »Jahaho!«

»Wenn du der Böse bist, beweise es. Kannst du Vogelstimmen und Tierlaute nachmachen?«

Unverzüglich begann der unverkennbare Ruf der Eule, abgelöst vom betörenden Singen der Amsel, dem frechen Geschwätz eines Spatzen und zum Schluss dem meckernden Lachen einer Ziege, das immer mehr in ein menschliches Lachen überging.

»Herr im Himmel, hilf!« Die Mutter bekreuzigte sich wieder.

Die Männer saßen erstarrt am Tisch und sagten kein Wort. Nur der Pfarrer ließ nicht locker.

»Du bist nicht der Böse, nur ein böser Geist, und ich befehle dir: Verschwinde! Im Namen des dreieinigen Gottes: Weiche!«

Stille. Alle atmeten hörbar auf. Paul ließ das Treppengeländer los, das er mit beiden Händen fest umklammert hatte, ohne es zu bemerken, und schüttelte die verkrampften Hände.

Da hob wieder ein Pfeifen an, wurde zu einem Flüstern. Die Versammelten vernahmen Lachen und die Worte: »Nur ein Geist? Woher weiß ich dann von den Weibern in deinem Bett, Pfaff? Wo bleibt dein enthaltsamer, gottgefälliger Lebenswandel? Und du, Wirt, wie bezahlst du deine Rechnungen? Was haben deine Hände an der Wäsche der Mägde zu suchen? Keine lässt du in Ruhe, nicht mal die meine. Warum ist dein Sohn verschwunden?«

Schweigen in der Stube.

Die Stimme fuhr fort: »Marta, wo ist dein viertes Kind, der kleine Nachzügler, der heute ein Jahr alt wäre, wenn er hätte leben dürfen. Was hast du mit ihm gemacht?«

Ein Aufschrei, die Mutter setzte sich auf einen Hocker.

»Du lügst!«, rief sie. »Das war eine Fehlgeburt! Ich hab nichts dafür können.«

Gackerndes Lachen. »Ich kenne alle eure Taten. Wilhelm, wo bleibt das Geld, das jede Nacht beim Kassensturz verschwindet?«

Der schlug auf den Tisch. »Bei mir verschwindet kein Geld!«

Betreten saßen sie da, keiner blickte den anderen an, nur der Wirt drehte langsam den Kopf zu seinem Ältesten: »Was, du ...?«

»Er weiß alles«, flüsterte der Schultheiß.

Das Pfeifen wurde lauter und ebbte dann urplötzlich ab. Die Gruppe wartete, aber diesmal kam der Spuk nicht zurück. Keiner wagte, den anderen in die Augen zu sehen.

Woher wusste er das alles, dachte Paul. Über ihn hatte er nichts gesagt. Zwar wurde vieles in Schiltach gemunkelt, aber nie hatte es jemand offen ausgesprochen. Auch jetzt vermied es die Gruppe, darauf einzugehen.

Bald zogen sich alle in ihre Kammern zurück, denn es war geplant, im Wirtshaus zu nächtigen. Der Geist kehrte nicht zurück.

Am Morgen versicherte der Pfarrer dem Wirt, er werde der Sache auf den Grund gehen. Das sehe tatsächlich sehr nach Teufelswerk aus und er wolle mit dem Bischof konferieren. Ob Jakob eine Ahnung habe, oder seine Frau, wer im Haus möglicherweise mit dem Teufel im Bunde sei. Der Vater schreckte zurück. In seinem Haus gebe es so etwas nicht.

Dem Pfarrer kam ein Gedanke: »Hat die Stimme nicht gesagt, du würdest ihm sein Weib wegnehmen? Was ist damit gemeint?«

Der Wirt wusste keine Antwort, aber der Mutter, der die gelegentlichen Versuche ihres Mannes, sich den Mägden zu nähern, nicht entgangen waren, fiel ein, dass diese Katrin aus Oberndorf noch nicht lange bei ihnen war und man manches über sie höre.

Paul, der etwas abseits die von der Nacht losen Fensterläden reparierte, horchte auf. Es schien offenkundig, dass die Mutter die Gelegenheit nutzen wollte, der neuen Magd eins auszuwischen.

Jakob wehrte ab: »Ach was! Geschwätzt wird über jeden, auch über die ältere Magd, die Berta. Und beide waren gestern Abend ebenso erschrocken wie wir.«

»Siehst du ihr ins Herz? Was verteidigst du sie überhaupt?«

Der Vater verstummte. Er wusste, er bewegte sich auf dünnem Eis.

»Aus Oberndorf, sagt ihr«, überlegte der Pfarrer. »Ich werde mal mit dem Pfarrer dort reden.«

Sie wollten tatsächlich dem armen Mädchen den Spuk in die Schuhe schieben, obwohl ihre Unschuld offensichtlich war. Eine Hexe würde die Situation ausnutzen und mit dem Wirt anbandeln, da war er sicher.

Er musste sie schützen, ehe Schlimmeres kam als ein Verdacht. Hörte man ja immer wieder von Frauen, die des Bundes mit dem Teufel geständig waren und verbrannt wurden, nachdem sie einer peinlichen Befragung unterzogen worden waren. Erst vergangene Woche hatte Paul das vernommen. Die Schaustellergruppe, die mit Musik und Akrobatik von Dorf zu Dorf zog, hatte von einer Hexe in Rottweil erzählt. Eine Hebamme hatte eine langjährig unfruchtbare Frau mit Kräutern und Tinkturen versorgt und nach einem Jahr hatte diese ein Kind geboren, das außer schwarzen Haaren und dunkler Haut noch ein schwarzes Muttermal auf der Schulter besaß. Das Zeichen war unverkennbar gewesen, zumal das Kind in eine blonde Familie geboren worden war.

Unter dem Verhör durch die geistlichen Herren hatte die Beschuldigte ihren Widerstand aufgegeben und gestanden, dass das Kind nur mit Hilfe des Teufels zustande gekommen war. Sie wurde unverzüglich auf den Scheiterhaufen gebracht.

Der Gedanke, dass solches der süßen Katrin widerfahren könnte, ließ Paul zittern. Ihr wunderschöner Körper – er hatte ab und zu bei Arbeiten auf dem Hof die Gelegenheit, durch das Fenster zu sehen, wenn sie sich wusch oder umzog – auf dem Scheiterhaufen! Unmöglich! Er musste sie davor bewahren. Es war offensichtlich, dass die Mutter den Verdacht noch schürte. Er wusste, sie musste sich ständig gegen Mädchen wehren, die ihren Mann in Versuchung führten, und dazu war ihr jedes Mittel recht, das hatte er im Laufe der Jahre beobachtet. Er hatte auch ein gewisses Verständnis, denn ihr Leben war hart. Die tägliche Arbeit im Wirtshaus und auf den Äckern, trotz Mägden, zudem die Kinder großziehen. Wen wunderte es da, dass sie, mit 43 Jahren, das Kind nicht hatte haben wollen, das sich letztes Jahr unerwartet angekündigt hatte?

Das Beste wäre, Katrin würde sich eine gewisse Zeit zurückziehen in ihren Heimatort, zu ihren Eltern, bis die Sache geklärt war. Genau das versuchte er ihr in einer ruhigen Minute zu sagen, als kein anderer zugegen war.

»Es ist nur zu deinem Besten, Katrin. Du siehst ja selbst, was hier passiert. Sie suchen einen Schuldigen für den ganzen Spuk.«

»Warum gerade ich?« Sie sah ihn verwundert aus ihren großen, tiefgrünen Augen an.

»Weil ...« Paul wusste keine Antwort. »Hörst du nicht, was geredet wird?«

»Wer redet?« Katrins Gesicht wurde nun doch ängstlich. »Ich mache meine Arbeit stets ordentlich, oder nicht?«

»Denk an die Vaganten letzte Woche.«

Katrin reagierte jetzt richtig erschrocken. »Was haben die damit zu tun? Haben sie etwas gestohlen?«

»Nein, nein, ich meine die Geschichte von der Hexe, die sie erzählt haben, die dann verbrannt wurde.«

»Du meinst – ich? Eine Hexe? Paul, das ist Unsinn.«

Paul fasste ihre kleinen Hände und sprach beschwörend. »Natürlich. Wir beide wissen das. Aber du kennst die Leute. Ich bitte dich um alles in der Welt, liebste Katrin, nimm mich ernst. Du bist in Gefahr.«

Katrins Gesicht wurde weich. »Ach Paul, du Guter!« Sie strich ihm über die Wange. »Ich muss an die Arbeit.«

»Bitte!«

»Mach dir keine Sorgen, lieber Paul. Ich denk drüber nach.« Damit ging sie weg.

Er fasste sich ins Gesicht, wo er noch die Berührung ihrer Hand spürte. – Lieber, hatte sie gesagt!

Den ganzen Abend sah er sie nicht mehr. Sollte sie seine Warnung also ernst genommen haben? Er war fast sicher, fragte aber dennoch den Vater nach ihr.

»Sie hat davon gesprochen, dass sie zu ihrer Mutter muss. Irgendeine Krankheit.«

Die folgenden Tage war keine Spur von Katrin zu sehen und Paul war erleichtert, obwohl er andererseits ihre Gegenwart und ihren Anblick vermisste. Später, tröstete er sich. Er konnte ihr nachreisen, mit ihr weggehen. Was sollte er hier in diesem Haus, wo er kein Vorwärtskommen hatte? Es war offenkundig, dass Wilhelm als älterer Sohn Haus und Hof erben würde. Und er würde die schwere Arbeit eines Flößers verrichten müssen, gegen die Stromschnellen von Schiltach und Kinzig kämpfend oder im Sägewerk schwitzend wie die meisten Männer im Ort, anstatt das angenehme Dasein eines Wirts zu genießen.

Die folgenden Tage kehrten Ruhe und Normalität im Wirtshaus und in Schiltach ein. Langsam schien man die Aufregung zu vergessen, und der alte Jakob und seine Frau waren nicht mehr eifrig, den Spuk aufzuklären. Vom Pfarrer hörte man nichts Neues. Nur Berta, die ältere Magd, klagte über sich häufende Arbeit infolge der Abwesenheit von Katrin.

Handelsleute kehrten wieder gerne im »Weyßen Rößle« ein und übernachteten da, ließen sich bei einem abendlichen Trunk die neuesten Gruselgeschichten erzählen. Ein kleiner Ersatz für die Unterhaltung der Vaganten.

Den täglichen Kassensturz hatte der Vater nach der nächtlichen Offenbarung des Geistes tatsächlich dem jüngeren Sohn übertragen. Dies war jedoch nicht nur Vertrauenssache, das war Paul klar. Wen sonst hätte er damit beauftragen können? Rechnen beherrschten ausschließlich die Männer, und der alte Jakob selbst konnte der Versuchung des Trinkens so wenig widerstehen, dass er am Ende des Abends nicht mehr in der Lage war, richtig zu zählen.

Ob der Gustl damals mit dem Geld verschwunden war, überlegte Paul, während er die Münzen sortierte. Das würde erklären, weshalb der Vater nicht über ihn sprechen wollte. Ob Wilhelm wirklich Geld beiseite geschafft hatte, wie der Geist behauptete? Wozu? Er würde sowieso alles erben und Paul selbst war nicht mal in der Lage, Weib und Kind zu ernähren. Es waren keine angenehmen Gedanken, mit denen Paul sich schlafen legte.

Paul wachte auf. Was hatte ihn diesmal geweckt? War der Geist zurückgekehrt? Er richtete sich auf und lauschte. Kein Pfeifen oder Flüstern war zu hören, doch da war ein Knistern. Jetzt roch er es auch. Es brannte!

Er sprang aus dem Bett, lief in den Flur, dichter Rauch schlug ihm entgegen, ein brennender Balken löste sich von der Dachtreppe und fiel ihm vor die Füße. Die anderen rannten schon aufgeregt durch das Haus.

»Weiber, raus! Schnell, raus!«, schrie der Vater. »Und kümmert euch um die Ahne!«

Bewundernswert, wie er trotz zahlreicher Krüge Most blitzschnell reagierte, musste Paul denken.

»Steh nicht rum«, herrschte er den Sohn an. »Zum Brunnen! An die Eimer!«

Draußen begannen bereits einige Gestalten, eine Kette vom Brunnen zum Haus zu bilden. Paul reihte sich ein. Nachbarn liefen heran, notdürftig bekleidet, ausgerüstet mit Stangen und Eimern. Jetzt hörte man auch den Nachtwächter vom Turm die Feuerglocke läuten.

Von den Frauen links und rechts gestützt trat die Ahne aus der Haustür. Die Mutter ließ sie los und lehnte sich weinend an einen Türpfosten. »Unser ganzes Hab und Gut, Herr im Himmel, warum?«

Die Ahne blickte sie an und kreischte los: »Verflucht! Das ganze Haus ist verflucht! Ich hab's gleich gesagt, dass hier der Teufel los ist. Aber auf mich hört ja keiner!«

»Halt's Maul, Ahne!«, schimpfte der Vater, »und halt nicht die Leut vom Löschen ab.«

»Sie hat recht«, heulte die Mutter und wischte sich Augen und Nase mit dem Ärmel, wodurch das Gesicht schwarz verschmiert wurde. »Die Hex ist schuld. Die Hex hat unser Haus verflucht!«

Was für ein Glück, dass Katrin weit weg war, dachte Paul. Just in diesem Moment erblickte er sie, ebenso wie die Mutter, die schrie: »Du bist schuld! Hexe! Verflucht seist du!« Sie spuckte aus vor der blassen Katrin, die zitternd dastand in ihrem rußgeschwärzten roten Umhang, den sie über das Nachtkleid geworfen hatte.

Was tat sie hier? Also war sie nicht weggefahren. Das war ihr Ende. Paul erstarrte. Der Knecht hinter ihm stieß ihn in den Rücken. »Auf, nimm! Schlafen kannst später!« Er drückte Paul einen Eimer in die Hand.

Der Vater lief auf ihn zu. »Die Kasse! Wo hast du die Kasse hingebracht?«

»Wieso ich?«

Die Kasse lag verschlossen in der Wirtsstube, fiel ihm ein.

»Das ist dein Amt, und du – Schlafmütze wie immer!«, schimpfte Jakob. »Auf, hol sie raus!«

Paul sah auf die Flammen am Hauseingang. »Da brennt doch schon alles!«

»Los, los.« Der Vater stieß ihn vorwärts. Kurz entschlossen kippte Paul den Eimer Wasser über sich, der ihm gerade gereicht wurde, schlang eine Decke um seinen Kopf und stürzte durch die Tür ins Haus. Schnell, bloß nicht denken. Wenigstens wusste er genau, wo die Kasse war, und musste nicht lange suchen. Sie war so heiß, dass er sie mit einem Aufschrei fallen ließ. Mit zitternden Händen tastete er nach dem Schlüssel, kippte die Münzen in ein Küchentuch und stopfte sie in die Tasche des Mantels, den er sich in der Eile übergeworfen hatte. Hustend und mit vor Rauch tränenden Augen suchte er den Ausgang. Er hielt sich einen Zipfel der Decke vor den Mund, ehe er durch die brennenden Wände hinaustorkelte. Draußen sank er nieder, würgte, schnappte nach Luft. Er lebte. Er hatte es geschafft.

Plötzlich wusste er, was zu tun war. Er blickte sich um, der Vater hatte ihn noch nicht wieder gesehen. Die Menschen rannten aufgeregt hin und her, keiner beachtete ihn. Wo war Katrin? Da stand sie, abseits von den anderen, unter der großen Kastanie, zitternd, wohl vor Angst. Er griff sie bei der Hand und zerrte sie mit sich, weg vom Haus, vom Brunnen und den anderen.

»Paul! Was machst du?«

»Komm mit!«

»Bist du verrückt geworden?!«

Ohne Erklärung zog er sie hinter sich her, bemüht, dabei nicht aufzufallen. Doch alle Aufmerksamkeit war auf den Brand gerichtet, der den Stall bereits vernichtet hatte und jetzt auf das Nachbaranwesen überzugreifen drohte. Mit Stangen begannen einige Männer, das Haus einzureißen, um das zu verhindern. Der Vater versuchte, ihnen in

die Arme zu fallen. »Mein Haus! Lasst mir mein Haus!«
Dabei war offensichtlich, dass es nicht mehr zu retten
war. Die Mutter kniete auf der Erde und jammerte: »Die
Hex! Die Hex!«

»Katrin, du verstehst, dass sie dich meint? Du musst
weg!«

Paul überlegte fieberhaft, während er die Magd hinter
sich herzog. Der Schneider fiel ihm ein. In dieser Nacht
waren alle Häuser unverschlossen, jeder dachte nur an
den Brand. Er kannte die Werkstatt des Schneiders wie
alle im Dorf, schlüpfte hinein, nahm einige Kleider, die
ihm passend schienen, von der Stange und drückte Katrin das Bündel in die Arme, denn in Nachthemd und ver-
rußtem Überwurf würden sie nicht weit kommen. Katrin
schwieg jetzt, nahm gehorsam die Kleider. Erst nach einer Weile fragte sie: »Wohin sollen wir denn gehen, Paul?
Sie werden mich suchen.«

»Egal. Hauptsache weg.«

Wohin, das wusste er allerdings auch nicht. Schweigend gingen sie durch den Wald, über dem der Himmel
rötlich leuchtete vom Feuer, das sich anscheinend immer
mehr ausbreitete. Würde wieder das ganze Dorf abbren-
nen wie vor wenigen Jahrzehnten? Doch das hatte ihn
jetzt nicht zu kümmern. Würde man nach ihm suchen
wegen des Geldes? Würde man nicht eher nach der Hexe
suchen? Hatte der Vater überhaupt wahrgenommen, dass
er das Geld tatsächlich aus dem Haus geholt hatte? Viel
wahrscheinlicher war, dass man ihn in dem brennenden
Haus vermutete, in das Jakob ihn geschickt hatte. Der
eine Sohn weggelaufen, der andere vom eigenen Vater in
den Tod geschickt, das hatte der Alte jetzt davon. Aber
konnte er das der Mutter antun? Er hatte keine Wahl.
Zurückkehren – das würde für Katrin den Scheiterhaufen bedeuten. Und was sollte er dann mit dem Geld machen?

Nein, sie mussten weiter, irgendwohin, wo man sie nicht kannte. Er beglückwünschte sich, dass er an die Kleider des Schneiders gedacht hatte, die sie nach halbstündiger Wanderung anzogen. Die stinkenden Nachthemden stopften sie in eine Fuchshöhle.

Plötzlich bemerkte er, dass Katrin, die schweigend neben ihm ging, eine bestimmte Richtung hielt. Sie hatte ein Ziel und Paul sprach es aus. »Wohin führst du uns, Katrin?«

»Paul, ich weiß, was uns helfen wird. Folg mir nur.«

Es spielte keine Rolle.

Als der Morgen dämmerte, näherten sie sich einer Lichtung.

»Katrin, wir gehen jetzt genau auf Schenkenzell zu, ist dir das klar?«

Sie antwortete nicht, lief unbeirrt weiter. Da erkannte Paul ihr Ziel und musste den Scharfsinn der Magd bewundern. Die Schausteller! Die würden sie nicht wegjagen und auch nicht ausliefern, zumal, wenn sie ihnen Geld boten. Das war die ideale Möglichkeit, unerkannt weiterzureisen, bis sie in Sicherheit waren.

Er ging langsamer, sobald sie das Gelände der Truppe betraten, denn die Leute schliefen noch, Katrin jedoch beschleunigte den Schritt, näherte sich zielstrebig einem am Rande gelegenen kleinen Wagen und klopfte mehrmals an. Paul sah ihr verwundert zu.

Ein etwa 30-jähriger Mann mit verschlafenem Gesicht, verstrubbelten schwarzen Haaren und muskulösem Körper öffnete. Paul erkannte ihn, es war der Artist und Gaukler, der in den letzten Wochen in Schiltach aufgetreten war. Mit einem Aufschrei umarmte der Mann Katrin so heftig, dass Paul keine Zweifel haben konnte. Die beiden kannten sich. Mehr, sie liebten sich.

»Katrin! Liebste! Ich dachte, du wärst tot! Weil du plötzlich verschwunden warst. Der Dreckskerl von Wirt. Ich dachte, sie hätten dich weggebracht.«

»Ich habe dir gesagt, Merlin, wir können nicht zusam...«

Der Mann erstickte ihre Widerrede in Küssen, denen sie sich nicht unwillig hingab, wie Paul bemerkte. Es überfiel ihn wie eine Lähmung. Sie liebte einen anderen. Sie hatte etwas mit dem Gaukler oder jedenfalls etwas gehabt.

Merlin zog die beiden in seinen Wagen. Er schlüpfte hinter einen Vorhang zurück, um sich anzukleiden.

Paul suchte Katrins Blick, doch sie wich aus. Entschlossen fragte er direkt: »Er war dein Geliebter, stimmt's? Er war es und ist es noch.«

Katrin sah ihm immer noch nicht in die Augen, aber sie antwortete: »Es tut mir leid, Paul. Wir haben uns bei seinen Auftritten kennengelernt und sofort geliebt.«

Merlin trat wieder zu ihnen.

»Du hast sie gerettet, Paul, danke!« Er ergriff mit kräftigem Druck dessen Hände. Woher kannte der Vagant seinen Namen? Merlin schien seine Gedanken zu lesen und lachte: »Wir wissen mehr über euch, über jedes Dorf, jeden Einzelnen, als ihr denkt. Davon leben wir nämlich, dass wir Wissen sammeln und benutzen. Diesmal habe ich mich jedoch getäuscht, denn ich dachte, sie hätten Katrin in den Kerker geworfen. Deshalb habe ich ja heute Nacht ...« Er stutzte und fuhr sich mit der Hand über den Mund.

Zu spät, Paul hatte verstanden. »Du?«

Auch Katrin starrte ihn mit aufgerissenen Augen an. »Nein! Du hast ...«

»Was habe ich? Gar nichts habe ich. Und wenn? Ist dir klar, dass sie dich verbrennen wollen, Liebste?«

Paul saß wie erstarrt. »Du zerstörst einfach Haus und Hof einer unschuldigen Familie? Meiner Familie?«

»Ich? Nichts habe ich gemacht. Und was heißt hier unschuldig? Zuerst macht der Wirt ihr das Leben schwer, wo sie nur anständig die Arbeit macht, und dann verleumdet seine Frau sie als Hexe.« Er wandte sich zu dem kleinen Schrank und zog Becher für sie heraus. Paul kam ein weiterer schrecklicher Gedanke.

»Sag mal, der Spuk in all den Nächten vor dem Brand ...« Er erinnerte sich, wie Merlin bei seinen Auftritten nicht nur Akrobatik und Zauberkünste gezeigt, sondern alle möglichen Stimmen nachgemacht hatte.

Merlin lächelte nur und brühte den Tee auf. »Das wird euch stärken nach der vergangenen Nacht. Paul, hör auf zu denken. Heb dir deine Kraft für die Zukunft auf, wirst sie brauchen.«

Zwei Wochen später erreichte die Schausteller die Kunde, dass man eine Hexe verbrannt habe. Eine Magd namens Berta habe bei der peinlichen Befragung durch die Kirche den Bund mit dem Teufel gestanden, die Buhlerei mit ihm und den Teufelsflug. Er habe sie außerdem zum Brand angestiftet.

Schiltach war dabei wieder, wie zwei Jahrzehnte zuvor, fast völlig niedergebrannt, denn das Feuer hatte schnell vom Wirtshaus auf die umliegenden Häuser übergegriffen.

Personen und Handlungen sind nicht frei erfunden, sondern basieren in weiten Teilen auf den tatsächlichen Ereignissen im Jahr 1533, so beispielsweise Details der Exorzismusszene wie die Vogelstimmenimitation. Ein Großteil der Geschichte entspringt natürlich dem schriftstellerischen Gestaltungswillen der Autorin.

Quellen:
Hans Harter: Der Teufel in Schiltach. Ereignisse, Deutungen, Wirkungen. Beiträge zur Stadt Schiltach Bd. 2, Hrsg. Stadt Schiltach 2005
www.historicum.net/fileadmin/sxw/Themen/Hexenforschung/Themen_Texte/Regional/Teufel_komplett.pdf

LISA STRAUBINGER

Piranhanacht

Köngen

In jener Nacht habe ich geweint. Es hat geschneit, fein und leise, wie in einem Märchen. Der Winter war damals zauberhaft. Sie nahmen mich weg, stahlen mich der Welt. Ich erinnere mich daran, wie sich die kalte Luft anfühlte, wie sich die Hände anfühlten, die mich hektisch wegtrugen, und wie das war, nicht mehr zu Hause zu sein. Alles ging ganz schnell. Siebzehn Jahre später weiß ich noch alles von jener Nacht und doch nichts mehr, was mir jetzt helfen könnte.

Es ist Anfang September, warm. Kein Schnee, kein Märchen. So fühlt sich Realität nun einmal an.

Joshi gibt mir ein Zeichen. Ein stilles Schulterzucken, ich setze mich in Bewegung. Er ist von uns beiden der Profi. Hat mit elf angefangen, im Süßwarengeschäft Lollis und kleine Gummibärenpäckchen zu klauen. Hat später mit Handys weitergemacht und wurde von Rossi aufgegriffen, als er gerade volljährig wurde.

Ich bin erst vor einem Jahr dazugestoßen und mache mich nicht so gut, aber Joshi hat mich trotzdem mitgenommen. Aus Mitleid? Schwer zu sagen. Vielleicht, weil wir Rossi zusammen ausgetrickst haben und er weiß, dass er sich auf mich verlassen kann. Auch, weil er mir etwas schuldet. Einen Dieb zu betrügen ist schwer, das stimmt, aber es lohnt sich. Rossi bedeutet mir nichts, und das hat geholfen. Wenn Joshi mich jetzt sieht, sieht er jemanden, der sich noch mehr verloren hat als er. Nur zusammen können wir das schaffen.

Rossi hat ihm alles beigebracht, was er heute weiß. Also auch, dass er sich die Kapuze tief ins Gesicht zieht, genauso die Baseballcap und den Schal. Wir wissen, dass der alte Mann keine Überwachungskameras hat. Wir haben ihn in den letzten Tagen ausspioniert, haben uns alles genau gemerkt und wissen, dass uns niemand sehen wird, aber trotzdem. »Aber trotzdem« sind Rossis Lieblingsworte, gleich nach »wehe, ihr werdet erwischt« und »glaubt bloß nicht, dass ihr ohne Beute zurückkommen könnt«. Wir denken nicht daran, zumindest Joshi nicht, das weiß ich. Das ist wie bei einem Spitzensportler kurz vor dem Wettkampf. Das Ziel, sonst nichts. Der Meisterdieb denkt nur an den Safe im ersten Stock. Die Treppe hinauf, zweite Tür rechts, im Kleiderschrank.

Ich bin anders.

Ich bin kein Profi.

Ich bin ein Opfer.

Und in manchen Nächten, da bin ich ein Täter.

Ich schlucke, als ich die silbrigen Werkzeuge in Joshis Fingern sehe und weiß, was gleich passieren wird. Es ist nicht mein erster Einbruch, und trotzdem fühlt es sich so an. Ich kann Türen knacken und Schlösser öffnen, aber nicht heute. Heute schlägt mein Herz laut und meine Finger sind schwitzig. Joshi weiß das und macht es deswegen selbst. So schnell wie möglich rein, alles mitnehmen, was irgendetwas einbringt, so schnell wie möglich raus. Noch eine Rossi-Regel. Wenn er wüsste, dass wir heute Nacht hier sind, würde er ausrasten. Aber er weiß es nicht und wird es nie erfahren.

Eine angenehme Gänsehaut fliegt über meinen Körper wie der Flügelschlag eines Vogels. Joshi und ich, wir sind frei. Ich bin frei. Wir haben es tatsächlich geschafft. Es hat mich eine Ewigkeit gekostet, aber wenn ich will, kann ich gehen. Kann in mein Märchen zurückkehren und Dinge wie einen Schneefall anders bezeichnen als fein und leise. Es gibt bestimmt andere Arten von Schnee.

Das war in den letzten 17 Jahren nicht wichtig gewesen, aber jetzt ist es das wieder, weil ich frei bin. Frei.

Joshi öffnet die Terrassentür. Kein Alarm geht los, kein Licht geht an. Der alte Mann war unvorsichtig, was uns zugutekommt. Der Piranha hat nicht damit gerechnet, selbst angegriffen zu werden. Dabei hätte er das eigentlich müssen. Die meisten alten Menschen lassen sich beraten und installieren irgendwann einen Einbruchsschutz. Um ins Innere zu kommen, muss man sich richtig anstrengen. Einen Schlüssel nachmachen oder eine Scheibe einschlagen oder einen Trick anwenden. Mir macht das Spaß, Joshi hasst sowas. Schnell rein, schnell raus. Aber trotzdem. Wenn Joshi redet, klingt er wie Rossi, und die Ähnlichkeit der Namen ist kein schlechter Scherz mehr, sondern erschreckend.

Er lässt mich in das Wohnzimmer eintreten. Es ist stickig, man kann kaum atmen. Ich stecke meine beiden Fäuste in die Tasche meines Sweatshirts und halte die Luft in meinen Lungen, solange ich kann.

In jener Nacht hat es auch so gerochen, ein bisschen nach gebratenem Essen und Mottenkugeln. Die Dinge ändern sich und sie ändern sich nicht. Wir haben keine Taschenlampen dabei, leider. Ich hätte alles gerne noch einmal aus der Nähe gesehen, aber Taschenlampen sind gefährlich. Das alte olivgrüne Sofa, die Stehlampe, der alte Fernseher. Die Schwarz-Weiß-Bilder aus längst vergangenen Zeiten. Als ich war, wer ich früher gewesen bin, haben mir die am allermeisten Angst gemacht. Bilder nur in Schwarz und Weiß. Der alte Mann hat Mama und mich manchmal eingeladen. Da hat seine Frau noch gelebt und sie hat Kuchen gebacken. Ich durfte mir eine Sache aus ihrem großen Schrank aussuchen und damit spielen. Manchmal entschied ich mich für einen kleinen Plastikhund, ein anderes Mal für ein Seifenblasenfläschchen, aber in den meisten Fällen nahm ich ein altes Malbuch und längst eingetrocknete Stifte. Sie erzählten uns, dass die Sachen von ihrem Enkel waren, aber das glaube ich schon lange nicht mehr.

Die haben mich damals in dieses Haus gebracht und dann weit weg. Ich weiß nicht einmal, ob ich eine Zeit im Ausland gelebt habe oder nicht. Sie haben mir andere Namen gegeben, bis meiner ein Geheimnis geworden war. Lily, geflüstert, kurz vor dem Schlafengehen, wenn keiner mehr da war, keiner mich mehr beobachtete. Das war ich und würde ich immer sein. Jeder neue Ort ein neuer Name. Jeder neue Besitzer ein neuer Name. Jeder neue Tag ein neuer Name. Jede neue Nacht. Neuer Name. Ich erinnere mich an keinen mehr und bin dankbar dafür, weil ich mir einbilde, wenn ich nur die Namen vergesse, werde ich auch vergessen, was passiert ist an diesen Tagen, in diesen Nächten. Vielleicht irgendwann. Heute Nacht bin ich der Piranha.

Joshi nickt mir zu. Er eilt von Zimmer zu Zimmer, während ich stehen geblieben bin und mir einbilde, dass meine Augen sich nicht an die Dunkelheit gewöhnt haben. Bullshit. Meine Augen, mein ganzer Körper, haben sich an die Dunkelheit gewöhnt wie eine zweite Heimat. Dabei ist dieses Dorf am Neckar meine erste, meine einzige.

Joshi und ich haben alles ganz genau geplant. Es ist kurz nach eins. Der alte Mann schläft schon. Er isst um sechs Uhr zu Abend, verschwindet dann für eine halbe Stunde in seinem Keller. Später zieht er sich einen Schlafanzug an, putzt sich die Zähne und schaut fern, bis die Tagesschau mit dem Wetterbericht endet. Er schaltet den Fernseher aus und geht schlafen. Weil er alt ist und allein, gehen Joshi und ich davon aus, dass er nachts wach wird, vielleicht durchs Haus wandert. Wir haben das Haus lange genug beobachtet, um zu wissen, dass das eine Möglichkeit ist. Aber man kann das nicht wissen und die Aktion nicht davon abhängig machen. Dafür ist das viel zu wichtig. Für Joshi, für mich.

Joshi hat seine Tasche voll, Silberbesteck und alten Schmuck. Er ist leise. Wenn ich nicht wüsste, dass er da ist, würde ich denken, ich bin mit meiner Vergangenheit allein. Wir gehen in den Flur, er deutet mir an, ihm zu folgen. Der erste Stock, los jetzt, Lily, los. Ich sehe es in seinem Gesicht und werde schwermütig.

Es ist meine Idee gewesen, hierherzukommen. Offiziell sind Joshi und ich auf der Flucht. Wir sind abgehauen. Die Hure und der Dieb. Kein toller Stoff für ein Märchen. Wir sind nicht das, was wir füreinander wollen, aber das, was wir brauchen. Ich habe unbedingt hierher gewollt. Ich habe es noch einmal sehen müssen. Mein altes Leben in diesem Dorf am Neckar. Die haben mir damals den Akzent abgewöhnt, das Schwäbische, den ländlichen Singsang, den man in der Nähe von Stuttgart spricht, wenn man hier geboren und aufgewachsen ist. Die haben mir alles abgewöhnt, was mal ich war, und deswegen habe ich noch mal hierherkommen müssen.

In der Ferne, irgendwo weit weg, knarrt eine Treppenstufe. Wie das Haus und sein Inneres klingen würde, das haben wir nicht gewusst, als wir in unserem Auto gesessen und es beobachtet haben. Joshi räuspert sich. Ich erwache aus meiner Starre.

Der alte Mann ist wach. Er schleicht die Treppenstufen hinunter.

Joshi greift mich am Jackenärmel, drängt mich zur Seite, und als der Mann im Flur steht und in die Küche schlurft, zieht Joshi mich weiter zur Haustüre. Das Licht geht an. Die Helligkeit brennt mir in den Augen. Die Küche ist vielleicht zwei Meter weg.

Das ist der alte Mann, der früher mal nicht ganz so alt gewesen ist, aber trotzdem älter als meine Eltern. Im Internet stand, dass sie davon ausgingen, ich sei von einem

Unbekannten entführt worden, aber das stimmte nicht. Der Nachbar meiner Eltern. Das Ehepaar hatte für alle Fälle einen Ersatzschlüssel. Wie man das unter Nachbarn macht. Die passten auf mich auf, als ich ein kleines Kind war, wenn Mama schnell zum Laden um die Ecke musste, um für das Kaffeekränzchen noch Milch zu kaufen, und später dann entführten sie mich. Die Polizei hätte nur kommen und die Dinge nach meinen Fingerabdrücken untersuchen müssen. Im Keller gab es einen Raum und zu diesem Raum gab es nur einen Schlüssel, und den trug der alte Mann um den Hals, an einer Kette, wie einen Schatz. Im Keller war ich vier oder fünf Wochen eingesperrt. Sie gaben mir Essen, ließen mich das Malbuch fertig ausmalen und zogen mir Klamotten an, die komisch alt rochen. Ich habe nicht recherchiert, aber ich war nicht das erste und auch nicht das letzte Kind, das in diesem Kellerraum auf sein neues Leben warten musste. Sie verkauften mich an einen Mann in Karlsruhe, der mich für ein Jahr besaß. So begann es, das andere Leben, das ich gehabt habe. Bis heute.

Das ist er also, der alte Mann. Seine Füße sind schwer und schlurfen über den Boden, wenn er läuft. Die Schlappen sind ihm zu groß. Sein Gesicht ist eingefallen und rund geworden, sein Ranzen mächtig gewachsen, seine Haare fein und wenig. Er widert mich an, aber trotzdem kann ich meinen Blick nicht von ihm abwenden. Was macht man, wenn man die Person sieht, die sein Schicksal bestimmt hat? Ist es so, wenn Leute von Gotteserscheinungen sprechen, nur dass mein allmächtiger Gott echt ist und existiert und dort ist, vielleicht drei Meter entfernt von mir, und sich Wasser in ein Glas einlaufen lässt? Kann ich ihn einfach umbringen? Ich drücke meinen Rücken an die Wand und stelle mich auf Zehenspitzen. Joshi lässt meinen Ärmel los und greift nach meiner Hand. Er hält sie so lange fest, bis ich wieder auf meinen Fersen stehe und den Blick senke. Das traue ich mich doch eh nicht.

Joshis Blick fällt auf die Tür gegenüber. Der Keller. Wenn man die Treppe hinaufgezogen wird, weil man sich mit all seiner siebenjährigen Kraft wehrt, schlägt man sich die Knie auf und behält Narben zur Erinnerung. Als ob man die brauchen würde. Joshi weiß das alles nicht. Er denkt wahrscheinlich an den Safe und alles, was er darin finden würde. Aber das kann er nicht, weil der alte Mann wach ist und der Safe im Zimmer neben dem Schlafzimmer ist und dahin können wir nur, wenn der alte Mann wieder in seinem Bett liegt und schläft. Und einschlafen wird der alte Mann nicht so schnell.

Joshi hält seinen Blick auf die Tür gerichtet und flüstert: »Bin gleich wieder da.« Er legt seine in die Jacke eingewickelte Hand auf die Türklinke, drückt sie hinunter und tritt auf die Kellertreppe. Es wird eine ganze Lebenszeit dauern, bis er wiederkommt und mich retten kann. Ich presse die Augen fest zu, bis es schmerzt, bis meine Augen tränen.

Piranhas sind meine Lieblingsfische. Der Mann in Karlsruhe gab mich an eine Familie am Bodensee. Da war ich acht und lebte in einem Raum voller Aquarien. Regenbogenfische, Scheibenputzer, Tetras, so bunt und fantastisch, so frei – und doch eingesperrt in ihrer kleinen Welt. Die hatten mich hauptsächlich für den Haushalt, sie gaben nichts auf mich. Ich war unsichtbar und bin es immer noch. Nur wenn es darum ging, die Piranhas zu füttern, da sahen sie mich. Pass auf, dass du deine Finger nicht hineinbekommst, die sind so schnell und nehmen keinerlei Rücksicht auf dich. Lebensweisheiten. Ich schnaube spöttisch bei dem Gedanken und bereue es sofort.

Der alte Mann stellt das Glas ab, laut. Er horcht, ich weiß es. Er hat mich gehört. Er muss mich gehört haben.

»Hallo?«, sagt er. Die kratzige Stimme hallt im Haus wider.

Ich presse meine Lippen aufeinander. Gleich kommt er. Gleich ist alles vorbei.

Er schlurft über den Fliesenboden und ich könnte weglaufen, mache es aber nicht. Der einzige Weg ist der Keller. Dann sind Joshi und ich gefangen, für immer.

Eine Gruppe von Piranhas, die gefüttert wird, nimmt keine Rücksicht auf gar nichts. Keine kleinen Mädchenfinger, keine anderen Fische, keine anderen Piranhas. Wenn man Piranhas in einem Aquarium sieht, kann es vorkommen, dass sie Löcher in ihren Körpern haben, in ihren Köpfen oder in ihren Flossen. Das macht einen Piranha aus. Er heilt schnell, viel schneller als andere Fische. Aus dem Täter wird ein Opfer und dann wieder ein ganz normaler Fisch. Wie jemand, der frei ist und trotzdem in seiner Welt gefangen. Ich bin ein Piranha geworden mit der Zeit.

Der alte Mann schaut mich an, ich schaue zurück.

»Du ...« Er hebt die Hand und zeigt auf mich. Stolpert rückwärts durch den Flur.

»Ich wette, du hast nicht damit gerechnet, mich je wiederzusehen«, sage ich, als ich meine Stimme hinter all der Angst wiedergefunden habe.

Er stolpert erneut, fällt auf den Boden. Ich gehe auf ihn zu, Schritt um Schritt. Ein Piranha heilt schnell. Ich bin ein Piranha, und das hier ist eine Piranhanacht.

Er zittert und stöhnt, und als er versucht, sich aufzurichten, streckt er seine Hand aus. Wie in einem schlechten Film. Im Keller fällt etwas um. Joshi. Die Augen des alten Mannes weiten sich. Ich verstehe, was da mit ihm passiert. Er hält sich den linken Arm und ächzt und stöhnt. Ein Herzinfarkt sieht nie schön aus. Ich sollte den Krankenwagen rufen. Ich bleibe stehen und schaue ihm dabei zu, wie er sich einpisst. Genugtuung fühlt sich anders an, aber das hier ist ein Anfang.

»Lily?« Joshi öffnet die Tür und streckt den Kopf zur Tür hinaus. Er sieht, was passiert. »Um Gottes Willen, Lily!« Ich lächle. Das ist mein Name, meiner.

»Du machst mir Angst, weißt du das?« Joshi stellt sich dicht neben mich. Er ist der einzige Mensch, von dem ich körperliche Nähe annehmen kann.

»Wir müssen ... Hilfe holen?«

Manchmal ist Joshi ein Trottel. Das Adrenalin in meinen Adern zwingt mich fast, ihn zu umarmen und ihm zu sagen, dass ich ihn liebe, so sehr. Genugtuung fühlt sich vielleicht doch so an. Ich bin glücklich, ist das nichts?

»Nein, das müssen wir nicht.«

In dieser Nacht weine ich nicht. Ich weiß, dass der alte Mann Fotos hat. Diese Art von Mann ist so. Als wir sie gefunden haben, fangen wir an, ein Bild zu inszenieren, das sich nur die Götter ausdenken können. In dem Fall nur ein Gott, ich. Der Erzengel Joshi hilft mir, die Bilder so zu platzieren, dass die Polizei damit genug zu tun haben wird. Vielleicht wird das etwas ändern. Vielleicht auch nicht. Wir bringen alles an seinen Platz zurück, den Schmuck und das Silberbesteck, damit niemand weiß, dass wir hier gewesen sind. Das ist jetzt wichtiger und Joshi versteht das.

Joshi ist schon im Wagen und wartet auf mich. In Rossi-Manier hat er mich daran erinnert, dass ich schnell machen muss, weil mich sonst jemand erkennt. Morgen wollen wir im Schwarzwald sein, vielleicht ein Einbruch, vielleicht nicht. Wahrscheinlich nicht. Ich brauche eine Pause. Sie werden den alten Mann bald finden, die Hölle wird losbrechen. Ich stehe im Vorgarten und beobachte das Haus. Nicht das Haus des alten Mannes, das das Geheimnis der Dunkelheit in sich trägt, sondern das meiner Eltern. Sie wohnen immer noch da, nach all den Jahren. Sie haben mich nie aufgegeben.

Ich drehe mich weg. Ich sollte nicht hier sein. Bin froh, dass wir aber trotzdem gekommen sind.

»Hallo? Alles okay bei Ihnen?«

Ich gerate aus dem Gleichgewicht, nur für eine Sekunde. Meine Mutter kommt vom Gehweg auf mich zu. Sie sieht aus wie in meinen Erinnerungen, nur gealtert und verbraucht. Der Hund um ihre Füße ist neu, ein unermüdlicher Dalmatiner. Das Leben hat sie gebrochen. Sie hat ein halbes Leben gelebt ohne mich, hat sie einem Reporter erzählt. Und dass mein Vater wegziehen wollte, sie nicht. Sie sagte, sie fühle es in ihrem Herzen, dass ich wiederkommen würde. Wie konnten sie mich so sehr lieben, ohne mich je zu kennen.

Ich nicke zögerlich. Jetzt ist alles in Ordnung, will ich sagen. »Konnten Sie auch nicht schlafen? Spazieren gehen hilft, finde ich, das beruhigt die Gedanken.« Sie sieht aus wie jemand, der etwas Wichtiges verloren hat. Vertrauen. Hoffnung.

»Spazierengehen hilft. Da werden die Gedanken frei.« Sie lächelt mich an, im spärlichen Licht der Straßenlaterne ist das kaum zu erkennen.

»Also dann, gute Nacht. Kommen Sie gut nach Hause.«

Sie erkennt mich nicht. Sie weiß nicht, wer ich bin. Ich nicke ihr zu, lächle. Sie verabschiedet sich und ruft den Hund. Geht.

Ich sehe Joshi im Wagen sitzen, wie er mit den Fingern auf das Lenkrad trommelt.

Ich drehe mich zu meiner Mutter um. Ich denke an Joshi, an Rossi, an den erbärmlichen alten toten Mann und die letzten Jahre. Ja, jetzt ist alles in Ordnung. Die Sonne geht auf an diesem Septembermorgen. Die Nacht ist vorbei.

»Warte«, rufe ich.

Jährlich verschwinden 100.000 Menschen in Deutschland. Die meisten tauchen nach einigen Tagen wieder auf, aber etwa 10.000 Menschen sind in der Vermisstendatenbank des BKA in Wiesbaden dauerhaft als vermisst gelistet. Offiziell werden jährlich 400 bis 500 Fälle von Menschenhandel bei der Polizei registriert. Die Dunkelziffer liegt höher.

USCHI KURZ

Das Klassentreffen

Ulm

Natürlich war er viel zu früh. So früh, dass der Parkplatz im Hinterhof des *Ratskellers* noch komplett leer war. Manfred Stein hatte zur Feier des Jubiläums in die Stammkneipe geladen, in der früher schon sein Vater die Strippen gezogen hatte. Hartmut stieg aus und holte die Einladungskarte aus seinem Sakko. Abermals kontrollierte er den Ort und das Datum. *Ratskeller*, Freitag, 22. November, 20 Uhr. Wenn er jetzt schon hineinginge, wäre er bestimmt der Erste und später den Blicken aller Ankömmlinge ausgeliefert. Dabei hasste es Hartmut, im Mittelpunkt zu stehen.

Sein Blick fiel auf den Gasthof *Bären*. Ein kleines, gemütliches Lokal auf der anderen Seite des Platzes. Ein schnelles Bier vorab konnte nicht schaden.

Entschlossen trat Hartmut ein – und sah sich verblüfft um. Der hohe Gastraum mit der getäfelten Decke hatte sich nur wenig verändert, seit er vor einer gefühlten Ewigkeit das letzte Mal hier gewesen war. Die Tischdeko bestand immer noch aus scheußlich kackbraunen Plastiksets, in der Mitte prangte ein Trockengesteck, das jedem lieblosen Grabschmuck zur Ehre gereicht hätte. An den Wänden hingen die gleichen Jagdszenen in Öl, dazwischen einige angestaubte Trophäen, für die Rehböcke und ein stattlicher Hirsch hatten sterben müssen. Nur der Namensgeber selbst, ein zerrupfter Bärenkopf, den die Wirtin gekauft hatte, als sich das örtliche Naturkundemuseum von einem Teil seines Fundus getrennt hatte, prangte nicht mehr an der Wand. Mit einem Blick hatte Hartmut die beiden verblassten Stellen an der gegenüberliegenden Wand entdeckt und musste schmunzeln. Von dort hatte einst der Bär seine gläsernen Knopfaugen über die Gäste schweifen lassen.

Jetzt war wenig los in dem Lokal, das, seit er denken konnte, im Schatten des repräsentativeren *Ratskellers* stand. Nur drei Tische waren besetzt, jeweils mit zwei Personen. An einem Tisch schien ein älteres Paar mit Genuss einen Rostbraten zu verspeisen. Der *Bären* war schon zu Hartmuts Schulzeiten für seinen leckeren Rostbraten bekannt gewesen – und war es offensichtlich noch.

Hartmut setzte sich ans Fenster, von wo aus er bequem die Ankunft seiner ehemaligen Klassenkameraden auf dem Parkplatz beobachten konnte.

Als Erster lief Siggi ein, das *Wiesel*. Natürlich! Hartmut erkannte ihn sofort. Siggi war fast noch dünner geworden, aber seine verhuschten Bewegungen waren geblieben. Siggi war schon zu Schulzeiten der Adlatus vom großen Manfred gewesen und immer um ihn herumscharwenzelt. Manne war der Mann fürs Grobe, Siggi durfte die Scherben aufräumen oder die 50-Mark-Scheine zücken, wenn Manne wieder einmal über die Stränge geschlagen hatte. Und Manne schlug oft und kräftig über die Stränge. Siggis Aufgabe war es auch, die Frauen anzuschleppen, wenn Manne sturmfreie Bude hatte. Die Feste in der Ulmer Villa Stein waren berühmt-berüchtigt und hätten mehr als einmal ein juristisches Nachspiel gehabt, wenn nicht Siggi schon damals so überaus erfolgreich Krisenintervention betrieben hätte.

»Was darf es denn sein?« Ohne dass er es bemerkt hatte, war die Bedienung an seinen Tisch getreten, und erneut erlebte Hartmut ein Déjà-vu. Er war fast sicher, dass die alte Wirtin nach so vielen Jahren nicht mehr arbeitete, womöglich sogar nicht mehr am Leben war. Und doch war er für einen Moment überzeugt, die Zeit sei stehen geblieben Die Frau musste ihre Tochter sein, denn sie war ihr wie aus dem Gesicht geschnitten. Selbst der Kleidungsstil war ganz ähnlich. Obwohl die Frau ziemlich drall war, trug sie einen eng anliegenden blauen Rock und eine Blümchenbluse, deren oberster Knopf – wie bei ihrer Vorgängerin – kurz davor war abzuspringen. Komplettiert wurde das Bild von dunkelblauen Gesundheitssandalen, die ihre besten Tage schon lange hinter sich hatten.

Hartmut räusperte sich und bestellte ein alkoholfreies Bier. Zumindest das hatte der *Bären* vor 20 Jahren noch nicht auf der Getränkekarte gehabt.

Dann schweiften seine Gedanken zu dem Klassentreffen zurück. Und zu Manne und seinem *Wiesel*. An der Aufgabenverteilung hatte sich seit ihrer gemeinsamen Zeit im Gymnasium nichts geändert. Manne war in die Fußstapfen seines Vaters getreten, hatte sein riesiges Bauunternehmen (eines der größten Süddeutschlands) übernommen und Siggi hatte – wie sein Vater – Jura studiert. Aus ihm war ein gerissener Winkeladvokat geworden, der Manne bei Bedarf immer wieder aus der Scheiße zog. Einmal hatte es fast so ausgesehen, als würde man Manne endlich drankriegen. Seine Firma hatte beim Neubau einer Sporthalle nachweislich schlechten Beton verarbeitet. Kurz vor der Einweihung war die Decke eingestürzt. Der Fall hatte in der Presse einen riesigen Wirbel ausgelöst. Doch dann hatte der Hauptbelastungszeuge im letzten Moment das Gedächtnis verloren. Angeblich lebte er jetzt von Mannes Gnaden nicht schlecht in einem Häuschen in der Toskana.

Auf dem Parkplatz hatte Siggi mittlerweile einen Laptop aus dem Auto geholt und war im *Ratskeller* verschwunden. Er würde bestimmt die obligatorische Powerpoint-Präsentation vorbereiten. Als zweiter rückte Börni an, der ebenfalls zu Mannes engster Gefolgschaft zählte. Klein, kugelrund und kahlköpfig, war Börni alles andere als charismatisch. Dennoch war er in die Politik gegangen. Weil er ein leidlich guter Redner war, das richtige Parteibuch und vor allem eine einflussreiche Seilschaft hatte, war ihm auf Anhieb der Einzug in den Bundestag gelungen. »Mein Mann in Berlin« nannte ihn Manne bei jeder passenden und unpassenden Gelegenheit. Ein Spruch, der sicher auch heute Abend fallen würde. Manne, Siggi und Börni – ein Triumvirat, wie es im Buche stand.

Die Kellnerin erschien und servierte das Bier. Hartmut nahm einen großen Schluck und musste wieder einmal enttäuscht feststellen, wie sehr doch alkoholfreies Bier geschmacklich hinter dem gehaltvollen Original zurückblieb. Er schaute nach draußen, wo im selben Moment Biggi mit Elvira im Schlepptau um die Ecke bog. Obwohl er sie ewig nicht gesehen hatte, erkannte er die beiden sofort. Biggi und Elvira waren schon während der Oberstufe unzertrennlich gewesen. Nicht einmal, dass beide (wie sich später herausstelle, gleichzeitig) eine Affäre mit Manne hatten, konnte ihrer Freundschaft etwas anhaben.

Dann erschien auch schon der große Macher himself. Standesgemäß in einem schwarzen Porsche Cayenne, den er genau unter dem Fenster des *Bären* parkte. Obwohl Hartmut das Kennzeichen nicht erkennen konnte, wusste er, dass es Mannes Initialen und sein Geburtsjahr trug: MS 75. Als Manne, der in den vergangenen Jahren kräftig an Kampfgewicht zugelegt hatte, ausstieg und mit der ihm eigenen großspurigen Art um sich blickte (»das Terrain sondierte«, wie er früher zu sagen pflegte), zuckte Hartmut unwillkürlich zurück. Es lief ihm eiskalt über den Rücken. Schlagartig tauchten die Erinnerungen auf. Die unzähligen Situationen, in denen er von Manne und seinen Kumpanen gehänselt worden war. Dabei hatten sie ihn nicht einmal besonders auf dem Kieker gehabt. Oft genug war er von ihnen einfach ignoriert worden, aber vom großen Zampano Manne ignoriert zu werden, war fast noch schlimmer.

Kaum war Manne im *Ratskeller* verschwunden, erschien Siggi wieder auf der Bildfläche, wieselte zu Mannes Porsche, öffnete ihn mit der Fernbedienung und holte eine große Aktenmappe vom Beifahrersitz, die Manne wahrscheinlich absichtlich dort vergessen hatte. Nur damit Siggi sie ihm hinterhertragen konnte. Bevor Siggi wieder Richtung Lokal verschwand, legte er die Aktenmappe auf das Dach des Porsches und sah sich vorsichtig um. Er nestelte an seiner Hose und – Hartmut traute seinen Augen kaum – pinkelte doch tatsächlich an den Hinterreifen der Luxuskarosse. Auch eine Art Protest. Das machte das *Wiesel* fast sympathisch, dachte Hartmut und musste unwillkürlich grinsen.

Nach und nach trudelten weitere Schulfreunde ein. Freunde war eigentlich zu viel gesagt. Hartmut hatte mit keinem viel am Hut gehabt. Außer mit Bernhard und der würde heute nicht kommen, weil er auf Montage im Ausland war. Bernhard war es auch, der ihm die Einladung zugeschickt hatte. Weil Hartmut bei den letzten beiden Klassentreffen mit Abwesenheit geglänzt hatte, war er bei Manne beziehungsweise bei Siggi in Ungnade gefallen. Der führte genau Buch und wer zum zweiten Mal einer Einladung von Manne nicht nachkam, wurde gnadenlos von der Liste gestrichen.

Hartmut war lediglich beim ersten Klassentreffen zehn Jahre nach dem Abi dabei gewesen und hatte sich reichlich unwohl gefühlt. Er konnte weder mit einem erfolgreichen Studium noch mit einer interessanten Beziehung aufwarten. Damals hatte Manne beschlossen, dass man sich künftig alle fünf Jahre treffen würde. Beim zweiten Klassentreffen vor zehn Jahren hatten sich Bernhard und er doch tatsächlich in der Kneipe geirrt. Einen ganzen Abend waren sie im falschen Lokal herumgesessen, in der festen Überzeugung, den Termin verwechselt zu haben. Später erfuhren sie, dass das Datum sehr wohl gestimmt hatte und sie lediglich am falschen Ort gewesen waren. Immerhin hatten sie sich an dem Abend gut unterhalten. Wahrscheinlich besser, als wenn sie bei dem Klassentreffen gewesen wären. Beim Gedanken an Bernhard fiel Hartmuts Blick unwillkürlich auf die beiden hellen Flecken, die an der Wand zwischen zwei Jagdszenen daran erinnerten, dass hier einmal etwas gehangen hatte. Die Wand war seither nie gestrichen worden. Längst vergessen geglaubte Szenen stürzten auf ihn ein. Es kam ihm vor, als wäre es gestern gewesen. Hartmut musste sich erfreut eingestehen, dass während seiner Schulzeit nicht alles trist und öde gewesen war und er, auch ohne zu Mannes Clique gehört zu haben, manches zum Lachen gehabt hatte. Während Manne mit seinem Hofstaat die Hohlstunden und die Stunden, die er einfach so ausfallen ließ, in einer angesagten Pizzeria verbrachte, hatten Hartmut und Bernhard es vorgezogen, im *Bären* abzuhängen. Irgendwann hatte sich dann Gudrun zu ihnen gesellt. Dieses Schuljahr war unbestritten das schönste gewesen, das Hartmut auf dem Gymi erlebt hatte. Leider war Gudruns Familie ein Jahr vor dem Abi nach Australien ausgewandert. Was vielleicht ganz gut gewesen war, denn Bernhard und er hatten sich beide in Gudrun verliebt. Was wohl aus ihr geworden war?

Gudrun war es auch gewesen, die die verrückte Idee hatte. Mittwochvormittags hatten sie immer zwischen 10 und 11 Uhr eine Hohlstunde, in der sie sich gerne in den *Bären* verzogen. Dort war um diese Zeit absolut nichts los, weil die Wirtin in der Küche den Mittagstisch vorbereitete. So hatten sie irgendwann damit begonnen, wenn sie allein in der Kneipe waren, den Bärenkopf zu verzieren. Mal verpassten sie ihm eine Sonnenbrille, dann eine Mütze, Kopfhörer, eine Pfeife oder einen Mundschutz. Die alte Wirtin hatte nie gescholten, sondern nachdem sie weg waren, lediglich klaglos die Utensilien entfernt. Als Gudrun einmal aber ein Schild am Gebiss des staubigen Kerls befestigte, auf dem in großen Lettern »Heute Freibier« stand, war es der Wirtin wohl zu viel geworden. Jedenfalls hing der Bär bei ihrem nächsten Besuch einen guten Meter höher direkt unter der Decke. Daraufhin ließen die drei den Schabernack einige Wochen sein. Eines Tages brachte Gudrun einen rosa BH mit. Sie ließ sich von den beiden Jungs in einer waghalsigen Aktion unter die Decke heben und drapierte ihn um den Bärenschädel. Bei ihrem nächsten Besuch war der Bär endgültig verschwunden.

Mit einem großen Schluck leerte Hartmut sein Glas. Inzwischen war drüben das Klassentreffen bestimmt im vollen Gange. Der Parkplatz füllte sich immer mehr. Während er die meisten Frauen auf Anhieb erkannte, tat er sich bei manchen Männern schwer, so stark hatten sie sich verändert.

Beim letzten Klassentreffen – also dem vor fünf Jahren – hatte Hartmut gerade eine Scheidung hinter sich gehabt und war obendrein arbeitslos gewesen. Kurz, er hatte sich als Versager gefühlt und Manne & Co. nicht gegenübertreten wollen.

Mittlerweile war es etwas anders. Er hatte einen Job, der ihm gefiel, und glaubte, dass er mit etwas Gesprächsstoff aufwarten könnte. Irgendwie war er ja auch neugierig, was aus den anderen geworden war. Aber warum saß er dann hier und war nicht längst hinüber in den *Ratskeller* gegangen?

Seit einigen Minuten war niemand mehr angekommen und er selbst konnte sich immer weniger vorstellen, jetzt dort hineinzuplatzen. Vor der Zeit zu kommen war richtig Scheiße, aber war zu spät zu kommen nicht noch viel blöder? Überhaupt war das Ganze eine Schnapsidee. Hierher zu fahren und so zu tun, als hätte er jemals dazugehört. Seufzend bestellte Hartmut ein weiteres Bier, diesmal kein alkoholfreies. Drüben kam gerade ein Nachzügler an, nein, eine Nachzüglerin. Obwohl sie einen dicken Wintermantel, Mütze und Handschuhe trug, kam die Gestalt ihm bekannt vor. Am Eingang des *Ratskellers* schien die Frau zu zögern, dann lief sie quer über den Parkplatz und sah sich suchend um. Als sie näher kam, erkannte Hartmut, dass es Elsa war. Die schüchterne Elsa. Dass sie heute kommen würde, hätte er zuallerletzt erwartet. Elsa war die Person gewesen, die unter Manne und seinen Freunden am meisten gelitten hatte. *Pustel* hatten sie Elsa genannt, weil sie damals so stark Akne hatte. Doch irgendwann war das Gerücht aufgekommen, dass sie auf eine von Mannes Partys eingeladen worden war. Eine jener Partys, die erfahrungsgemäß gänzlich aus dem Ruder liefen.

Hartmut hatte Elsa mit ihren mandelförmigen grünen Augen, die ihr etwas Exotisches gaben, immer gerne gemocht, aber gesagt hatte er es ihr nie, und feige, wie er war, hatte er leider auch nie ihre Partei ergriffen.

Elsa war mittlerweile bei Mannes Porsche angekommen. Sie lief einmal um das Auto herum. Irgendetwas hatte sie in der Hand. Einen Schlüssel? Wollte sie etwa …? Doch jetzt sah sie in das Wageninnere hinein und öffnete plötzlich die Beifahrertür. Siggi hatte doch tatsächlich über seinem Sabotageakt vergessen, Mannes Statussymbol abzuschließen. Fasziniert beobachtete Hartmut, wie sich Elsa auf den Beifahrersitz setzte und das Handschuhfach öffnete. Sie wühlte ein wenig herum, nahm einen kleinen Gegenstand heraus und schaute ihn an. Hartmut konnte leider nicht erkennen, was es war. Es war ihm auch egal. Sollte sie dem Arschloch doch sein

Handy oder sonst was klauen, wenn es ihr danach besser ging.

Elsa stieg aus dem Auto aus, schlug die Türe zu und lief rasch davon, ohne sich umzudrehen. Schade, dachte Hartmut, wenn Elsa jetzt in den *Ratskeller* gegangen wäre, dann hätte er es sich noch einmal überlegt. So hakte er das Klassentreffen seinerseits endgültig ab und bestellte stattdessen einen Rostbraten.

Hartmut hatte gerade sein Essen bekommen, als er verblüfft registrierte, dass Elsa zurückkam. Hatte sie etwa Gewissensbisse? Tatsächlich öffnete sie erneut die Beifahrertür von Mannes Porsche, um rasch etwas ins Handschuhfach zurückzulegen. Dann richtete sie sich auf. Dabei streifte ihr Blick kurz das Fenster, hinter dem Hartmut saß, doch er glaubte nicht, dass sie ihn gesehen hatte. Und wenn schon, würde sie ihn wohl kaum wiedererkennen.

Während sie abermals in der Dunkelheit verschwand, blickte Hartmut ihr wehmütig nach. Er hätte wirklich gerne mit Elsa geredet. Aber vielleicht war es noch nicht zu spät. Er würde Bernhard fragen, ob er ihre Adresse hatte.

Fünf Jahre später.

Sie hatte gleich zugestimmt, als Hartmut vorgeschlagen hatte, zu dem Klassentreffen zu fahren, das dieses Mal von Siggi *in memoriam Mannes* organisiert wurde. Ort der Veranstaltung war natürlich wieder der *Ratskeller*. Jetzt, wo Manfred tot war, würde es für Elsa kein Problem mehr sein. Sie könnten bei der Gelegenheit in ihrer Heimatstadt ihr Fünfjähriges feiern. Dennoch war da das unbestimmte Gefühl, dass sie nur ihm zuliebe mitkam. Jedenfalls war sie während der Autofahrt ungewohnt schweigsam gewesen. In der letzten halben Stunde hatte sie keinen Ton mehr gesagt. Als er von der Autobahn auf die Landstraße Richtung Ulm einbog, begann sie unruhig auf ihrem Sitz hin und her zu rutschen. Sie holte ein Papiertaschentuch aus dem Handschuhfach und zupfte nervös daran herum. Jetzt kam die Unterführung in Sicht mit dem Brückenpfeiler, auf den Manfreds Porsche in jener Nacht geprallt war. Hartmut nahm seinen ganzen Mut zusammen und stellte die Frage, die ihn seit fünf Jahren beschäftigte: »Wie hast du es gemacht?«

Wenn sie überrascht war, so ließ sie es sich nicht anmerken. Sie neigte ihren Kopf zur Seite, was ihr asiatisches Aussehen noch verstärkte, und schaute ihn ruhig an. »All die Jahre hat mich der Gedanke zerfressen, wie ich mich an dem Schwein rächen könnte, und dann war es ganz einfach. Eigentlich wollte ich ihm nur den Lack zerkratzen, aber als ich sah, dass sein Auto nicht verschlossen war, kam mir das wie ein Wink des Schicksals vor. Ich wusste ja, dass Manfred ein hochgradiger Allergiker war und auf keinen Fall Nüsse essen durfte. Ich habe in seinem Handschuhfach nachgesehen, wo er früher immer seine ekligen Power-Riegel aufbewahrte. Da lagen tatsächlich drei Schoko-Riegel. Ohne zu überlegen, habe ich einen rausgenommen. Dann bin ich zur Tankstelle gelaufen und habe ein Fläschchen Erdnussöl gekauft. Bei der Apotheke am Marktplatz hängt immer noch der Apparat, an dem sich Drogenabhängige steriles Spritzbesteck besorgen können. Mit einer Spritze habe ich einen winzigen Tropfen Erdnussöl aufgezogen und in den Riegel injiziert. Danach habe ich den präparierten Riegel einfach wieder zurück ins Auto gelegt.«

Sie verstummte. Ohne es zu bemerken, fast wie in Trance, zerrupfte sie das Papiertaschentuch auf ihrem Schoß in winzige Fetzen.

»Wenn Manfred nicht so ein Gewohnheitstier wäre, würde er vielleicht noch leben. Ich wollte ihn gar nicht umbringen. Ich wollte ihm nur einen richtigen Schrecken einjagen. Er hatte auch immer sein Gegenmittel dabei. Ich konnte ja nicht ahnen, dass er gleich gegen einen Pfeiler fährt.« Elsa schluchzte. Nach einer Weile setzte sie trotzig hinzu: »Leid tut es mir trotzdem nicht. Wenn ich ganz ehrlich bin, war ich sogar erleichtert, als ich erfahren habe, dass er tot ist.«

»Hattest du kein schlechtes Gewissen, als Siggi wochenlang unschuldig in U-Haft saß, weil die Indizien gegen ihn sprachen?«, stammelte er verdattert.

»Im Gegenteil«, brach es nun aus ihr heraus, »dadurch habe ich meinen Glauben an die Gerechtigkeit wiedergefunden. Die paar Wochen Knast hat er wahrhaftig verdient. Eigentlich war das noch viel zu wenig!«

Die Worte klangen so hasserfüllt, dass Hartmut auf einmal alles schlagartig klar wurde.

»Manne war es gar nicht. Er war es. Siggi hat dich damals vergewaltigt?«

»Mein Gott, ja! Manne hat mich in der Nacht nicht angerührt. Im Gegenteil. Er hat gesagt, er würde sich an einer Pustel doch nicht die Finger schmutzig machen. Das hat er seinem Handlanger überlassen. Du kannst mir glauben, das *Wiesel* hat seine Sache gut gemacht.« Sie schwieg kurz, bevor sie verbittert hinzusetzte: »Wie immer, wenn Manne mit den Fingern geschnippt hat.«

»Wieso hast du die beiden nicht angezeigt? Warum hast du nie etwas gesagt?«

»Ich habe mich fürchterlich geschämt, dass ich so blöd war, auf die Party zu gehen. Was glaubst du, wem man wohl geglaubt hätte?«

Hartmut schwieg betreten. Sie hatte wahrscheinlich recht. Bestimmt sogar. Wenn einer die Möglichkeit hatte, eine Anklage ins Gegenteil zu verkehren, dann war es Manne. Er bremste ab und fuhr in eine Parkbucht.

»Was tust du da?«, fragte sie scharf.

»Wir fahren nach Hause. Ich könnte diesem Widerling nicht in die Augen blicken, ohne ihm alle Knochen brechen zu wollen. Aber ich würde garantiert den Kürzeren ziehen. Entschuldige, ich bin einfach ein feiger Hund.«

»Wir drehen nicht um. Wir fahren hin und gehen – in den *Bären*. Wir suchen uns einen schönen Tisch am Fenster und essen einen Rostbraten. Der soll dort doch immer noch ganz gut sein.« Elsa wirkte erleichtert, fast aufgekratzt. Sie zwinkerte ihm zu.

Wieder fiel es ihm wie Schuppen von den Augen. »Du hast es gewusst? Du hast die ganze Zeit gewusst, dass ich dich gesehen habe?«

»Ja. Ich habe dich an dem Abend am Fenster entdeckt, als ich über den Parkplatz gelaufen bin. Beim ersten Mal war ich mir nicht ganz sicher. Ich hatte dich ja so lange nicht mehr gesehen. Aber als ich den Riegel zurückgebracht habe, habe ich noch mal zu dem Fenster geschaut und da hast du dich gerade am Ohr gezupft. So wie früher.« Sie griff sich ans Ohrläppchen und machte die Bewegung nach. Dann strich sie ihm zärtlich über die Wange und sagte: »Hast du eigentlich schon bemerkt, dass du dich, seit wir zusammen sind, nie wieder am Ohr gezupft hast?«

Hartmut schaute sie verblüfft an. Es stimmte. Es war ihm bisher noch nicht aufgefallen. Sich ausgiebig am Ohr zu zupfen war eine Angewohnheit, die Hartmut seit der Schulzeit begleitet hatte. Jahrelang war er deswegen gehänselt worden. Seine Eltern hatten ihn sogar zum Psychologen geschleift, aber alles hatte nichts genützt. Jetzt war der Tick weg und er hatte es nicht einmal bemerkt.

Entschlossen setzte er den Blinker und gab Gas.

GABI SCHMID

Auf Wolke 7

Korntal-Münchingen

Sanft gebettet liege ich da. Sonnenstrahlen durchbrechen den Nebel, der mich umhüllt. Ich kann im ersten Moment nicht erkennen, wo ich mich befinde, aber das ist mir auch egal, denn so wohl und zufrieden habe ich mich lange nicht mehr gefühlt.

Langsam richte ich mich auf, sehe mich um und erkenne ... nichts. Ringsum nur Dunstschleier, alles wirkt so friedlich, kein Lärm ist zu hören. Sonnenstrahlen wärmen mein Gesicht und ich seufze wohlig auf. Dann werde ich aufmerksam und schnuppere: Es riecht nach einer Mischung aus Regen und Blumen. Wo bin ich? Während ich mich zu orientieren versuche, lichtet sich der Nebel ein wenig und ich blinzle erstaunt. Unter mir erblicke ich eine Miniaturlandschaft.

Wenn das ein Traum ist, dann will ich nicht aufwachen, beschließe ich und reibe mir die Augen. Doch was ich da sehe, verschwindet nicht: Städte wechseln sich mit Feldern, Wiesen und Mischwäldern ab. Das Wunderland erstreckt sich bis zum Horizont. Ich erkenne den Grünen Heiner, auf dem sich das Windrad heute ganz langsam dreht, bemerke die schnurgerade A81, die messerscharf die Felder und damit meine Heimatstadt in zwei Teile schneidet: in Korntal und Münchingen.

Aber wo ist meine gute Erziehung geblieben? Ich muss mich Ihnen ja erst einmal vorstellen: Ich, Anni Klever, kurz vor der Rente, Junggesellin aus Überzeugung, Apothekerin ebenfalls aus Überzeugung, lebe immer schon hier, in der Bindestrichstadt *Korntal-Münchingen*. Wie die Autobahn die Stadtteile trennt der Bindestrich die Korntäler von den Münchingern.

Wer für die – meines Erachtens nach völlig blödsinnige – Idee, die Gemeinden zu vereinen, einst gestimmt hat, lebt heute nicht mehr oder behauptet steif und fest, er habe damals dagegen gestimmt. Denn Gemeinsamkeiten gibt es wenige, was man schon daran erkennt, dass die Korntäler behaupten, im Münchinger Stadtteil lebe die bäuerliche Bevölkerung. Doch wir Münchinger nennen unseren Heimatort gerne *Perle des Strohgäus*. Denn Münchingen liegt im schönen Strohgäu, Korntal dagegen nicht!

Meine Überlegungen zu meiner Heimatstadt helfen mir aber auch nicht herauszufinden, was eigentlich passiert ist. Wieder schaue ich mich um, und ganz bruchstückhaft setzt die Erinnerung ein. Mein Herz jagt bei dieser Erkenntnis meinen Blutdruck nach oben. *Das kann doch nicht wahr sein, das war ganz anders geplant!* Aber lassen Sie mich von vorn beginnen, damit Sie im Bilde sind.

Vor zwei Jahren ist der Ehemann meiner Busenfreundin Lieselotte verstorben. Da er lange krank war, kam sein Tod für Lieselotte nicht überraschend. Zudem stand es um die Ehe längst nicht mehr zum Besten, so beschränkte Lieselotte die Trauerzeit auf das absolute Minimum und war zu meiner Freude bald zu gemeinsamen Unternehmungen bereit – wie früher. Als wir noch schmucke Frauenzimmer waren, haben wir immer die Dorffeste unsicher gemacht – wir waren damals unzertrennlich. Nun war das wieder so. Wir verbrachten nahezu unsere gesamte Freizeit gemeinsam. Diverse Kurzreisen führten uns quer durch Europa und wir genossen jede Stunde davon.

Gleich in der Woche nach der Beerdigung habe ich Lieselotte dazu überreden können, mich zum Schwimmen zu begleiten, und so treffen wir uns nun jeden Montag Punkt 14 Uhr in der Schwimmhalle. Während die Bindestrichstadt bis heute *zwei* freiwillige Feuerwehren, *zwei* Musikvereine, *zwei* Sportvereine, *mehrere* Kirchen, Pfarrer und nicht zuletzt *zwei* Rathäuser mit nur *einem* Bürgermeister hat, gibt es *ein einziges* Schwimmbad, und zwar in Münchingen, wo sonst!

Hier warten wir zusammen mit den anderen Badegästen jeden Montag geduldig, bis der Computer im Kassenbereich beschließt, es sei nun tatsächlich 14 Uhr und man könne die Badegäste einlassen. Im Badebereich begeben wir uns ganz gezielt auf der rechten Seite ins Wasser, weil im linken Bereich die Schwimmer stur ihre Bahnen ziehen, die – aber seien wir ehrlich, doch sehr aussichtslos – für eine Olympiateilnahme trainieren und aufbrausend reagieren, wenn sich jemand erdreistet, ihre Bahn zu kreuzen. Lieselotte und ich ziehen immer schwatzend unsere 40 Bahnen, mal schneller, mal langsamer, je nach Thema und Tagesform, und wir sind hinterher sehr zufrieden mit uns.

Zumindest dachte ich das, bis Folgendes passierte: An einem dieser Montage sprach uns Karl-Michael an. Okay, wenn ich ehrlich bin, dann sprach er Lieselotte an. Mich hat er geflissentlich übersehen. Die beiden kamen gleich ins Gespräch, während ich weiter meine Bahnen zog. Lieselotte lud Karl-Michael – im Geiste hatte ich sofort K-M wie unsere Bindestrichstadt *Korntal-Münchingen* assoziiert –, also Lieselotte lud K-M ein, sich uns beim Cafébesuch anzuschließen. Das tat er dann auch und so saß ich später zähneknirschend mit Lieselotte und K-M im Café und hörte dem Gespräch der beiden zu.

Ich wusste sofort, K-M würde mir gefährlich werden. Gedanklich meuchelte ich ihn auf alle erdenklichen Arten, doch plötzlich hatte er meine Aufmerksamkeit wieder. Ein Wort riss mich aus der Gedankenspirale. Gerade eben erklärte er nämlich Lieselotte, er komme aus Korntal – ausgerechnet aus Korntal.

»Meine Tochter lebt seit zehn Jahren hier und nach dem Tod meiner Frau hielt mich nichts mehr in Gelsenkirchen. Da dachte ich, zieh hierher. Es hat mir bei unseren Besuchen in der Gegend sehr gefallen.« K-M strahlte Lieselotte herzerweichend an, ich wusste das Stirnrunzeln meiner besten Freundin aber sofort zu deuten: Ausgerechnet nach Korntal musste er ziehen. Das war's dann.

Eine Münchingerin und ein Korntäler. Das ging gar nicht! Dass hier in meiner Heimatstadt eine gewisse Rivalität herrscht, hängt auch damit zusammen, dass die Korntäler steif und fest behaupten, die Münchinger Belange würden bevorzugt, wir Münchinger behaupten selbstverständlich das Gegenteil.

Innerlich frohlockte ich. Denn, dass Lieselotte sich mit einem Korntäler einlassen würde, war ausgeschlossen. Doch weit gefehlt! Lieselotte, die meine Meinung über die Korntäler sonst immer teilt, lächelte K-M treudoof an und meinte: »Wunderbar, dann sehen wir uns bestimmt bald wieder.« Dabei kicherte sie albern und wurde auch noch rot. Ich konnte es nicht fassen.

Es kam, wie es kommen musste. K-M erschien nun jeden Montag pünktlich um 14 Uhr in Münchingen und wir gingen nicht mehr zu zweit, sondern zu dritt zum Schwimmen und anschließend ins Café. Nicht dass ich eifersüchtig auf Lieselotte war, nein! Ich würde meinen Junggesellinnen-Status niemals eintauschen wollen. Aber gewurmt hat es mich, dass er sie angesprochen hat. Während ich fleißig mit Sport und Yoga meine Kleidergröße 42 halte, ähnelt Lieselotte im Badeanzug mehr einer aufgezogenen Dampfnudel, die sie gerne mit eingelegten Kirschen und dicker Vanillesoße im Café verspeist.

In den Wochen, die dann folgten, brütete ich darüber, wie ich die Situation wieder ins Lot bringen konnte. Eines war klar, K-M musste weg! Es gab nur eine Möglichkeit: Es waren Maßnahmen notwendig, die ihn aus dem ungeliebten Stadtteil der Bindestrichstadt zurück nach Gelsenkirchen vertreiben würden.

Geplant – getan!

Meine erste Aktion war, dass ich in einer Februarnacht dick vermummt über einen Feldweg nach Korntal radelte. Die Straße quer über die Felder, für den Kfz-Verkehr gesperrt, ist die einzige Direktverbindung, die von Münchingen nach Korntal führt. Dort angekommen, zog ich den Schraubenzieher aus der Tasche und verzierte den auf Hochglanz polierten Lack von K-Ms schickem Mercedes-Benz mit Rallyerillen auf der Motorhaube und an den Seiten.

Am nächsten Tag traf K-M verspätet zum Schwimmen ein. Betrübt erzählte er uns, was passiert war. Ich war sicher, dass er nicht lange fackeln würde, wenn ich ihm erklärte, dass Derartiges immer wieder vorkommen würde.

K-Ms Reaktion war jedoch ganz anders, als ich erhofft hatte. Er zuckte lediglich mit den Schultern und meinte: »Vielleicht war's ein Fingerzeig. Man wird ja älter und es ist inzwischen ziemlich beschwerlich, in das Auto ein- und auszusteigen. Ich habe den Wagen in die Werkstatt gebracht. Und siehe da, die haben mir trotz der Kratzer einen sehr guten Preis geboten. Ich konnte ihn gleich dort lassen und stattdessen einen für Rückengeschädigte mitnehmen.«

Ich ahnte, ich musste schwerere Geschütze auffahren. Einbruch fiel mir spontan ein, schließlich wurde in den Zeitungen ständig von Einbrecherbanden berichtet, die im Süden ihr Unwesen trieben. Also beschloss ich, es ihnen gleichzutun.

K-M und Lieselotte waren ein paar Tage ins Allgäu zum Langlaufen gefahren – ohne mich! Ein Grund mehr, warum K-M verschwinden musste. Ich ergriff die günstige Gelegenheit beim Schopf und fuhr eines Abends – es war übrigens wieder eiskalt – neuerlich mit meinem Fahrrad über die besagte Verbindungsstraße nach Korntal und stemmte mit einem Brecheisen die Terrassentür auf.

Ich verwüstete die Wohnung, ließ weder Badezimmer noch Küche aus – es hat richtig Spaß gemacht, mal eine ordentliche Sauerei zu veranstalten. Zu guter Letzt nahm ich mir seine Fotoalben vor, die ich allesamt zerriss und damit seine gesamten Erinnerungen vernichtete. Den Schmuck seiner Frau, den ich im Schlafzimmer fand, ließ ich als Trophäe mitgehen.

Sie ahnen es vermutlich. Die beiden brachen den Urlaub ab und waren bei unserem nächsten Treffen noch sehr geschockt. Lieselotte mehr als K-M, was mich nur so lange wunderte, bis er folgende Aussage tätigte: »Gut, dass ich alle Fotoalben inzwischen digitalisiert habe. Damit brauche ich sie bloß als Fotobuch wieder ausdrucken, ist eh viel praktischer und handlicher als die alten monströsen Dinger. Und der Schmuck ...« Er winkte ab. »Der ist bloß eine Geldanlage. Was will ich mit dem? Meine Tochter möchte ihn nicht und ich kann ihn ja wohl kaum tragen. Die Versicherung kommt sowieso für alles auf.«

»Aber das ganze Chaos und der Dreck?«, fragte ich verzagt.

Doch wieder winkte er ab. »Wozu hab ich eine Putzfrau? Bis es sauber ist, übernachte ich eben bei Lieselotte.« Er tätschelte zärtlich Lieselottes Hand.

Verflucht! Hatte ich denn gar kein Glück? Ich war zu sanft, das war klar. Ohne körperliche Schäden zu verursachen, würde ich ihn nicht fortjagen können. Nachdem ich zum gefühlt hundertsten Mal zum Grillen bei K-M eingeladen war, ging mir ein Licht auf und nach nächtlicher Recherche am PC in einschlägigen Foren wusste ich alles, was man über Gasgrills wissen musste. Ich war bereit!

An einem Freitag, an dem Lieselotte mit K-M zum Wandern war, bereitete ich alles vor. Als am folgenden Samstag gegen Abend die Münchinger Feuerwehr den Korntälern zu Hilfe eilte, übte ich mich in großer Selbstbeherrschung, um keinen Freudentanz in meinem Garten aufzuführen. Die Glücksgefühle wurden jedoch abrupt beendet, als mein Neffe, der bei der Münchinger Feuerwehr tätig ist, mir nach dem Einsatz berichtete, dass ein frisch renoviertes Einfamilienhaus einer neu zugezogenen Familie bis auf die Grundmauern niedergebrannt war, weil der vom Nachbarn geliehene Gasgrill explodiert war.

Plan Nummer 4 trat in Kraft: Wieder recherchierte ich wochenlang akribisch und führte an meinem eigenen Fahrrad diverse Tests durch, bis ich den Plan für gut befand und schließlich in die Tat umsetzte. An einem Dienstag war es so weit. Ich wusste, K-M wollte mit dem Fahrrad über die Felder von K nach M radeln, um Lieselotte einen Besuch abzustatten. Alles war vorbereitet, der Bremszug von K-Ms Fahrrad würde der Belastung nicht lange standhalten. Die Kurve, die er aufgrund von Bauarbeiten nehmen musste, war bei der Geschwindigkeit, die er unweigerlich aufnehmen würde, nicht zu schaffen und ... Abflug ... In Gedanken sah ich ihn bis zu den Hüften in den Kalkbergen stecken, die darauf warteten, auf den Feldern ausgebracht zu werden.

Doch wieder weit gefehlt: Als es um 17 Uhr bei mir Sturm klingelte, hastete ich zur Tür. Vor mir stand Lieselotte, völlig zerzaust, mit roten Bäckchen und leuchtenden Augen und redete mit atemberaubender Geschwindigkeit auf mich ein. Ich verstand nur Bruchteile: »Es war wie früher ... ohne zu bremsen bin ich mit dem Fahrrad schnurgerade abwärts gedüst ... weißt du noch, früher sagten wir immer, wer bremst, ist ein Feigling.«

Ich glotzte sie vermutlich an wie einen Fisch im Goldfischglas, denn sie klopfte mir auf die Schulter und meinte: »Reg dich nicht auf, alles ist gut gegangen. Aber ich hab schon Glück gehabt, die haben gerade die Baustelle abgebaut, die Kurve hätte ich niemals gekriegt.«

»Liese-Lotte ...«, brachte ich stockend heraus und wieder beruhigte sie mich.

»Ach, des war so scheee«, seufzte Lieselotte.

Endlich nahmen meine Gehirnzellen ihre Arbeit wieder auf. »Aber ... aber, du hast doch gar kein Fahrrad.«

»Stimmt, aber Karl-Michael meinte, ich kann seines haben. Er hat sich ein neues bestellt, das heute geliefert wurde. Ein *Iiii-Beik*.«

Natürlich, der letzte Schrei! War doch klar, dass K-M sich so eines zulegen würde.

Andere hätten nun die Flinte ins Korn geworfen, aber nicht Anni Klever, mein Name verpflichtet. Ha, das wäre ja gelacht, wenn es mir nicht gelänge, einen Korntäler aus dem Weg zu schaffen. Mein Ehrgeiz war geweckt.

K-M war ein Sportfanatiker und ging neben dem Schwimmen und Radfahren noch zweimal in der Woche zum Walken, um sein angeschlagenes Herz zu stärken. Was konnte also ein schwaches Herz schneller aus der Ruhe bringen als etwas Aufregung und etwas mehr Bewegung als gewohnt?

Also lieh ich mir den Hund meines Neffen aus, der dafür bekannt war, dass sich sein Jagdtrieb nicht bändigen ließ – den Hund meine ich, versteht sich doch sicher von selbst. Mein Neffe konnte ihn nur von der Leine lassen, wenn weit und breit kein Mensch zu sehen war. Ich spazierte an jenem Tag, zur Unkenntlichkeit verkleidet, auf den Feldern Richtung Korntal und freute mich daran zuzusehen, wie Bello sich mit seiner Nase am Boden festsaugte und Witterung aufnahm. Es kam wie geplant. Ich erkannte K-M von Weitem an seinem saublöden orangefarbenen Stirnband – wozu braucht man ein Stirnband, wenn man keine Haare mehr hat? Ich ließ Bello von der Leine. Dann sah ich zu, wie K-M nervös den Kopf drehte, als Bello näherkam. Er wurde schneller, während ich deutlich langsamer wurde. Er verfiel in Trab, danach in den Laufschritt und schließlich sah ich ihn einen Acker queren und einen kläffenden Hund, dessen Spieltrieb geweckt war, hinter ihm herjagen. Das würde nicht lange dauern, Bello hatte eine weit bessere Kondition als K-M.

Zufrieden drehte ich um und begab mich auf den Rückweg. Eine Ausrede, warum ich ohne Bello zurückkam, hatte ich mir natürlich zurechtgelegt, schließlich wurde seit Wochen vor brütenden Bussarden gewarnt, die mehrfach Spaziergänger angegriffen hatten. Wer kann schon auf einen Hund achten, wenn er einen Raubvogel abwehren muss?

Leider hatte ich auch diesmal wieder das Schicksal unterschätzt. Offenbar hatte sich K-M daran erinnert, dass er in solch einer Situation nicht wegrennen durfte, und war irgendwann stehen geblieben. Bello hatte im Überschwang der Gefühle seine Zähne in K-Ms kugelförmigen Organen – von der Mehrheit der männlichen Weltbevölkerung fälschlicherweise als Eier bezeichnet – versenkt bzw. in den dazugehörigen Säckchen. Passanten waren K-M zu Hilfe geeilt. So war Lieselotte anschließend wochenlang damit beschäftigt, K-M zu betütteln.

Und ich? Ich betüttelte meinen Neffen, dem meine Aktion ein Ermittlungsverfahren beschert hatte. Irgendwie gelang es ihm, alles so hinzudrehen, dass mein Name aus dem Spiel blieb. Die Aussicht auf eine kleine Erbschaft außer der Reihe war wohl sehr verlockend.

An Schwimmengehen war natürlich nicht zu denken und gemäß der Devise *geteiltes Leid ist halbes Leid* verzichtete auch Lieselotte fünf Wochen lang auf Schwimmbadbesuche.

Schwimmbad, da war doch was? Langsam dämmert mir, warum ich nun hier sitze, wo ich sitze. Ich sehe mich um, denn plötzlich erregen Martinshörner und blaue Signallichter meine Aufmerksamkeit. Vor dem besagten Schwimmbad versammeln sich Rettungswagen, Polizei und Feuerwehr.

Ich triumphiere, als ich begreife, dass mein erneuter Versuch, K-M zu beseitigen, wohl geklappt hat. Grinsend sehe ich dem Treiben zu, erkenne, wie hektisch es vor dem Schwimmbad zugeht. Sanitäter rennen ins Bad und wieder heraus, Polizisten hinterher, während die Feuerwehr den Parkplatz abriegelt, als würde es sich um einen Tatort handeln.

Wie Sie richtig vermuten, habe ich auch nach dem letzten Fehlschlag nicht aufgegeben. Meine Pläne, K-M ums sprichwörtliche Eck zu bringen, wurden sogar noch konkreter. Das Fass zum Überlaufen brachte nämlich Lieselottes Geständnis vor vierzehn Tagen, als sie mir am Telefon erzählte, dass sie und K-M zusammenziehen wollten. Das allein war schlimm genug, allerdings offenbarte sie mir zusätzlich, wie das vonstattengehen sollte: Sie, Lieselotte, würde als Münchingerin zu K-M ziehen, nach *Korntal!*

Nein, das konnte ich nicht zulassen! Ich wusste, dieses Mal durfte nichts schiefgehen. Tagelang zerbrach ich mir den Kopf, dann kam ich letzte Woche auf das Naheliegende und wunderte mich: »Warum ist mir das nicht gleich eingefallen?« Als Apothekerin war es doch für mich ein Leichtes, die Mittelchen zu beschaffen, mit denen ich K-M ins Jenseits befördern konnte.

Es war auch sehr einfach, die Substanz in sein Getränk zu mischen, ließ er doch seine Tasche meist unbeaufsichtigt stehen, wenn er mit Lieselotte flirtend und kichernd im Schwimmbad seine Bahnen zog.

Wie immer machte er auch heute nach zwanzig Bahnen Pause, aß einen Energieriegel und spülte das staubtrockene Zeug mit Wasser hinunter. Keine fünf Minuten später war er wieder im Wasser und zog weiter seine Bahnen, bis er langsam aber sicher unterging, was ich aus den Augenwinkeln beobachtete und Lieselotte dabei in ein Gespräch verwickelte.

Das Kreischen der anderen Badegäste weckte schnell Lieselottes Aufmerksamkeit und als sie sich Minuten später, nachdem die Bademeister K-M aus dem Becken gehievt und mit lebensrettenden Maßnahmen begonnen hatten, immer noch nicht beruhigt hatte, nahm ich sie an der Hand und führte sie hinaus zur Liegewiese.

Irgendwie verschwimmt nun meine Erinnerung und ich wende mich wieder dem Bild da unten zu: Es wird mir schon komisch zumute, als ich sehe, wie die Sanitäter eine Trage aus dem Schwimmbad herausfahren, die mit einer Plane abgedeckt ist.

Der Triumphschrei bleibt mir jedoch im Hals stecken, als ich sehe, dass Lieselotte hinterherkommt, einen schwankenden, aber sehr lebendigen K-M stützend.

Plötzlich fällt mir ein, was passiert ist: Während ich Lieselotte zu trösten versuchte, innerlich die Genugtuung unterdrückend, bemerkte ich erst einen, dann einen weiteren Stich am Fuß und noch einen ... Ich sah hinunter und erkannte, dass ich wohl auf ein Erdwespennest getreten war.

Habe ich eigentlich erwähnt, dass ich allergisch gegen Wespenstiche bin?

PETRA NAUNDORF

Die gestohlene Zeit

Schwäbische Alb in der Nähe der Bärenhöhle

In den letzten Tagen waren die Temperaturen noch einmal gesunken und der bitterkalte Ostwind, der sich seinen Weg aus Sibirien hierher gebahnt hatte, biss sich schmerzhaft in jedes kleine Stück nackter Haut. Im Radio sprachen sie bereits von einem Jahrhundertwinter. Vergangene Nacht hatte es überraschend noch einmal geschneit, sodass bis zur letzten Minute nicht klar gewesen war, ob sie ihren Wochenendausflug würden antreten können.

Seit heute Morgen strahlte jedoch die Sonne von einem stahlblauen Himmel und der Vermieter der Waldhütte hatte grünes Licht gegeben. Freundlicherweise hatte er sogar angeboten, sie mit seinem Unimog vom Bahnhof in Kleinengstingen abzuholen. Natürlich für einen Obolus. Dafür würde er sie am Sonntagnachmittag auch wieder zum Bahnhof zurückbringen.

Lena hüpfte über das Trittblech aus dem bulligen Gefährt und versank sofort fast bis zu den Knien im Neuschnee. »Na toll!«, rief sie, während der Schnee über den Rand ihrer Stiefel quoll, schmolz und ihre Socken durchweichte. Sie hievte ihre kleine Reisetasche und den Korb mit den Vorräten aus dem Wagen, bedankte sich und winkte dem davonfahrenden Mann nach, während Sarah mit ihrem Rucksack grußlos davongestapft war und begonnen hatte, mit der mitgebrachten Schippe den Eingang zur Hütte freizuschaufeln.

Lena verschwand sofort im Schlafzimmer, um sich umzuziehen. Sie wollte keine Erkältung riskieren. Sarah hantierte derweil am Kamin. Als Lena in ihrem Jogging-anzug und trockenen, dicken Socken die geräumige Stube betrat, tanzte dort bereits ein kleines Flämmchen. Sarah war indes an der Küchentheke zugange. Sie kam mit Tee zum Tisch. Mit nur einer Tasse. Lena wusste, dass sie nichts anderes hatte erwarten dürfen. Trotzdem ärgerte sie sich.

Das Feuer knisterte leise im Kamin und begann, den Raum zu wärmen, während der Wind draußen ums Haus heulte. Die Schaufel, mit der sie den Eingang freigeschau-felt hatten, lehnte neben der Eingangstür. Am Boden bil-dete sich eine kleine Pfütze aus geschmolzenem Schnee.

»Richtig gemütlich hier«, brummte Sarah und blies in ihre Jumbotasse. Lena sah auf, prüfte, ob ihre Schwes-ter es ernst meinte. Es war wie der Blick in einen Spie-gel: runde, blaue Augen, schulterlanges, weizenblondes Haar, Stupsnase, ein kleiner Schmollmund. Nein, sie fand nichts Spöttisches in Sarahs Mimik.

»Ja, das Haus ist super«, antwortete Lena, »ich habe darauf geachtet, dass es abgeschieden liegt und einen guten Sicherheitsstandard hat. Schließlich wollen wir hier draußen keinem irren Serienkiller zum Opfer fallen.«

Sarahs Augen weiteten sich.

»Angsthase!«, sagte Lena und konnte sich den gehäs-sigen Tonfall nicht ganz verkneifen. »Zu deiner Beruhi-gung, die Vordertüre hat ein Sicherheitsschloss und das Schloss an der Hintertür ist so ein Klopper«, sie formte einen faustgroßen Gegenstand mit den Händen, »an ei-ner fetten Kette. Das kriegt keiner auf. Außer vielleicht Hulk persönlich oder jemand mit 'ner guten Axt.« Lena lachte erneut, als sie Sarahs Blick sah. »Alles safe«, beru-higte sie ihre Schwester, »mal ernsthaft, wer treibt sich bei den Temperaturen draußen rum?«

Sarah seufzte und stellte ihre Tasse auf dem kleinen Couchtisch ab.

Es sollte ein Arbeitswochenende werden, weit weg von allen Ablenkungen. Dazu hatten sie sogar ihre Laptops und Smartphones zu Hause gelassen. In dieser Hütte mitten im Wald, kilometerweit vom nächsten Haus entfernt, wollten sie an ihrem aktuellen Spiel arbeiten, ganz oldschool, nur mit den Ideen über den groben Spielverlauf im Kopf, einem Notizblock und einigen farbigen Stiften.

Seit drei Jahren schrieben die Zwillinge Spielanleitungen für Rollenspiele. Diese Spielform erfreute sich trotz – oder wegen – der Flut an elektronischen Spielen ständig wachsender Beliebtheit, brauchte man doch nichts weiter als ein paar Freunde, eine Anleitung, zwei Würfel, ein Blatt Papier und etwas Fantasie.

Der Abgabetermin für das neue Spiel lag nicht mehr allzu fern. Die Spielwarenmesse in Nürnberg eröffnete Ende Januar die neue Spielesaison. Dort sollte es der Öffentlichkeit präsentiert werden. Die Schwestern würden bei der Eröffnungspressekonferenz des Verlags dabei sein, schließlich waren sie das einzige deutsche Autorinnenteam und damit regelrechte Berühmtheiten in der Pen and Paper-Szene. Ihre Spiele waren echte Verkaufsschlager.

Lena war schon als kleines Mädchen verrückt nach Abenteuergeschichten. Am liebsten in Form von Comics. Lange vor der Einschulung startete sie ihre ersten Leseversuche bei *Die Schlümpfe* und *Tim und Struppi*. Ihr Vater freute sich über das Interesse und förderte es mit immer neuen Heftchen. Er selbst sammelte damals bereits seit einigen Jahren Comics und machte sie mit *Superman*, *Batman*, *Flash*, den *Fantastischen Vier* und den anderen Helden des DC- und Marvel-Universums bekannt. In seiner Sammlung befanden sich richtige Raritäten. Allein die *Flash*-Erstausgabe von 1940 war über 200.000 Euro wert. Viel wichtiger war Lena jedoch die Zeit, die sie mit ihrem geliebten Vater beim gemeinsamen Lesen hatte verbringen können. Im Geiste konnte sie ihn hören, wie er mit dunkler Stimme einen Bösewicht intonierte.

In der übrigen Zeit teilte sie das Schicksal der meisten Zwillinge: Sarah und Lena, das doppelte Lottchen.

Eigentlich mochte Sarah gar keine Comics. Aber da sie sehr eifersüchtig war, glaubte Lena fest, dass sie einzig und allein aus diesem Grund begonnen hatte, ebenfalls Comics zu lesen. Doch so sehr sie sich auch bemühte, Sarah schaffte es nie, Lenas Wissensvorsprung einzuholen, und schlug wohl deshalb irgendwann eine andere Richtung ein. Sie bevorzugte fortan Comic-Serien im Fernsehen. Besonders japanische Animes mit weiblichen Helden wie *Sailor Moon* oder *Prinzessin Mononoke* hatten es ihr angetan.

Die Rollenspiele, die die Zwillinge jetzt zusammen schrieben, waren eine bunte Mischung aus allem, manchmal martialisch, immer romantisch und – extrem spannend. Und ja, sie stritten sich. Laut. Darüber, ob Mila, die Heldin, einen Bogen, eine Armbrust oder besser doch nur Zauberkräfte besitzen sollte. Ob sie Brana, ihren Gefährten, in der Nacht vor dem finalen Kampf in ihr Bett einladen sollte oder nicht. Die Lautstärke ihrer Diskussionen war ein Grund, warum sie am liebsten in schallisolierten Tonstudios oder einsamen Hütten arbeiteten.

»Es dämmert, lass uns die Fensterläden schließen.« Lena war aufgestanden und begann an den Fenstern zu hantieren.

»Wir sollten auch weiteres Brennholz reinholen, wir haben nur drei Scheite übrig.« Sarah sah Lena erwartungsvoll an.

Lena zupfte an ihrem Jogginganzug. »Sorry, du hast noch Straßenklamotten an, kannst bitte du gehen? Ich hole morgen die nächste Fuhre, versprochen!«

Leise murrend schlüpfte Sarah in die Boots. Lena blieb in Socken neben ihr stehen. »Willst du wirklich deinen weißen Anorak zum Holzholen anziehen?«, fragte sie und Sarah griff seufzend nach ihrem grauen Lodenjanker. Lena reichte ihrer Schwester die blaue Ikea-Tasche und eine Taschenlampe. Als sie die Tür öffnete, wehte der eisige Wind einen Schwall pulvrigen Neuschnee herein.

Sarah tappte nach draußen, hielt sich leicht gebückt eng an der Wand des Hauses und stapfte ein paar Meter weiter bis zu dem kleinen Holzhaufen, der an der Hauswand aufgestapelt war. »Brrr, kalt«, rief sie über die Schulter. »Fehlentscheidung, keine Handschuhe anzuziehen. Ich hoffe, wir kommen mit dem Häuflein hier aus, ich sehe nämlich keine Axt, mit der wir weiteres Holz hacken könnten.« Lena sah den Lichtkegel der Taschenlampe tanzen. Oranges Licht. Das würde nicht mehr lange halten.

Die Luft war klar und kalt. Lena stand frierend im Rahmen der Eingangstür, starrte in den Schnee vor sich, beobachtete den eigenen Schatten im Schein des Lichts, das hinter ihr aus dem Haus drang. Ihr Blick reichte nicht mal mehr bis zum nahen Waldrand. Es war überraschend schnell dunkel geworden. Schnee. Überall Schnee. So unschuldig, rein, weiß. Weiß wie die dünnen Baumwollhandschuhe, die Vater getragen hatte, wenn sie zusammen in seinen Comic-Schätzen gelesen hatten. Ganz vorsichtig, fast zärtlich hatte er umgeblättert, als berühre er die zerbrechlichen Flügel einer Libelle. Oh Gott, wie hatte sie diese Stunden geliebt! Sie vermisste Vater schrecklich. Sein Tod, sie konnte sich nichts Schlimmeres vorstellen. Dann kam die Testamentseröffnung.

Die kahlen Räume des Nachlassgerichts. Sarah, die immerzu auf ihre gefalteten Hände gestarrt hatte. Kalt war es dort gewesen. Lena bibberte in der dünnen rosa Bluse, die Vater so an ihr gemocht hatte. Der leiernde Tonfall des alten Notars: »... vermache ich mein gesamtes Vermögen inklusive meiner Comicsammlung ... meiner erstgeborenen Tochter ...«

Die Worte. Jedes. Einzelne. Ein. Fausthieb. Erstgeborene – Sarah! Sie war vier Minuten älter. Vier verdammte Minuten. »Aber ..., aber ...«, stammelte sie. Sarah, die sie nicht ansah, obwohl Lena flehend ihren Blick suchte. Vater. Warum tat er ihr das an? Was hatte sie ihm getan? Er hatte ihr *Flash* versprochen. Mehr als einmal. Was passierte hier? Was zur Hölle passierte hier?

»Es tut mir sehr leid«, flüsterte der alte Notar und tätschelte ununterbrochen ihre Hand.

Die ersten Tage verbrachte sie wie in Trance. Dann ging sie zu einem Anwalt, der ihr die restlichen Illusionen raubte. »Das Testament ist notariell erstellt, beglaubigt und ordnungsgemäß beim Nachlassgericht hinterlegt worden«, erläuterte er. »Der Prozess würde Sie viel Geld kosten und Sie haben, verzeihen Sie meine klaren Worte, keinerlei Aussicht auf Erfolg. Ich rate Ihnen dringend davon ab.« Also blieb ihr nur der Pflichtteil. Ein Viertel des Gesamterbes, aber nur in Form von Geld. Sie hatte keinen Anspruch auf auch nur ein einziges Comic-Heft. Da sie zudem nicht in der Lage war nachzuweisen, welche Schätze ihr Vater besessen hatte, wurde die Sammlung letztendlich viel zu niedrig geschätzt.

Sarah überwies ihr kommentarlos den festgesetzten Betrag. Über die Comics ließ sie nicht mit sich reden. »Vater hat sie mir hinterlassen«, sagte sie, »dafür, dass er mit dir so viel mehr Zeit verbracht hat. Als Ausgleich für die gestohlene Zeit.« Lena argumentierte, heulte, schimpfte, zum Schluss bettelte sie. Nichts half. Sie würde *Flash* nie wiedersehen.

Ein paar Monate später kam die Anfrage des Verlags für ein neues Rollenspiel und Sarah sagte ohne Zögern zu. Lena rang mit sich, musste den Auftrag aber annehmen – sie brauchte das Geld.

Lena blinzelte die Tränen weg und sah zu, wie Sarah an den Laschen der großen Tasche ruckte, um die Holzscheite tragfertig zu machen, sah die Atemwolken vor ihrem Mund, hörte ihr Ächzen. Vater hätte nie von sich aus dieses Testament verfasst. Vielleicht hatte Sarah ihn gezwungen. Irgendwie. *Flash* war ihr Erbe. Er sollte bei ihr sein.

Plötzlich war er da, der Gedanke. So unheimlich, so verlockend, dass ihr der Atem stockte. Lena blickte kurz hoch, schickte einen stummen Dank an ihren Vater in den mit Sternen übersäten Himmel, nahm einen tiefen Zug der kalten Nachtluft. Dann trat sie zurück, umfasste fest die Türklinke und zog die Eingangstür mit einem Ruck zu. Bei jeder Umdrehung des Schlüssels klackte das Schloss. Sie zog den Schlüssel ab und ließ ihn in die Tasche ihrer Jogginghose gleiten. Sie wandte sich um und starrte in die Stube, ohne tatsächlich etwas zu sehen. Wollte sie das wirklich?

Sarah rief ihren Namen, trommelte gegen die Tür, riss am Knauf, lief am Haus entlang, rüttelte an den Fensterläden, pochte an die Hintertür. Aus Klopfen wurde Hämmern und aus Rufen Schreien. Indes heulte der Wind lauter. Lena stand mit dem Rücken an die Eingangstür gelehnt und rieb sich die Schläfen. Hinter ihr schlug Sarah wild gegen das Holz. Sie spürte die Erschütterungen, hörte Sarah fluchen. Noch konnte sie ihre Schwester wieder hereinlassen und einfach behaupten, alles sei nur ein böser Streich gewesen. Sarah war ihr Zwilling. Sicher, *Flash* sollte ihr gehören, aber rechtfertigte das, dass sie Sarah dort draußen ließ? Lena schwitzte. Was sie hier tat, war die einzige Möglichkeit, das Geschehene zu korrigieren, *Flash* heimzuholen. Warum hatte Sarah ihr nicht wenigstens diesen einen Comic überlassen? Langsam löste sie sich von der Tür. Was hätte sie jetzt für ein Radio gegeben. Dann müsste sie nicht mit ihren Gedanken allein sein.

Reglos saß sie auf dem Sofa. Es schien gewachsen zu sein. Wie oft hatte sie in ihrem Leben allein irgendwo gesessen? Sarahs leere Teetasse stand auf dem Tisch. Lena sprang auf, trug sie zur Küchenzeile, wusch sie mit kaltem Wasser aus, trocknete sie ab und stellte sie zurück in den Schrank. Weg. Aus den Augen. Sie stand an der Spüle und starrte in das Edelstahlbecken, als erwartete sie eine Antwort aus den Tiefen des Abflusses. Mit zitternden Fingern drückte sie eine Migränetablette aus dem Blister, spülte sie mit einem Schluck Wasser aus dem Hahn hinunter. Später würde sie aussagen, dass sie sich mit einer Migräne ins Bett gelegt und nicht mitbekommen hätte, dass Sarah nach draußen gegangen war und sich ausgesperrt hatte. Triptane machten extrem müde, es war plausibel.

Seit ein paar Minuten war es nun still, sogar der Wind schien sich beruhigt zu haben. Sarah versuchte vermutlich, sich nach Engstingen oder in die andere Richtung nach Sonnenbühl durchzuschlagen. Der Fußmarsch dauerte bei schönem Wetter nur eine knappe Stunde. Aber jetzt in der Nacht, bei diesen Temperaturen, bei fast einem Meter Schnee und nur mit einer dünnen Jacke … Nein, sie würde es nicht schaffen, da war sich Lena sicher. Sarah kannte, im Gegensatz zu ihr, die Gegend nicht und die Wahrscheinlichkeit war groß, dass sie sich im Wald verirrte. Lena hatte gelesen, dass man in extremer Kälte träge und müde wurde, einschlief und erfror. Sie hoffte, dass es schnell gehen würde. Sie hoffte es für Sarah und, wenn sie ehrlich war, vor allem für sich selbst.

Was aber, wenn Sarah es doch bis zum nächsten bewohnten Haus schaffte? Sie würde natürlich wissen, dass Lena sie absichtlich ausgesperrt hatte. Was dann? Anklage wegen versuchten Totschlags? Wegen Mordversuchs? Gefängnis. Lebenslang. Wenn Blaulicht durch die Ritzen der Fensterläden drang, würde sie es erfahren.

Totenstille. Dann knackte es. Und wieder. Dies ist eine Holzhütte, sagte sie zu sich selbst, Holz ist ein lebendiger Baustoff, der arbeitet. Trotzdem fröstelte sie. Was sollte hinter der Zimmertür schon sein? Sie war allein im Haus. Alle Türen waren abgeschlossen, die Fenster zu und die Läden verrammelt. Vater hatte früher jeden Abend unter ihre Betten gesehen und den Kleiderschrank kontrolliert, damit Sarah und sie beruhigt einschlafen konnten. Waren das Schritte? Sie lauschte angestrengt. Nein, nicht einmal das Ticken einer Uhr. Sie hörte nur ihren eigenen Atem. Ein und aus. Ein und aus. Ihr Magen krampfte. In der Stube funzelte die mit braunem Stoff bezogene Deckenleuchte. Ihre Schritte knarzten übernatürlich laut auf dem groben Holzboden, als sie im Schlafzimmer und im Bad ebenfalls das Licht anknipste.

Eine heiße Wärmflasche würde ihr guttun. Sie hatte sie in ein Geschirrtuch gewickelt. Lena löschte die letzte Glut im Kamin mit einem Glas Wasser und tappte ins Schlafzimmer. Das Zähneputzen sparte sie sich. Sie pellte sich aus dem Hausanzug, warf ihn achtlos über eine Stuhllehne. Der Hüttenschlüssel glitt aus der Seitentasche, polterte zu Boden. Sie hob ihn auf, legte ihn auf den Nachttisch. zog ihr Nachthemd über und schlüpfte unter die dicke Federbettdecke. Die Socken behielt sie an. Sie rückte die Wärmflasche zurecht, bis die wohlige Wärme ihren Bauch entspannte. Seltsam, allein in einem so großen Bett zu liegen. Die Deckenleuchte blendete, sie kniff die Augen zu. Der Schlaf wollte sich nicht einstellen, sie wälzte sich hin und her. Wie lange war Sarah schon da draußen? Sollte sie nicht besser noch einmal aufstehen, nachsehen und vielleicht sogar nach ihr suchen? In der Dunkelheit konnte jedoch auch sie sich verlaufen und würde ebenfalls erfrieren. Wahrscheinlich war es eh zu spät, darüber nachzudenken. Die Tablette begann zu wirken und sie schlief ein.

Etwas rumste gegen die Eingangstür. Lena fuhr hoch. Wie lange hatte sie geschlafen? Hastig schlug sie die Bettdecke zurück, stand auf, die lauwarme Wärmflasche platschte zu Boden, sie taumelte – die Tablette –, tappte einige Schritte vorwärts, lauschte. Es krachte erneut und sie zuckte heftig zusammen. Das konnte nicht Sarah sein. Andererseits ... Verzweiflung setzte ungeahnte Kräfte frei. Sie wischte den Gedanken weg. Sarah war jetzt so lange draußen, sicher war sie längst bewegungsunfähig, wenn nicht sogar schon tot.

Sie hörte ein Schrammen an der Tür, unter dem Küchenfenster, ein Schaben an der Wand entlang wie das Kratzen einer einzigen Kralle auf Holz, ein Brummen, vielleicht ein Röhren, dann krachte es erneut. Diesmal an der Hintertür. Sie schauderte. Das war auf keinen Fall Sarah. Das war etwas Großes. Sie hatte von Braunbären gelesen, die wieder in Deutschland lebten. Aber hielten Bären nicht Winterschlaf? Ein Wolf? Doch Wölfe waren scheu und mieden Menschen. Womöglich ein tollwütiger Hund? Ein verdammt großer Hund! Was zur Hölle war das? Ihr Herz pochte wild. Warum hatte sie bloß das Handy zu Hause gelassen? Ein Schlag gegen die Vordertür, das Holz ächzte. Sie stürzte zur Küchenzeile, zog hastig die Schubladen auf, wühlte fieberhaft nach etwas, das als Waffe taugte. Ein Brotmesser. Besser als nichts. Beim nächsten Rumms sank sie bebend in der Ecke von Küchenschrank und Holzwand zu Boden, hockte dort, die Knie umschlungen, das Brotmesser fest umklammert.

Neben der Eingangstür stand die Schippe. Die wäre die bessere Waffe. Sie traute sich nicht, sie zu holen, starrte abwechselnd auf die Schaufel, die Tür, das Fenster. Jeden Moment konnte das Etwas dort durch die Eingangstür kommen. Oder durch das Fenster. Oder durch die Wand. Es würde sie holen. Das war ihre Strafe. »Papa, hilf mir«, flüsterte sie.

Dann blieb es still. Irgendwann riss sie den Blick von der Eingangstür los, versuchte, gleichmäßig zu atmen, ihr Herz schlug noch immer bis zum Hals. Egal, was das eben gewesen war, es war wohl weitergezogen. Gespenster gehörten ins Reich der Fantasie und Sarah war sicher längst tot. Hoffentlich dämmerte es bald. Sie wollte keine Minute länger hier bleiben. Den Weg nach Sonnenbühl würde sie bei Tageslicht mühelos finden, trotz des Schnees. Aber wenn ihr dieses Etwas da draußen auflauerte? Was, wenn es sich auf sie stürzte, sobald sie die schützende Hütte verließ? Sie stellte sich die Kralle, die sie am Haus gehört hatte, tief in ihrem Fleisch vor. Oder hatte doch ein Irrer sein perfides Spiel mit ihr getrieben, bevor ...

Die Stube war ausgekühlt, sie fröstelte. Ihr Blick fiel auf den kalten Kamin. Sie stöhnte. Sie musste auf alle Fälle irgendwann nach draußen, um Holz zu holen. Vielleicht würde die Hütte langsam genug auskühlen, dass sie es bis Sonntag aushielt? Also einfach warten, bis sie am Sonntag abgeholt wurde. Aber eine zweite Nacht hier? Allein?

Was sie jetzt dringend brauchte, war eine schöne Tasse heißen Tee. Sie rappelte sich auf, legte das Messer zurück in die Schublade und füllte Wasser in den Wasserkocher.

Gerade als sie das kochende Wasser in die Tasse goss, krachte erneut etwas gegen die Hintertür. Sie fuhr zusammen, schrie auf, verschüttete das brodelnde Wasser, verbrühte sich, wimmerte. Es war zurück! Bebend presste sie sich mit dem Rücken an die Wand der Küchennische. Gerade wollte sie den Hals recken, um ein wenig von dem zu sehen, was dort hinten vor sich ging, da rumste es wieder. Sie zuckte zurück. Bilder von Hulk und dem Irren mit der Axt blitzten in ihrem Hirn auf. Wie eine Prophezeiung. Lenas Herz raste. Noch zweimal hackte es gegen die Tür, dann flog sie auf. Sie hörte das Türblatt mehrfach gegen die Wand schlagen. Eine Schneefahne wehte bis in die Stube. Panisch sah sie sich um. Wohin fliehen? Durch die Vordertüre! Abgeschlossen. Wo war der Schlüssel? Auf dem Nachttisch. Sie hätte sich ohrfeigen können. Etwas schlurfte herein. Ihr Atem stockte. Sie presste sich fester gegen die Wand. Vielleicht würden ihre Gebete erhört und sie verschwand darin. Kalter Schweiß rann von ihrer Stirn. Ein schwaches grünes Licht schimmerte durch die offene Hintertür und hüllte die Erscheinung, die nun gebückt im Türrahmen zur Stube stand, in eine gespenstische Aura. Lena blickte der Gestalt ins Gesicht, sah in schwarz verschmierte Augen, die sie hasserfüllt anstarrten. In der blau verfärbten rechten Hand hielt sie – eine Axt.

»Hallo, Schwester«, sagte Sarah und bleckte die Zähne, »seit wir Kinder waren, wollte ich Papa und dir heimzahlen, dass er dich mehr geliebt hat als mich. Jahrelang habe ich Pläne geschmiedet«, sie straffte die Schultern, machte einen Schritt auf Lena zu, die zurückwich, »dann habe ich ihn dir weggenommen. Ich habe ihn die Treppe hinuntergestoßen und er war – überrascht.« Sie kicherte irr.

Lena ballte die Fäuste. Die Haut über den verbrühten Knöcheln schmerzte höllisch, aber die Finger ließen sich bewegen. Fieberhaft überlegte sie. Das Messer lag wieder im Schubfach. Nur – der Küchenschrank lag zwischen ihr und Sarah. Bis sie die Lade aufgezogen hätte, wäre sie wahrscheinlich längst Hackepeter.

»Deine geliebten Comics!«, fuhr Sarah fort. »Den alten Notar mit seinen Kinderpornos zu erpressen, damit er das Testament fälscht, war lächerlich einfach.« Sie fixierte Lena mit zusammengekniffenen Augen. In ihrem Blick lag etwas Lauerndes. »Nun glaubst du kleines Drecksstück ernsthaft, dass du mich einfach so killen kannst?«

»Sollen wir darüber reden?«, fragte Lena. Sie musste Zeit gewinnen.

»Reden? Ha! Du kannst nicht einmal erahnen, was das für Schmerzen sind in dieser Kälte, bevor man erfriert!«

Sarah hob die Axt.

Die Schaufel, dachte Lena, Sarah ist langsam. Wenn ich schnell genug bin, habe ich eine Chance.

Sie stieß sich von der Wand ab und rannte los.

ANGELIKA WESNER

Mitten ins Herz

Schwäbisch Gmünd-Degenfeld

Sie klebten überall. An der Wand, auf dem Fußboden, auf ihrem Oberkörper. Rote Spritzer. Winzige Sprenkel in abstrakten Mustern und fette Tropfen, deren kreisrunde Formen in der Senkrechten, der Schwerkraft folgend, in dünnen Linien zerflossen. Sieglinde konnte ihren Blick kaum abwenden von dem grausigen Bild. Sie ärgerte sich. Jeder halbwegs begabte Kriminaltechniker würde anhand der Geometrie der Flecken Rückschlüsse ziehen können auf das, was geschehen war.

»Blutspurenmusterverteilungsanalyse«, murmelte sie vor sich hin. Sieglinde hatte ein Faible fürs Kriminalistische. Deshalb wollte sie sauber schaffen, nichts Verdächtiges hinterlassen. Immer wieder griff sie zum Lappen, um die Kleckse zu entfernen. Bis sie aufgab, weil es keinen Sinn machte, denn Sekunden später war erneut alles versaut.

Die Tat war nicht geplant gewesen. Heute früh hatte Sieglinde die Halunken erneut in flagranti erwischt. Seit Tagen war sie auf der Lauer gelegen, um sie zu vertreiben. Vergeblich. Die Gauner entwischten ihr und verschwanden für eine Weile, um später zurückzukehren. Skrupellos machten sie sich über ihr Eigentum her. Manche besaßen die Unverfrorenheit und entleerten sich nach dem frevelhaften Treiben im Garten. Ausgerechnet auf dem honigfarbenen Korbsessel – ihrem Lieblingsplatz, in dem sie so gerne saß und strickte! Stundenlang kratzte Sieglinde dann mit einem Messer die Hinterlassenschaften aus dem Korbgeflecht. Einfach widerlich! Es erzürnte sie derartig, dass sie ernsthaft erwog, mit Augusts Luftgewehr auf die Mistkerle zu ballern.

Das war jetzt nicht mehr nötig. Sie war auf eine bessere Idee gestoßen. Die Maßnahme würde Schmerzen verursachen, das wusste sie. Doch es galt zu handeln, und zwar sofort. Anderenfalls wäre die kostbare Degenfelder Rarität bald verschwunden, vor ihren Augen weggestohlen. Sie konnte es nicht mehr länger mit ansehen.

Anfangs plagte sie ein schlechtes Gewissen. Sie tat Verbotenes! Erwischte August sie, gäbe es Ärger, denn er war prinzipiell gegen Gewalt. Sie verstand es nicht, aber er hatte die Gauner ins Herz geschlossen und würde ihr Vorgehen nicht gutheißen. Aus ihrer Sicht war er im fortgeschrittenen Alter weichlich geworden. Sie war nicht bereit, in der Angelegenheit Rücksicht auf seine Befindlichkeiten zu nehmen. Daher musste sie ihren Plan schnell umsetzen. Zügig arbeiten. Sich keine Pause gönnen. Bis sämtliche Spuren beseitigt waren.

Mit Schmackes stach sie zu. Mitten ins Herz. Die Technik hatte sie rasch heraus. Ging sie zu zaghaft vor, gab es ein schauderhaftes Gemetzel. Blutrote Fetzen blieben dann im Werkzeug hängen und jeder weitere Stich verwandelte das Material in eine immer klebrigere, feuchte Pampe. Es bescherte ihr mehr Arbeit, weil sich die breiige Masse nur mühsam mit den Fingern aus dem Stechwerkzeug pfriemeln ließ. Das war nicht zielführend. Durchbohrte sie die kleinen Körper hingegen konsequent und energisch, spritzte es auch weniger.

Das ausgelöste Fleisch warf sie in den Thermomix. Eigentlich hielt sie nichts von dem Apparat. Sie kochte gerne selber. August war jedoch der Ansicht gewesen, die Küchenmaschine würde ihren Alltag erleichtern. Eine horrende Summe hatte er ausgegeben. »Onedigs Zeig«, hatte sie geschimpft und den Mixer nie angerührt. Heute war sie froh darüber, ihn benutzen zu können. Binnen Sekunden häckselte er alles zu feinem Mus. Das Püree durfte nicht stückig sein. Das war essenziell, anderenfalls würde August misstrauisch werden und es nicht anrühren.

Inzwischen schmerzten die Handgelenke von der ungewohnten Tätigkeit. Das Rheuma raubte ihr den letzten Nerv. Sie hatte die Menge unterschätzt. Auf dem Boden stand ein weiterer Eimer, voll bis zum Rand mit der tropfenden Fleischmasse. Wenn sie rechtzeitig fertig sein wollte, brauchte sie eine effektivere Methode. Auf ihrem Gesicht zeichnete sich ein verzerrtes Grinsen ab. Eine Mischung aus Schmerz und sadistischer Genugtuung. Diese Halunken würden sie nicht mehr bestehlen! Sie packte den Eimer und schüttete den Inhalt in den Dampfentsafter.

Das Gerät war für ihre Zwecke ideal. Stundenlang köchelnd entzöge es dem Fleisch seinen Lebenssaft. Am Ende flösse der siedend heiße rote Sud durch den Ablaufschlauch in Flaschen. Mit größter Sorgfalt begann Sieglinde, einige leere Saftflaschen unter dem laufenden Wasserhahn zu reinigen und anschließend in einer akkuraten Reihe aufzustellen. Es ging nichts über eine gründliche Vorbereitung. Darin war sie Perfektionistin.

Der Entsafter zischte sachte vor sich hin. Sie konnte sich eine kurze Pause gönnen. Zufrieden wischte sich Sieglinde die Hände an ihrer Schürze ab und lachte. Käme August überraschend früher nach Hause und sähe sie in einem solchen Aufzug, er fiele zweifellos in Ohnmacht. Seine Sieglinde, nackt in der Küche! Um die Hüften nur die geblümte blaue Schürze mit den weißen Rüschen an den Rändern. Sogar den BH hatte sie ausgezogen. Und das in ihrem Alter!

Sie war eben pragmatisch. Die Sauerei, die sie fabrizierte, war hüllenlos besser zu beseitigen. Auf der Kleidung gingen die Flecken nicht einmal mit der Kochwäsche heraus. Traumselig betrachtete sie die blutroten Tupfen auf ihrer runzeligen Haut. Früher wäre August bei dem Anblick gewiss nicht besinnungslos umgefallen, im Gegenteil: Wie von Sinnen hätte er jeden Punkt weggeküsst. Das war vor 60 Jahren gewesen. Heute küsste er sie seltener. Um ehrlich zu sein, sie vermisste nichts. Erst recht nicht, seit sein Gebiss so locker saß. Er musste dringend zum Zahnklempner damit.

Sie beschloss, sofort zu duschen. Während Wasser über ihren Körper rieselte und sie sich einseifte, verspürte sie ein Glücksgefühl. Niemand käme darauf, was sie getan hatte. In wohldosierten Mengen würde sie August das Eingekochte unter das Essen jubeln: morgens auf einem frischen Butterweckle, mittags im Auflauf, sonntags im Kuchen. Oder – sie leckte sich die Lippen – zum Abendbrot auf einen mittelalten Gouda geschmiert. Das wäre eine pikante Variante.

Für den Fall, dass er Verdacht schöpfte, hatte sie vorgesorgt. Aus alter Gewohnheit löste sie die Etiketten von leeren Glaskonserven ab und versteckte sie zwischen den Seiten der Lexikonreihe *Das Wissen des 20. Jahrhunderts*, dritter Band, *Hawaii bis Marc*. Das konnte sie sich merken. Marc hieß ihr Urenkel. Mit den Originaletiketten beklebt sahen die von ihr gefüllten Gläser genauso aus wie die gekauften. August würde keinen Unterschied bemerken. Zumindest nicht im Halbdunkel des Kellers, wo sie ihre Lebensmittelvorräte aufbewahrten. Den Rest der Tarnung erledigte sein grauer Star. Die Zipperlein des Alters hatten ihre Vorteile.

Rasch schaltete sie die Brause ab, rieb sich mit einem Handtuch trocken und platzierte die Hörgeräte in den Ohren. Plötzlich stockte sie. Woher kam das aggressive Zischen? Das seltsame Geräusch stammte definitiv nicht von ihrem Hörapparat. Sieglinde schwante Böses, als sie, so zügig sie das mit ihren 85 Jahren vermochte, in die Küche eilte. Der Anblick war entsetzlich. Auf dem Boden breitete sich eine immense Lache aus. Tiefrote Flüssigkeit quoll in die Dielenritzen, zwischen die Scheuerleisten, unter den Herd. Sieglinde stöhnte auf. Es würde unmöglich sein, die Schweinerei restlos zu entfernen. Selbst wenn es ihr gelänge, auf den Knien rutschend mit dem Putzlumpen alles wegzuwischen, es gäbe mit Sicherheit Rückstände, die sie ihrer Tat überführten.

Das Zischgeräusch kam vom Entsafter. Sie hatte versäumt, den Ablaufschlauch mit einer Klammer zu verschließen. Unablässig war der Saft herausgelaufen und über die Herdplatte und Schaltknöpfe geflossen, um sich zuletzt an der Ofentür hinabrinnend in der Pfütze zu sammeln. Nicht auszudenken, wie das Zeug bald zu stinken begänne. Vor allem unter dem Herd. Da käme sie niemals heran! Wenigstens tropfte es nicht mehr nach. Der Strom war versiegt.

Ihr war klar, dass es lange dauern würde, bis der Boden gereinigt war. Zumindest auf den ersten Blick. Wer genauer hinsah, bemerkte garantiert die feinen Schmierspuren. Augenblicklich dachte Sieglinde an die forensischen Methoden zum Sichtbarmachen kleinster Blutspuren. Letzten Sonntag erst hatten die Tatortkommissare im Fernsehen damit einen Mörder gefasst. Sie hatte jetzt keine Zeit, sich mit dem Thema eingehender zu beschäftigen. Putzen würde sie später. Aus hygienischen Gründen hatte der Sud aus dem Entsafter Priorität. Auch wenn es nur noch ein kläglicher Überrest war. Außerdem musste die im Thermomix eingekochte Masse schnellstens in die Schraubgläser. Und sie durfte die Etiketten nicht vergessen. Ein mühsames Geschäft.

Weitaus anstrengender war es, alles in den Keller zu schleppen und ins Vorratsregal zu stellen. Sie ächzte, als sie zum x-ten Mal die Treppe hinabstieg. In den Knien spürte sie einen stechenden Schmerz. Sie durfte nicht trödeln. In einer halben Stunde würde August von der Krankengymnastik kommen und es gab noch so vieles zu tun!

Sie riss das Küchenfenster zum Lüften weit auf. August mochte nicht mehr gut sehen, sein Riechorgan funktionierte einwandfrei. Er würde ihre Missetat umgehend erschnuppern. Das wollte sie tunlichst vermeiden. Während der Küchendunst ins Freie entwich, wusch sie emsig die Spritzer von der Wand, schrubbte den Küchenboden, reinigte Thermomix und Tatwerkzeuge.

Endlich ließ sich Sieglinde in ihren Korbsessel fallen. Sie war erschöpft. Die Prozedur hatte ihr körperlich einiges abverlangt. Aber den Halunken hatte sie es ordentlich gezeigt! Deren bestürztes Geschrei hallte noch immer in ihren Ohren nach. Heute würde sie nicht stricken. Sie schloss die Augen. Im Baumwipfel flatterte eine Horde Stare zwischen den Zweigen umher. Zeternd machten sie sich über die letzten prallen tiefroten Kirschen her. An die war Sieglinde beim besten Willen nicht herangekommen. Sie lächelte. Sollten sich die Vögel holen, was sie mochten. Im Prinzip waren diese Halunken und sie auf das Gleiche aus. Nur August nicht. Der bevorzugte Kirschgsälz aus dem Supermarkt. Am allerliebsten als Gelee. Zumindest püriert und auf keinen Fall mit Stückchen.

ANITA KONSTANDIN

Die Headline ihres Lebens

Stuttgart

Ihren Job als Lokalredakteurin beim Neckarblättle war Karla los. Der Chef war der Meinung, ihre Schlagzeilen hätten nicht mehr genug Biss. Zwei Nächte heulte sie ins Kopfkissen, dann riss sie sich zusammen und versuchte, etwas Neues zu finden.

Das Neckarblättle kam ihr aus Abneigung nicht mehr ins Haus. Sie holte sich am Kiosk ein Konkurrenzprodukt und ging beim Frühstück die Stellenanzeigen durch. In zehn Sekunden war sie fertig damit. Es gab momentan keinen Job für sie. Ärgerlich, aber bei Weitem nicht ihr größtes Problem.

Was ihr viel mehr zu schaffen machte, war Christian, ihr Ehemann, den sie am liebsten auf den Mond schießen würde. Diese Pfeife! Dieser grantige Langweiler. Pah! Sie konnte ihn nicht ausstehen.

Karla schob den letzten Bissen von ihrem Honigbrötchen in den Mund und blätterte in der Zeitung herum. *Tödlicher Unfall* lautete eine Überschrift, die in ihrer Klarheit von ihr hätte sein können. Darunter: *Peugeot rast gegen Hauswand, Fahrer auf der Stelle tot!* Auf derselben Seite: *Baum stürzt auf Auto – Mittfünfziger nur noch tot geborgen.* Nächste Seite, neues Unglück: *Tod nach Büroschluss. Passat fällt von Autobahnbrücke – Heimfahrt endet auf dem Friedhof.*

Solche Schicksalsschläge trafen immer nur die anderen, egal wie sehr Karla sich wünschte, es werde ein Mal, nur ein einziges Mal ihren Ehemann erwischen. Dem Armleuchter gelang es jeden Nachmittag, um Schlag fünf heil aus dem Rathaus heimzukehren. Andere starben unterwegs, er nicht.

Natürlich hatte sie schon oft an eine Scheidung gedacht, hundertmal. Aber diese Umstände! Vor allem jetzt, wo sie ihren Job verloren hatte, war nicht daran zu denken.

Sie stellte ihr Frühstücksgedeck in den Geschirrspüler und blickte aus dem Fenster, wo es nur Bretter und Stangen zu sehen gab, denn das Haus war eingerüstet. Bis hoch hinauf zum Dachgeschoss, wo junge Leute wohnten, schwarz angezogen und an den Oberarmen mit Skorpionen oder Schlangen tätowiert.

Früher hatte ihre Freundin Melanie in der Mansarde gewohnt. In ganz Stuttgart gab es keinen Menschen, über den Karla sich mehr freuen konnte. Sie brauchte nur *Melanie* zu denken, schon ging ihr Mund in die Breite.

Lächelte Melanie, drehten sich die Leute auf der Straße um. Solche Zähne. Und blitzeblaue Augen. In den brünetten Löckchen rote oder blaue Bänder.

Alle waren verrückt nach ihr.

Sie war bei Weitem nicht so schlank wie Karla. Melanie war füllig und wenn sie glucksend lachte, hüpfte ihr Speckbauch und das war ihr ganz egal.

Einmal verwandelte Melanie sie richtiggehend. Sie brachte eine Tüte voll Zeug aus dem Drogeriemarkt mit und färbte Karlas mausbraunes Haar umstandslos brünett. Dann drehte sie es auch noch auf Lockenwickler. Nach dem Trocknen und Frisieren schminkte sie ihr die Lippen, wozu Karla sich auf den Badewannenrand setzen musste. Bis Melanie sagte: »Sieh mal in den Spiegel.«

Karla erhob sich zögernd und schaute rein. Das waren nicht bloß beste Freundinnen – das waren Schwestern!

Ihre Hilfsbereitschaft war Melanies hervorspringende Eigenschaft. Kein Mensch konnte so schnell und beherzt zupacken wie sie. Auf Nachfrage erklärte sie, das komme von ihrem Beruf. »In der Gastronomie lernst du das Schnelle, das Zupackende.«

Als Karla letztens ihr Auto vor dem Haus aussaugte und Melanie zufällig daherkam, konnte sie keine Minute zuschauen, ohne zu helfen. Sie zwirbelte ihr Haar zu einem Dutt, kroch auf die Rückbank und schnappte sich den Staubsauger. Zum Spaß hielt Karla das Saugrohr fest, aber Melanie war stärker.

Sie half sogar Ekel Christian, wenn es sein musste. Unlängst folgte sie ihm in den Keller, um ihm beim Zählen der leeren Einweckgläser behilflich zu sein. Christian zählte ja immerzu alles durch, der elende Pedant. Als sie wieder heraufkamen, waren sie auf 49 große und 86 kleine Gläser gekommen. Melanie kämmte sich die Haare und schlenderte dann heim.

Nun war es schon elf Uhr am Vormittag und Karla hatte noch nichts getan. Sie entschloss sich, das Badezimmer zu putzen. Also langte sie unter die Spüle, holte die Scheuermilch und den Schwamm hervor und ging ins Bad.

Ihr Blick fiel sofort auf etwas, das sich in ihrer karamellfarbenen Badewanne bewegte und dort ganz sicher nicht hingehörte. In Windungen glitt es von einem Wannenende zum anderen und züngelte mit gespaltener Zunge. Es war eine Schlange.

Zoo anrufen!

Polizei alarmieren!

Feuerwehr um Hilfe bitten?

Obwohl ...?

Karla starrte weiter fasziniert zur Badewanne hinüber. Jetzt glitt das Tier an der schrägen Seite hoch, als käme es gleich herausgeschossen. Sein Kopf war rabenschwarz, der restliche Körper braunorange mit einem filigranen Fleckenmuster. Die Schlange war mindestens zwei Meter lang und so dick wie Karlas Handgelenk. War das vielleicht eine Ringelnatter? Eine Kreuzotter war es nicht, die hatten ein Kreuz auf dem Kopf.

Karla formulierte: *Schlange in der Wanne*, verwarf die Headline aber gleich wieder. *Monsterschlange im Bad* klang packender.

Sie musste über die Sache in Ruhe nachdenken. Also trat sie aus der Tür und schloss sie bis auf einen Spalt, durch den sie noch mal spähte. Das Fenster über der Wanne stand offen. Die Schlange musste über das Gerüst durchs Fenster hereingefallen sein.

Sie schloss die Tür, ging ins Wohnzimmer an den Computer und rief Wikipedia auf, um nachzusehen, welche Spezies sie sich da eingehandelt hatte. Es gab nur eine Schlange, die exakt so aussah wie das Exemplar in ihrer Badewanne: den Inlandtaipan. Die giftigste Schlange der Welt.

Gift – ein Schauder nach dem anderen jagte über Karlas Rücken. Atemlos las sie, was neben dem Foto geschrieben stand.

Die Schlange stammte aus Australien und war offenbar fünfzigmal giftiger als eine Indische Kobra. Da Karla nicht wusste, wie giftig Indische Kobras waren, las sie schnell weiter: ... und achthundertmal giftiger als eine Diamantklapperschlange. Das klang gut. Jetzt der Jackpot: Mit einem Biss könnte der Inlandtaipan theoretisch bis zu zweihundertfünfzig Männer töten.

Dann würde es auch für Christian reichen.

Karla las den Artikel zu Ende und schaltete den Rechner aus. Offenbar war ihre Bestellung im Universum endlich angekommen. Das war ja kein Zufall, dass eine ausgebüxte Giftschlange ausgerechnet in ihre Badewanne geplumpst war. Egal wie sie zu dem Taipan gekommen war, sie würde den Wink des Schicksals annehmen. Eine zweite dermaßen unverfängliche Chance war unwahrscheinlich.

Im Geist wiederholte Karla, was sie noch über ihn gelernt hatte: Der Inlandtaipan sei scheu, aber aggressiv und auch dann gefährlich, wenn er bereits flüchtete. Denn er wandte gern blitzartig den Kopf, um seinem Gegner die Giftzähne ins Fleisch zu schlagen. Farmer nannten ihn *Fierce Snake* und sie berichteten, dass er das Vieh auf den Weiden regelrecht jagte.

Karla spürte, dass bald etwas Einmaliges geschehen würde, das in irgendeiner Weise mit diesem Tier zu tun hatte.

Ihre Gedanken wirbelten nur so durch ihren Kopf. Am meisten beschäftigte sie, ob ihr Inlandtaipan, quasi ein Stuttgarter Haustier, verlässlich zubeißen würde, wenn es drauf ankäme. Würde er willens sein, einen achtundvierzigjährigen Regierungsoberrat anstelle eines Schafes oder eines Rinds anzunehmen? War das möglich? Und wie sollte sie die zwei zusammenbringen? Sie konnte die Schlange wohl kaum aus der Wanne heben und in Christians Bett legen.

Sie brütete auf dem Sofa sitzend vor sich hin. Um das Hirn zu entspannen, ließ sie positive Bilder vor ihrem geistigen Auge aufsteigen: Christians Versicherungspolice mit einem schönen Sümmchen sowie eine Schlagzeile in sämtlichen Zeitungen einschließlich des Neckarblättles: *Killerschlange tötet hohen Beamten – Witwe unter Schock!*

Mittlerweile war es halb drei. Bis fünf musste ihr etwas eingefallen sein.

Was würde Melanie ihr raten? Schon griff sie nach dem Telefon und tippte die Kurzwahl. Im letzten Moment legte sie auf. Man durfte seine Freundin nicht in kriminelle Projekte hineinziehen. Sicher, es wäre ein gutes Gefühl, sie neben sich zu haben, doch die Schlangensache musste Karla allein abwickeln. Schon jetzt freute sie sich auf Melanies Gesicht, wenn sie ihr diese verrückte Geschichte eines Tages erzählen würde.

Die Vorfreude löste in Karla eine Explosion nützlicher Ideen aus. Sie wählte die beste und sicherste aus. Da sie jede Reaktion Christians bis zum Würgen kannte, war ihr Plan nach wenigen Minuten Denkarbeit unter Dach und Fach.

Draufgekommen war Karla durch die kleine Szene, die sich neulich in ihren vier Wänden abgespielt hatte und die heute – mit Gifti – für Christian tödlich enden würde. Folgendes war passiert:

Wie immer kam er Punkt fünf heim, stellte seine Schuhe ordentlich in die Schuhabtropfschale und ging ins Bad, um sich wie üblich die schlappen Hände zehn Minuten lang zu waschen. Er vermutete ja überall Keime, vor allem im Rathaus. Nun, an dem Tag kam Christian nicht weit mit seinem Tick, denn Karla hatte ein Häufchen Schmutzwäsche in der Badewanne vergessen.

Wie von der Tarantel gestochen, raste er zu ihr ins Wohnzimmer. »Da liegt Dreckwäsch'«, tobte er. »Und gleich daneben steht die Waschmaschin', und du bringst die zwei nicht zusammen!«

Karla machte innerlich einen Kehlschnitt, sprang aber auf, um die vergessene Wäsche zu versorgen. Doch Christian ließ sie nicht ins Bad. Die Tür stand halb offen, sie hörte, wie er nölte: »Alles muss man selber machen«, sah, wie er beide Arme in das Häuflein Klamotten grub, es heraushob, an sich presste und in die Waschmaschine stopfte.

Da hätte ihr Inlandtaipan schon zehnmal zugebissen.

Sie würde also wieder eine Dreckwäsch' in die Wanne legen, einfacher ging's wirklich nicht. Aber etwas betrübte Karla, denn ihr war die Polizei eingefallen. Vom Fernsehen her kannte sie Mordermittler und wusste, was sie fragen würden: »War Ihre Ehe glücklich?« und »Wer kann das bestätigen?«

Was sie brauchte, waren Zeugen. Auf der Stelle! Ihr Verstand lief auf Hochtouren. Wer käme infrage? Niemand. Doch als sie durch das Malergerüst aus dem Fenster blickte, war die Lösung keine fünfzig Meter entfernt: Auf dem Balkon gegenüber stand die Nachbarin (rothaarig, stets royalblaue Kleidung) mit ihrem Söhnchen. Die beiden Rotfüchschen waren perfekt! Sie müsste sie nur rasch zum Kaffeetrinken einladen und von der Ehe mit Christian schwärmen. Die Polizei würde ihnen glauben, dass sie eine harmonische Ehe führte und nichts zu verbergen hatte, schon gar keine Giftschlange. Sie wären ja in der Wohnung drin gewesen.

Der Plan kam jetzt so richtig in Schwung. Schmutzwäsche musste her! Wie Christian darauf reagierte, war ja bekannt. Da sie gestern erst gewaschen hatte, gab es keine. Also sah sie im Schrank nach, was farblich zur Schlange passte, damit sie ihm nicht gleich ins Auge stach. Eine gute Tarnung versprach die herbstbraune Tischdecke mit der aufwendigen Goldbrokatstickerei am Rand. Das musste es ihr wert sein.

Leider hatte die Nachbarin gar keine Zeit zum Kaffeetrinken. Karla bekniete sie, ihre Einladung anzunehmen, sodass man einmal von Nachbarin zu Nachbarin plaudern könnte. Das Söhnlein, wie hieß es denn? Maximilian! O Gott, was ein schöner Name! Das Söhnlein sollte auf alle Fälle mitkommen. Es musste Hausaufgaben machen? Aber das konnte doch warten! Wurde man denn alle Tage von seiner Nachbarin eingeladen?

Mit gesenkten Köpfen schnürten sie schließlich in die Wohnung und Karla machte rasch die Tür hinter ihnen zu.

»Du bekommst einen schönen Kakao«, sprach sie zu dem Jungen.

Maximilian wollte lieber Coca-Cola.

Eine Sekunde verdrehte Karla die Augen. Dann hatte sie überschlagen, wie sich das Erfrischungsgetränk auf ihrer Herbstdecke ausmachen würde. Nicht viel weniger schlimm wie Kakao.

»In Ordnung, du kriegst eine Cola.«

Ein Blick zur Uhr: fast vier! Von der guten Ehe berichten!, hämmerte es in ihrem Kopf.

»Mein Mann und ich führen eine ausgezeichnete Ehe«, ließ sie die Nachbarin wissen. »Mein Mann und ich, wir sind in allem einer Meinung.« Sie stellte Kaffeetassen auf den Tisch, während Maximilian an der Schrankwand entlangschlich und sich die Buchrücken anguckte. Gleich würde Karla ihm seine Coca-Cola servieren, aber wie!

»Setz dich nur wieder an den Tisch, mein Junge«, lockte sie. Das gut gefüllte Glas in ihrer Hand wackelte vor lauter Vorfreude. Als er im Sessel saß und danach greifen wollte, schubste sie ihn mit der Hüfte. Flupp, ergoss sich die klebrige Cola über die Tischdecke.

»O weh!«, rief die Nachbarin. »Die schöne Tischdecke!«

Karla lehnte sich zurück. »Ich bitte Sie. Mein Mann und ich nehmen so etwas nicht krumm. Das hat Ihr lieber Maxl doch nicht mit Absicht getan.«

Die Nachbarin zog sofort die Decke ab.

»Die bringe ich gleich zur Reinigung!«

Unterstehen Sie sich!, wäre Karla beinah herausgerutscht. Wortlos schnappte sie nach dem Tuch. Die Nachbarin ließ aber nicht los, und so zogen sie beide an jeweils einem Ende. Karla siegte.

Durch das Gerüst hinweg sah sie den beiden nach, wie sie mit hängenden Schultern nach Hause gingen. Jetzt handeln! Flink nahm sie die Tischdecke, bauschte sie schlangengefällig auf und trug sie ins Bad, wo es mittlerweile wie im Reptilienhaus in der Wilhelma roch.

Die Schlange lag zusammengerollt in der Wanne. Karla näherte sich Zentimeter um Zentimeter. »Du bist eine Schöne, weißt du?«, sagte sie zartfühlend. »Ich bin die Karla, mich sollst du nicht beißen.« Sie ging näher heran.

»Aber den Christian, den darfst du nachher beißen«, versprach sie. »Der mag das.« Sie stand direkt über Gifti, die nervös züngelte, und schob vorsichtig das colabekleckerte Tuch über den Wannenrand. »Ich weiß, dass du dich verstecken magst, mach's dir gemütlich da drin. Du Süße.«

Die Süße schnellte in die Höhe. Karla schleuderte zurück, rannte raus aus dem Bad, warf hinter sich die Tür zu. Noch nie war ihr ein Reptil so nahe gekommen.

In der Küche ein Blick auf die Wanduhr. Christians letzte Stunde hatte geschlagen.

Als er heimkam, zog er die Schuhe aus und stellte sie akkurat im Abstand von eins Komma fünf Zentimetern auf die Schuhabtropfschale. Gleich würde er sein Händewaschritual starten. Er würde die Badezimmertür aufziehen, die Dreckwäsch' sehen und dann ...

Doch es kam ganz anders.

Es klingelte – ding-dong. Karla fuhr herum. Wer war das? Sie blickte zwischen den Stangen und Brettern zum Fenster raus.

Melanie. Völlig unpassender Zeitpunkt. Karla winkte ihr ab, schüttelte die Hand am Fenster wie mit einem Staubtuch. Doch die mollige Freundin da draußen schaute nicht nach oben, sondern starrte auf die Haustür, wann denn der Summer ertönte.

Sie klingelte erneut: ding-dong, ding-dong.

Christian, mit dem Türgriff vom Bad in der Hand, schnauzte sie an: »Wie oft soll's noch klingeln, hörst du's nicht?«

Was tun? Vielleicht war es sogar praktisch, dass ihre beste Freundin zur Tatzeit präsent war. Karla drückte den Türöffner und eins, zwei, drei war Melanie oben.

»Willst du nicht lieber wieder gehen?«, flüsterte sie ihr zu.

Melanie schüttelte den Kopf, wobei sich ihre Löckchen lustig auf die Schultern hinabschlängelten. »Nö«, antwortete sie und blitzte hinüber zu Christian, der im Flur stand, als hätte er noch nie eine halbwegs attraktive Frau gesehen.

»Du warst auf meinem Display«, wandte sie sich Karla zu. »Ich dachte, ich komme mal kurz vorbei.«

Christian, der offenbar seine Waschpsychose vergessen hatte, schritt federnd auf Melanie zu und gab ihr die Hand. Ein bisschen lange, wie Karla fand.

Dann klingelte es schon wieder. Ding-dong. »Jetzt schlägt's dreizehn!«, dachte sie. Die ganze Woche kam niemand, ausgerechnet an dem Tag, an dem ihr Mann sterben sollte, gaben sich die Besucher die Klinke in die Hand.

»Ich würd' an deiner Stelle aufmachen«, durchkreuzte er ihren Gedanken. »Vielleicht bringt jemand einen Koffer voll Geld vorbei.«

Da musste Melanie natürlich lachen, aber wie glucksend sie mit Christian lachte, das war schon eine Leistung bei einem so unsympathischen Menschen.

Karla sah die beiden Rotfüchse die Treppe heraufkommen. Sie brachten einen Blumenstrauß.

»Das mit Ihrem Tischtuch tut uns furchtbar ...«

»Das ist doch völlig wurscht bei einer guten Ehe«, wisperte Karla gehetzt und riss der Nachbarin die Tulpen aus der Hand. »Dann geben sie halt her.«

In dem Moment hörte sie hinter sich, wie Christian sprach: »Meli, schau dir das an. Den ganzen Tag sitzt sie daheim, und da liegt die Dreckwäsch' und dort steht die Waschmaschin' – aber sie schafft's nicht ...«

»Ach, Christian«, unterbrach Melanie ihn lachend. »Schimpf nicht über Karla. Lass mich ran, ich mach das fix.«

In Gedanken schrie Karla gellend: Neiiin!

Aber da war alles schon zu spät. Gifti, der Inlandtaipan, hatte zugebissen. Ein heller Schrei, in dem ein ungläubiges glucksendes Lachen mitschwang, schrillte durchs Haus. Die Nachbarin und ihr Sohn hielten sich die Ohren zu.

Leichenblass trat Christian aus dem Badezimmer.

Der Mörder!

Im Geist verfasste Karla eine Schlagzeile mit Biss: *Gift-schlangen-Mord – Stuttgarter tötet beste Freundin seiner Ehefrau – Staatsanwaltschaft fordert lebenslänglich!*

Autorinnen

Alle Autorinnen sind Mitglied der *Mörderischen Schwestern e.V.*, einem Netzwerk mit über 550 Mitgliedern in Deutschland, Österreich und der Schweiz. Ziel der *Mörderischen Schwestern* ist es, die von Frauen verfasste deutschsprachige Kriminalliteratur zu fördern und zu unterstützen. Mit der Ladies Crime Night – der Lesung mit Schuss – sind die *Mörderischen Schwestern* mit ihren Geschichten auch auf den unterschiedlichsten Bühnen zu finden. Möchten Sie mehr über die *Mörderischen Schwestern* erfahren? www.moerderische-schwestern.eu.

Birgit Adam

lebt mit Mann und Hund im badischen Teil vom Ländle zwischen Karlsruhe und Baden-Baden. Die Kinder sind ausgezogen und nach Jahren als Reiseberaterin, in denen sie in aller Herren Länder unterwegs war, will sie sich nun voll und ganz ihrem Roman widmen. Zwischendurch ist immer Zeit für einen kleinen Mord. Natürlich nur auf dem Papier.

Maribel Añibarro

wollte mit fünf Jahren Wetteransagerin im Fernsehen werden. Geworden ist die gebürtige Berlinerin jedoch Chemikerin. Viel interessanter als die Chemie auf molekularer Ebene fand sie dann aber die zwischenmenschliche Chemie, weshalb sie heute als Kommunikationstrainerin, Dozentin und systemischer Coach arbeitet. Seit 2008 bahnt sich in ihr eine weitere Leidenschaft ihren Weg: die zwischenmenschlichen Gewitter, die im Nebel liegenden Beziehungen von Romanfiguren, den Sonnenschein, der diesen durchdringt, und die heftigen Winde, die die Handlung in unvorhersehbare Richtungen drehen, schriftlich festzuhalten; womit sie alle ihre Berufe und Berufswünsche zusammenführt und verwirklicht. Die Wetterlage für ihren Kriminalroman, an dem sie gerade schreibt, ist voller elektrischer Entladungen und komplizierter Reaktionen, mitten in einem mörderischen Klima.

Sabine Bartsch

wurde im schönen Oldenburg geboren, wo sie eine unbeschwerte Kindheit mit ihrer Freundin Pippi Langstrumpf verbrachte, bevor sie einem englischen Snob namens Somerset Maugham verfiel, der sich ihre Liebe allerdings mit dem amerikanischen Trinker Ernest Hemingway teilen musste. Nachdem sie sich von diesen zwei heftigen Affären einigermaßen erholt hatte, studierte sie und war anschließend als Kulturmanagerin und Festivalorganisatorin tätig. Heute ist sie Geschäftsführerin des Kulturzentrums Dieselstraße in Esslingen am Neckar und widmet ihre freie Zeit dem Schreiben. Ihr Romandebüt »Das mit dir und mir« war unter dem Titel »Teen Spirit« für den Goldenen Pick 2011 nominiert und erschien später bei dtv. Weitere Jugendbücher folgten. An ihrem ersten Krimi beißt sie sich seit Jahren die Zähne aus.
www.sabine-bartsch.de

Daniela Berg

Eigentlich hatte die Sozialpädagogin bislang nichts mit kreativem Schreiben am Hut, schon gar nicht mit Kriminalität oder gar Mord und Totschlag. Doch dann wurde sie zum Verfassen einer Kurzgeschichte gezwungen – und irgendwie hat sie dann doch Blut geleckt. Das Ergebnis können Sie in diesem Buch nachlesen. Auch wenn zur Hälfte italienisches Blut in ihren Adern fließt, ist sie Schwäbin durch und durch und ihrem Heimatdorf auf den Fildern, in dem sie mit ihrem Mann und den beiden Kindern lebt, immer treu geblieben.

Brigitte Renate Binder

ist Germanistin, Sprachlehrerin und Autorin. Sie hat vorwiegend als Sprachlehrerin im In- und Ausland gearbeitet – unter anderem in Spanien und der Türkei. Heute pendelt sie zwischen ihrer Heimat in Baden-Württemberg und ihrer zweiten Heimat Berlin und widmet sich nur noch der Schriftstellerei. Sie hat mehrere Gedichte in den Anthologien der Esslinger Lyrikwettbewerbe veröffentlicht, zudem Kurzkrimis in der Anthologie des Ralf-Bender-Literaturpreises »Doudnsuppn. Bayrische Kriminalgeschichten« und einen Erzählband im Selfpublishing.

Dorothea Böhme

Geboren 1980 in Hamm, zog sie für ihr Studium weit in die Welt hinaus. Nach Aufenthalten unter anderem in Tübingen, Quito und Triest kam sie schließlich nach Klagenfurt. Im schönen Kärnten siedelte sie ihre Kriminalromane um Chefinspektor Reichel an, ihre Reiselust inspiriert sie aber auch beim Schreiben ihrer Unterhaltungsromane. Nach einigen Jahren als Lektorin in Ungarn lebt sie inzwischen in Stuttgart. Hier schreibt sie Lokalkrimis, Liebesromane und Kurzgeschichten unter anderem für die Lesebühne *Get Shorties*. www.dorotheaboehme.de

Regine Bott

Jahrgang 1968. Stuttgarterin der 4. Generation. Aktiv schreibt sie erst seit 2014, schleppt aber seit ihrer Jugendzeit etliche Plots in ihren Gehirnwindungen mit sich herum. Nach dem Studium der Kunstgeschichte, der Literaturwissenschaften und der Anglistik war sie Buchhändlerin, Bibliothekarin und Mitarbeiterin in einem Kino und kam vor über 20 Jahren als Lektorin beruflich an. Sie hat etliche Kurzgeschichten veröffentlicht. Hauptsächlich ist sie im SF-Genre unterwegs – lässt aber auch gerne (eher) hard-boiled morden: mit Autos, Kehrschaufeln, durchgeknallten Elektronikgeräten, Androiden … Oder auch einfach mal mit einer simplen Handfeuerwaffe. 2018 erschien »The Shelter – Zukunft ohne Hoffnung« bei Bastei Lübbe Entertainment (unter dem Pseudonym Kris Brynn), 2019 wird »Kern der Angst« beim Gmeiner Verlag erscheinen und ein sechsteiliges Space-Opera-Serial ist in Vorbereitung.

Ruth Edelmann-Amrhein

Geboren 1958 in Reutlingen, verschlug es die gelernte Bankkauffrau zunächst beruflich für einige Jahre nach Berlin, bevor sie wieder ins Schwäbische zurückkehrte. Ihre Liebe zum Schreiben entdeckte sie erst in ihrer zweiten Lebenshälfte. Seither ist sie aktiv in verschiedenen Schreibwerkstätten tätig. Über die Jahre entstanden viele Texte, die in regelmäßig stattfindenden Lesungen zu Gehör gebracht werden. Sie liebt Menschen mit Humor, gutes Essen, das Viertele, ihre schwäbische Heimat und die schwäbische Mundart, die sie gerne den Protagonisten ihrer Geschichten in den Mund legt. Zusammen mit ihrem Mann lebt die Mutter zweier erwachsener Söhne heute in Württembergs Mitte, im schwäbischen Aichtal.

Mareike Fröhlich

ist erst über Umwege zum Schreiben gekommen. Die Fachkauffrau für Werbung und Kommunikation ist heute Dozentin für Kreatives Schreiben (zum Beispiel bei den Buchkindern Stuttgart), Lektorin, Moderatorin und fungiert als Herausgeberin.
Zudem bringt sie als Organisatorin die Geschichten der Mörderischen Schwestern auf die Bühne.

Anne Grießer

geboren im Odenwald, studierte Ethnologie und Germanistik, bevor sie auf die »schiefe Bahn« geriet. Nach einigen Ausflügen ins seriöse Berufsleben (Bibliothekarin, Redakteurin) schreibt sie heute hauptsächlich über Mord und Totschlag. Als Autorin (Kurzgeschichte, Roman, Hörspiel, Theater), Herausgeberin und Krimi-Entertainerin schwingt sie in Freiburg die Feder und so manches blutige Theaterrequisit. Zuletzt erschienen der historische Krimi »Das Heilige Blut« und der kriminelle Gesundheitsratgeber »Von Risiken und Nebenwirkungen«.
www.anne-griesser.de

Bianca Heidelberg

schreibt seit 2013 Kurzgeschichten, die meist tödlich enden. Und das mit Erfolg. Neben etlichen Veröffentlichungen in Anthologien gewann sie den 2. Preis beim Mannheimer Literaturpreis der Räuber '77 (2015) und wurde für den Agatha-Christie-Krimipreis nominiert (2014). Sie ist Jahrgang 1980 und lebt mit Mann und Kindern im Kraichgau.

Adi Hübel

lebt und schreibt in Ulm und in Frankreich. Allerdings könnten ihre Geschichten und Romane überall spielen. Sie selbst denkt nicht im Traum daran, ihren Mann um »die Ecke zu bringen«, dafür kocht er zu gut. Adi Hübel leitete zunächst ein kleines privates Theater und schrieb Theaterstücke für Erwachsene und Kinder. Sie veröffentlichte mehrere Gedichtbände und Kriminalromane, wie z.B. »Tod in Ulm«, der auch als Hörbuch erschien ist. Dazu kommen zwei Erzählbände und Beiträge in zahlreichen Anthologien. Neben den *Mörderischen Schwestern*, ist sie Mitglied im Verband Deutscher SchriftstellerInnen und bei den Ulmer Autoren e.V. Im Juli erschien ihr vierter Gedichtband. www.adihuebel.de

Sarah Kempfle

In der Grundschule hagelte es im Deutschunterricht noch Fünfen für Sarah Kempfle und Bücher waren so überhaupt nicht ihr Ding. Das sollte sich ändern, als ihr »Das Mondpferd« von Frederica De Cesco in die Hände fiel. Gemeinsam mit den Protagonisten kämpfte, weinte und lachte sie und war ab diesem Zeitpunkt nicht mehr von Büchern wegzukriegen. Zeitgleich begann sie, ihre ersten Geschichten aufzuschreiben. Das ist bis heute so geblieben. »Die Vernehmung« ist ihre erste Veröffentlichung. Sarah Kempfle lebt in Esslingen und schwingt im Deutschunterricht an einer Esslinger Schule mittlerweile selbst den Rotstift.

Ilona P. Köhle

wurde 1985 in Stuttgart geboren. Obwohl sie durch das Umland schweifte, blieb Stuttgart stets ihre Herzensstadt. Die Bankfachwirtin ist von Kindesbeinen an ein passionierter Bücherwurm. Da lag das Schreiben nicht fern. Derzeit arbeitet sie an ihrem ersten Roman.

Anita Konstandin

wurde in Stuttgart-Bad Cannstatt geboren und arbeitete als angestellte, später als freiberufliche Werbetexterin. Ihre erste Kurzgeschichte, »Mord auf dem Killesberg«, schrieb sie für einen Litera-

turwettbewerb. Dieser kleine Erfolg spornte sie gewaltig an. Also verfasste sie weitere Kurzkrimis, die in verschiedenen Anthologien veröffentlicht wurden. 2016 kam ihr Debütroman im Silberburg-Verlag heraus.
www.anita-konstandin.de

Uschi Kurz
ist in Ludwigsburg aufgewachsen und nach dem Studium (Germanistik und Philosophie) und einem Volontariat zwischen Tübingen und Reutlingen gestrandet. Als freie Journalistin und später als Redakteurin beim »Schwäbischen Tagblatt« hat sie häufig Strafprozesse beobachtet und viel über menschliche Abgründe erfahren. Die »kriminelle« Energie, die dabei in ihr geweckt wird, setzt sie schreibend um. Sie hat in verschiedenen Anthologien zahlreiche Kurzkrimis veröffentlicht. In der Regionalkrimi-Reihe des Silberburg Verlags sind zwei Kriminalromane – »Der Totenschöpfer« und »Raureif« – erschienen. Der dritte Krimi mit demselben Ermittler-Duo ist in Arbeit. Uschi Kurz ist nicht nur eine *Mörderische Schwester*, sie ist zudem Mitglied im *Syndikat*. Sie lebt mit ihrer Familie und einem Kater in Wannweil.
www.uschi-kurz.de

Petra Naundorf
studierte nach ihrer Ausbildung zur Buchhändlerin Germanistik, Politikwissenschaften und »a bissle« BWL. Sie arbeitete für verschiedene Verlagshäuser in Stuttgart und Hamburg. Als bekennender, alles verschlingender Bücherwurm entdeckte sie früh ihre Leseleidenschaft für Krimis, aber das Krimischreiben kam erst später hinzu. Zudem verfasst sie Lyrik und arbeitet an einem Roman. Petra Naundorf hat einen erwachsenen Sohn und lebt mit ihrem Mann und zwei Katzen in Stuttgart.

Tanja Roth
Die gebürtige Stuttgarterin ist gelernte Hotelfachfrau und Dipl. Kommunikationsdesignerin. Stationen ihres Arbeitslebens sind Or-

léans, München und Rom. Seit 2008 lebt sie mit ihrer Familie auf den Fildern und ist als selbstständige Grafik-Designerin und Autorin tätig. Sie hat mehrere Kurzgeschichten veröffentlicht, im Sommer 2018 erschien ihr erster Roman »Der Tote vom Kocher«.

Alexa Rudolph

ist aufgewachsen am Fuße des wildromantischen Wehratals im Schwarzwald, lebt und arbeitet in Freiburg im Breisgau. Ursprünglich als Malerin tätig, wendete sie sich 2006 ganz der Literatur zu und publiziert seither Short Stories, Erzählungen, Romane und Lyrik. Die Magie des Grotesken ist ihr Ding, gewürzt mit Humor – makaber und rabenschwarz. Die Romane »Das Schweigen der Schweine« (2016) und »Der letzte Spargel« (2018) kamen im Emons Verlag heraus, Krimikurzgeschichten in Anthologien im Wellhöfer Verlag. Ein neuer Kriminalroman ist in Arbeit. Alexa Rudolph ist unter anderem Mitglied im *Syndikat*, im Literaturhaus Freiburg, bei den *Mörderischen Schwestern* und im Freundes- und Förderkreis PEN Deutschland e.V.
www.alexa-rudolph.de

Gabi Schmid

2013 stellte sie sich die Frage, ob sie ihre Träume weiter träumen oder diese leben sollte. Sie entschied sich dafür, diese zu leben. So ist Gabi Schmid heute Autorin und Dozentin und erstellt Buchsätze für Selfpublisher und Verlage. Sie lebt mit ihrer Familie in der von ihr mehrfach genannten Bindestrichstadt zwischen Stuttgart und Ludwigsburg und genießt das Leben im schönen Strohgäu. Sie hat sechs Romane und mehrere Kurzgeschichten veröffentlicht, in die sie augenzwinkernd Begebenheiten aus dem lokalpolitischen Leben einfließen lässt.
www.gabi.schmid.de, www.pcs-books.de

Lisa Straubinger

wurde 1993 in Ostfildern geboren und hat schon früh ihre Begeisterung für das Erzählen von Geschichten entdeckt. Hätte sie sich nicht für eine Ausbildung als Industriekauffrau entschieden, wäre sie sicherlich Fotografin, Weltenbummlerin oder Juwelendiebin geworden. Momentan arbeitet sie bei einem mittelständischen Unternehmen als Logistikerin und versendet Ware in die ganze Welt. Ihre Leidenschaft gilt aber dem Verfassen von Geschichten. Sie hat unzählige Kurzgeschichten veröffentlichen können und längere Texte sind in Vorbereitung. Lisa Straubinger war 2015 und 2017 mit Krimikurzgeschichten für den Ralf-Bender-Preis nominiert.

Martina Uhl

lebt in Stuttgart. Die Literatur zieht sich wie ein roter Faden durch ihr Leben. In Schule, Deutsch-Studium und einer langjährigen Tätigkeit im Kommunikationsbereich hat sie die Lust an der Sprache und den Worten immer begleitet. Sie ist Trainerin für systemische Beratung und Kommunikationsthemen, Coach und Leseratte. Die Lust an der Sprache, kombiniert mit einem brennenden Interesse für die Hintergründe menschlichen Handelns, sind die Basis für ihre Kurzgeschichten und die Arbeit an ihrem Kriminalroman.

Ulrike Wanner

wuchs an der Fils auf, verbrachte Studien- und Forschungsaufenthalte an Neckar, Euphrat und Themse, beherrscht Babylonisch, Assyrisch, Sumerisch, Hethitisch, Hebräisch, Phönizisch, Englisch, Schwäbisch und zunehmend Hochdeutsch. Am Bodensee sattelte sie auf Computersprachen um und zog mit ihrem Mann an den Neckar. Tagsüber hilft sie verzweifelten Usern als Administratorin, Expertin für Warenwirtschaft und Psychologin. Aus ihrem Hang zu Keilschrift und Computern, zu Genüssen und Garten sprießen die Ideen für ihre Krimis, Near Future Science Fiction Thriller, Kurzkrimis, Drehbücher, Theaterstücke.
www.storystore.de

Angelika Wesner

Die besten Geschichten schreibt das Leben selbst. Davon ist die freie Journalistin, Krimiautorin und passionierte Camperin Angelika Wesner aus Schwäbisch Gmünd überzeugt. Hinter den getönten Scheiben ihres Wohnmobils beobachtet sie ihre Mitmenschen genau und wer nicht aufpasst, wird zum Haupt- oder Nebendarsteller »verarbeitet«. Bei den Ermittlungen wird sie von ihrem Mann, dem Kriminalpolizisten Andy Wesner, fachmännisch unterstützt. 2011 und 2014 hat sie als »SOKO Camping« die Camping-Krimis »Der Tod macht niemals Urlaub« und »Textilfrei ins Jenseits« geschrieben und im Selbstverlag herausgebracht. Bei den *Mörderischen Schwestern* lernte sie das Genre Kurzkrimi zu schätzen. 2017 erschien »Opfer der Nacht« in der Anthologie »Schwäbisch kriminelle Weihnacht«. Blut fließt selten bei der 1968 in Stuttgart geborenen Autorin. Während hauswirtschaftlicher Tätigkeiten ließ sie sich jedoch zu einem schriftstellerischen Blutrausch verleiten. Daraus entstand die Kriminalgeschichte »Mitten ins Herz«.

www.sokocamping.de

Die Mörderischen Schwestern auf der Bühne

Die Mörderischen Schwestern gehen über Leichen - auf dem Papier und auf der Bühne.

Bei der Ladies Crime Night tauchen vier bis acht Autorinnen jeweils zehn Minuten in die Welt des Verbrechens ein. Ist ihre Zeit abgelaufen, ertönt ein Schuss und schon betritt die nächste Autorin die Bühne.

Umrahmt von ausgewählter Livemusik verspricht die Ladies Crime Night ein Menge Spannung und ist zudem ein Vergnügen für die Ohren.

Buchungsanfragen unter:
lcn-stuttgart@moerderische-schwestern.eu